卓越中学教师研究性学习丛书

构建质的研究

——理论、教学与实践

杨新晓　陈殿兵　著

本书系 2015 年浙江省教育科学规划课题"构建质的研究
——理论、教学与实践"（课题编号 2015SCG362）的研究成果

科学出版社

北　京

内 容 简 介

本书使用生动的语言与翔实的案例向读者介绍质的研究。本书从新手研究者的角度出发,遵循质的研究的实际操作程序,力图使读者理解质的研究方法的基本理论、操作需知及各种质性研究的具体方法。

本书适合作为社会科学各领域研究方法课程的教材,也可供广大研究者作为参考资料。

图书在版编目(CIP)数据

构建质的研究:理论、教学与实践 / 杨新晓,陈殿兵著.—北京:科学出版社,2016

(卓越中学教师研究性学习丛书)

ISBN 978-7-03-050184-4

Ⅰ.①构… Ⅱ.①杨… ②陈… Ⅲ.①中学-教学研究 Ⅳ.①G632.0

中国版本图书馆 CIP 数据核字(2016)第 241315 号

责任编辑:石 悦 / 责任校对:桂伟利
责任印制:徐晓晨 / 封面设计:华路天然工作室

科 学 出 版 社 出版

北京东黄城根北街 16 号
邮政编码:100717
http://www.sciencep.com

北京京华虎彩印刷有限公司印刷

科学出版社发行 各地新华书店经销

*

2016 年 9 月第 一 版 开本:787×1092 1/16
2016 年 9 月第一次印刷 印张:12 1/4
字数:276 000

定价:33.00 元

(如有印装质量问题,我社负责调换)

总　　序

卓越教师的培养依托于高质量的教师教育,教师教育质量的高低取决于是否有良好的教师教育政策、培养方式及评价标准。《教育部关于实施卓越教师培养计划的意见》(教师[2014]5号)指出,各高等院校应针对中学教育改革发展对高素质教师的需求,重点探索本科和教育硕士阶段整体设计、分段考核、连续培养的一体化模式,培养一批信念坚定、基础扎实、能力突出,能够适应和引领中学教育教学改革的卓越中学教师。

浙江师范大学作为教育部推行卓越中学教师培养的重要改革基地,同时也是浙江省2011卓越教师培养协同创新中心与浙江省教师教育质量监控中心,肩负着浙江省乃至全国的教育科学研究、教育政策咨询、中小学校长和教师的培养与培训。教师教育已成为浙江师范大学重要的学术品牌之一,社会影响力不断扩大,美誉度日益提升。《卓越中学教师研究性学习丛书》正是在这样的背景下策划组织编撰的。

《卓越中学教师研究性学习丛书》由《解码学习动力》《有效教学的组织与实施》《多元视角下的学生学业评价》《班级经营实践教程》《构建生本课堂》《构建质的研究——理论、教学与实践》六部著作构成,分别从学习动力、教学组织与实施、学生学业评价、班级管理、生本课堂、教育教学的研究方法六个方面阐述了卓越教师应当具备的知识和能力。此六部著作在广泛吸收国内外教育理论最新研究成果的基础上,结合本国本校对于卓越教师培养的具体实际,选取了具有针对性的系列案例加以深入辨析,开发学生的探索意识和思维能力,为相关课程的研究性学习提供了配套性的资源支撑。

本套丛书基于浙江师范大学教师教育方面多年的理论积累与实践经验,在充分调查论证的基础上设计丛书的内容及结构。前期经教务处领导与教师教育学院教师的多次讨论、修改,在各方面专家的指导下对丛书展开了科学的规划。丛书从课程和教材建设的角度出发,以卓越教师培养、教育研究能力提升、班级经营方法出新为抓手,致力于系统提升中学教师关于课堂教学、课程开发与建设、教学评价研究的综合学术能力。我们希望通过不懈的探索与努力,打造一套提升一线教师教育理论水平和实践能力的精品丛书,从而为新时代的卓越教师培养提供有益的借鉴与启示。

赵雷洪

2016 年 8 月

前　　言

在一个越来越重视主动探索学科奥秘，而非单纯依靠知识传授的时代，强调每个学生掌握一定的本学科的科学研究方法，成为了"授人以鱼不如授人以渔"的最佳诠释。而"质的研究方法"则是近年来备受教育学界甚至是在职的中小学教师关注的一种新颖、实用的研究方法。如果说质的研究方法可以为研究者们打开一扇通向探索知识世界、教育之路的大门，那么展示、探讨、指导、说明如何使用质的研究方法的工具书就成为了打开大门的钥匙。放眼当前琳琅满目、种类繁多的图书市场，不难发现关于质的研究的书籍多、专著类的和专业性强的书籍多、直接翻译国外的译著多，而针对本土研究者特点的书少、反映国际学术界最新科研成果又通俗易懂、方便实用的工具书更少。另外，读者经常反映现有的许多工具书倾向于艰深晦涩，把本来就容易令新手生畏的质的研究方法讲解得更加让人不敢亲近。从专业的角度剖析，现有的许多教材都是在反复咀嚼一些生硬的概念、方法、特点等，缺乏对研究者实践及动手能力的要求，难以跳出让学生背诵内容、然后参加纸笔考试就算是学会了的怪圈；在编排方式上因循守旧，难以突破传统束缚，缺乏教育者对学生的认知过程的考虑。另外，有很多重要的部分严重缺失，比如现有的质的研究相关的书籍里，大多竟没有专门拿出一个章节来讲与"学术道德"相关的知识。总之，想要在师生及在职教师当中进一步推广质的研究方法，关键之一就在于有自主开发的、富有针对性、实用性、吸引力和竞争力的工具书；同时兼顾课本与教学方法的结合，可以很好地服务于高校课堂教学，也可以成为研究者学习与进步的指南与良伴。以上所述也正是本书所致力达成的目标。

本书面向三类读者群体。一是高等院校的学生，尤其是师范大学的本科生及教育学、心理学等社会科学相关专业的研究生们。书中理论知识与研究相关的事例，将有助于他们了解、掌握质的研究方法相关的基础知识及基本技能。二是在当前正在高校从事教育科学研究方法相关科目教学的教师们。本书的每一章都将包括新颖、实用的"教学模块"，为教师们的日常教学活动提供各种支持。教师们无论是需要进行大班的集体授课，还是小班化的指导教学，都将从本书当中发现具体的建议、与理论呼应的练习题目以及饶有趣味的课堂活动设计等。三是目前在职的中小学教师以及任何对质的研究方法感兴趣的研究者们。读者们可以通过通读理论、参考教学模块以及对照"实践模块"中丰富的示例进行练习，达到高效自学、迅速上手、结合自己的工作实际开展自己的质的研究的目的。

本书的整体框架及每一章的模块设计都具有非常强的实用性。本书分为"基础篇"和"方法篇"两篇。"基础篇"按照一个质的研究者如何一步步从研究问题到文献综述、到抽样及设计详细的研究方案、最后到如何分析收集到的资料、以及如何形成研究报告这样一个完整的链条来展开。这样循序渐进的设计，将给新手研究者以及从事质的研究教学的老师们带来便利。"方法篇"则是按照质的研究大类之下具体的五种研究手段，如叙事研究、扎根理论等逐一展开、彼此独立。读者们将根据自己的需要灵活选择阅读自己感兴趣的章节。另外,本书的每一章都包含三大实用模块,分别是理论模块(基本的理论知识)、教学模块(如何针对本章的理论知识开展教学)、实践模块(如何进行相关的练习以提高相应的技能)。读者们可以根据自己的目标,从不同的模块当中选择需要的内容进行阅读、教学或练习。

作者在写作的过程中努力突破传统思想的束缚,一方面将高高在上的理论知识接地气、接人气,在内容安排和篇章架构上为师生服务、为研究者服务;另一方面自始至终突出强调"好奇、求真、坚持、创新"的科研精神,鼓励新手研究者们理论结合实际,勇于探索、追求真理,成为能够主动、专业地使用质的研究方法探索知识的新一代研究者,而非仅仅有书本知识、单纯应付考试的学习者或是变成一味炮制论文的写手。希望本书能够帮助新一代的质的研究者在研究的路上走的更远更坚定。

杨新晓　陈殿兵
2016 年 9 月 5 日于浙江师范大学

目　录

上篇　基础篇

下篇　方　法　篇

上篇 基础篇

第1章 做一个质的研究者

理论模块 · * * ·

　　下面要出现的是一个理想中的"质的研究者"自身特质的清单。请对照清单进行思考并检查自己自身的特质。如果大部分项目都符合,那么你已经具有作为一个"质的研究者"的潜质了。如果有很多地方都不符合,那也不要紧,我们的目标就是帮助你来增加知识、提高技能、改变思维方式,最终学会做一个合格的质的研究者。当然,这些目标都要在你认为质的研究是一种适合自己的研究方法,以及想要学会做质的研究的基础上才有可能实现。不管怎么说,我们有读一本书的时间来思考是否最终要做质的研究的问题,现在先从下面的清单开始吧。

　　如果是遵循了一个合理的有关研究方法的学习顺序,我们推测你已经学过了关于从事研究的基础知识,理解了研究的基本步骤,了解了量、质等研究的不同种类,对做研究之前、之中、之后要发生的事情有了一定的心理准备。在此基础上,需要再强调一点,所有的研究都是为了回答研究问题而存在的,不同的研究方法的实质是不同的回答问题的手段。在不同的研究方法的背后是互相迥异的认识世界、探索世界、理解世界、改造世界的视角。作为一个质的研究者,最根本的任务是用质的研究方法来回答研究问题,需要在封闭的研究环境(如实验室)之外,在自然、正常、真实的社会环境中,观察、分析、理解、感悟人与人、人与社会、人与文化之间错综复杂、互相作用、千丝万缕的现象、本质和关系。

　　做一个质的研究者首先要做一个真实的人、一个主动的人、一个认真的人。睁大眼睛、竖起耳朵、敞开心胸、点燃热情、激活想象力、激活创造力、激活思辨力,带好笔、本、电脑、手机,让我们出发吧。

"质的研究者"的特质清单

☐ 我对"人"感兴趣,愿意理解人们的立场、所处的情况和所在的环境。

☐ 我对处在自然状态下的真实的人们感兴趣。

☐ 我对有特点、有特质的人们感兴趣,愿意观察他们的行为、了解他们的感受、理解他们的想法。

☐ 我希望有机会深入探索一些观点和主张。

☐ 我想要研究一些关于人与人之间是如何互动、社会是如何运转或文化是如何形成之类的问题。

□ 我善于剖析自己和别人,具有一定的反思、反省和洞察的能力。

□ 我乐意和人们待在一起并且观察他们的日常生活。

□ 人们说的话、描述出来的关于自己的形象和人与人之间的谈话总是能够吸引我的注意。

□ 我能够体会在事实、实物、数字等之后的含义和价值观。

□ 我愿意采用新的方法做事情,愿意做一个改革者。

□ 我是一个很好的听众,并且善于提问。

□ 我愿意面对含糊的事物、模糊的情况。

□ 我能够容忍缺乏组织、架构散乱的事物。

□ 我一直喜欢写点东西,愿意用写作作为表达自己情感、记录自己思想的工具。

□ 我现在或将来必须要写研究论文或毕业论文,甚至硕士论文或博士论文。

□ 我愿意看到做研究不仅仅只是检测假设而已。

□ 我对新观点有一个开放的态度。

□ 我承认所有的研究都是复杂的,而且不会去刻意追求所谓的做研究的简单方法。

教学模块

(1)在开始的部分,教师可以拿出一段时间简要地介绍一下本课程的教学目标、主要内容、评价方式等信息,帮助学生做到心中有数(图1.1)。

(2)推荐各位教师使用小组协作学习的形式组织课堂教学。每4~5个学生组成一个研究小组,共同进行质的研究的学习和实践。既方便学生之间开展讨论、相互支持、合作共赢,又方便教师管理课堂、指导教学、师生互动(图1.2)。

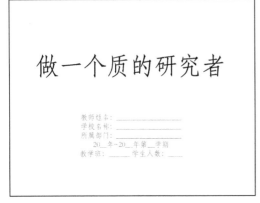

图1.1   图1.2

(3)一个和谐、高效的小组并不一定非要设小组长一职。通过布置学生扮演并每周轮换小组中的角色,可以更好地达到平等、互助、协作、共同进步的目的(图1.3)。

(4)作为第一个小组活动,教师可以设置5~8分钟的讨论时间,布置学生讨论以上问题。一方面调查学生前期的知识积累程度,另一方面倾听学生对未来学习的需求及期待,还可以促进小组成员尽快熟悉起来进入学习状态。讨论结束之后,教师应抽取若干小组进行回答,并给予点评,引导学生梳理知识基础(图1.4)。

小组活动中的角色

主持 全面主持本周本小组各项工作，包括课堂活动和课后作业。负责分工，协调等。

书记 全面记录本周本小组各种活动、讨论、想法、意见、主意，校对课堂笔记，整理作业等。

监督 负责把握课堂活动时间，按时上交作业，监督小组成员不迟到早退，维护小组成员间的平等合作关系等。

图 1.3

小组讨论

· 我对教育的热情是什么? 我们小组对教育的共同兴趣都在哪些方面?

· 我对教育研究的了解有什么，兴趣是什么? 我们小组对教育研究的共同认识是什么?

· 我对质的研究的了解有什么?

· 我对本课程的期望有哪些?

图 1.4

（5）接下来，教师可以布置各组学生用 5 分钟左右的时间，对照以上"质的研究者"的特质清单，检查自己符合哪些特质、不符合哪些特质，并且与同组同学进行讨论。讨论结束之后，教师可以询问学生最担心自己不符合的条目是哪些，并进行点评及解释（图 1.5）。

"质的研究者"的特质清单

☐ 我对"人"感兴趣，愿意理解人们的立场、所处的情况和所在的环境。
☐ 我对处在自然状态下的真实的人们感兴趣。
☐ 我对有特点、有特质的人们感兴趣，愿意观察他们的行为、了解他们的感受、理解他们的想法。
☐ 我希望有机会深入探索一些观点和主张。
☐ 我想要研究一些关于人与人之间是如何互动、社会是如何运转或文化是如何形成等之类的问题。
☐ 我善于剖析自己和别人，具有一定的反思、反省和洞察的能力。
☐ 我乐意和人们待在一起并且观察他们的日常生活。
☐ 人们说的话、描述出来的关于自己的形象和人与人之间的谈话总是能够吸引我的注意。
☐ 我能够体会在事实、事物、数字背后的含义和价值观。
☐ 我愿意采用新的方法做事情，愿意做一个改革者。
☐ 我是一个很好的听众，并且善于提问。
☐ 我愿意面对含糊的事物、模糊的情况。
☐ 我能够容忍缺乏组织、架构散乱的事物。
☐ 我一直喜欢写点东西，愿意用写作作为表达自己情感、记录自己思想的工具。
☐ 我现在或将来必须要写研究论文或毕业论文，甚至硕士论文或博士论文。
☐ 我愿意看到做研究不仅仅只是检测假设而已。
☐ 我对新观点有一个开放的态度。
☐ 我承认所有的研究都是复杂的，而且你不会去刻意追求所谓的做研究的简单方法。

图 1.5

第 2 章 质 的 研 究

2.1 初识质的研究

在第 1 章中曾说过,研究是回答研究问题的手段,不同的研究方法的实质就是回答问题的各种不同的手段。为了更好地理解这一点,请看下面的几个例子。

背景:在一所普通的市立高中,英语一直以来都是其特色学科。某一天,当我们走进这所学校进行参观学习的时候,发现几项围绕英语教学的研究正在进行中。

研究 1:英语教研室的三位教师正在进行一项研究,探索作业对学习成绩的影响。他们把 200 名高一的学生随机分在三个平行班里。三个班的起始英语水平相当,所用的教材、作业、进度、教师的教学方法等都完全一样。三个班每天的英语作业都在半个小时左右,但是内容不一样。1 班的平日作业是课本上的单词和练习题,每周末做一份高考模拟试卷;2 班的平日作业是单元主题扩展出来的阅读与听力练习,每周末也做一份高考模拟试卷;3 班的平日作业是单元主题扩展出来的阅读与听力练习,每周末学生组成小组做一项围绕单元主题的小项目,进行自我导向的探索型学习。三位教师准备将实验进行一个学期,然后比较三个班的期末考试成绩。

研究 2:英语教研室的另一位教师(张老师)对作业和学习效果之间的关系很感兴趣。张老师设计了几份同样主题的调查问卷,分为教师版、学生版和家长版,分别调查他们对当前英语作业的感受和对于改进英语作业的想法、建议等。张老师在高一、高二、高三各随机抽样了 100 名学生,向这 300 名学生和他们的家长,以及学校里所有的英语教师发放了问卷。张老师希望一个月之后的问卷分析结果能够回答她的几个研究问题。

研究 3:这所高中还有两名省师范大学来实习的教育学硕士研究生(小赵和小王),他们在实习中对英语作业与英语成绩、学生对英语作业、教师对英语作业等问题产生了浓厚的兴趣,他们想知道当前英语作业的现状、特点、存在的问题等究竟是什么样的。小赵和小王深入各个教室,对英语课进行了跟踪观察、记录;他们还对几位英语教师做了专门的访谈,询问他们关于布置作业的意图、批作业的感受等问题;小赵和小王还分头访谈了多名学生,询问他们对于英语作业的理解、意见等;他们还在三个年级分别收集了不同的学生作业、试卷、成绩单等进行分析。小赵和小王打算在一个学期之内收集各种资料并加以分析,回答他们关于英语作业的研究问题。

读过了以上几个例子,我们能够对做研究这件事有一个新的认识。虽然都是对英语作业和英语学习的问题感兴趣,但是不同的研究可以采用不同的研究方法、从不同的角度来回答研究问题。在研究 1 中,三位教师进行的是一个"实验研究"。研究 2 则是我们比较熟悉的问卷调查,也被称为"调查研究""问卷法"。在教育科学研究方法这一学科领域中,实验研究和调查研究都被归类为"量的研究"。无论是三位教师的实验结果还是张老师的问卷结果，最终都将被转化为数字的形式、用统计学的分析方法进行处理，最终得出研究结论。

与研究 1 和研究 2 不同，研究 3 中没有实验、没有问卷，两位研究者认识问题、分析问题、探索问题的角度与前两项研究者们完全不同。在研究 3 中，研究者们通过观察、访谈、实物分析的方法来进行研究。这两位研究者既不试图控制所有的影响学生作业的变量、创设一些人为的实验环境，也不从自己的角度出发设计问卷，将答卷人的认识、态度、意见等分门别类。研究 3 的两位研究者坚持在最真实的课堂上观察教师和学生的行为，不设限地倾听教师们和学生们的想法，并且对照、参考、分析原始的学生作业和教师评价，最终得出自己的研究结果。研究 3 是一个典型的质的研究，而且相比其他种类的研究，质的研究就是在自然和真实的环境中观察人、倾听人、研究人，通过研究者本身，而不是别的什么研究工具进行资料分析、回答研究问题的一种研究方法。

2.2　质的研究发展概况

在当今教育学领域，质的研究已经作为一种经典、基础的研究方法被广泛介绍给在职和未来的教师们。国内、国外都有很多学者在研究这种方法本身、撰写相关著作以及用法指南。教育学界的各类学术期刊也都接受、发表用质的研究方法所做的研究的研究报告和学术论文。质的研究在当前的主流地位是 20 世纪初的教育学者们所无法想象的，因为在那时的教育学研究方法基本上都是来自于心理学研究的实验类方法，学者们还不能接受一个没有数字、没有变量、没有控制、没有统计分析的项目被称为"研究"。

当教育学发展到了 20 世纪 60 年代，越来越多的学者和教师们发现严格的实验方法并不能回答所有的研究问题，实验室里也打造不出适合多种学生需要的教学方法。在那个人文主义思潮兴盛的年代，要求全面认识教育、理解学生、结合社会文化背景来看问题、以人为本的呼声越来越高。在教育、社会学、人类学等许多领域的共同需要下，终于在 60 年代末到 70 年末出现了以在"自然"而不做作的社会环境下理解人们经历、经验的质的研究的雏形。学者们终于打破了研究一定要在实验室里进行、一定是先提出假设再进行验证的传统思路的束缚，走到现实中去观察、倾听、交谈、分析、理解，探索一个复杂的、多彩的、无法人为控制、无法预测的多元世界。

2.3　质的研究中的研究工具

在质的研究中，研究工具就是研究者本身。除了人以外，没有其他任何事物可以承担起一系列的收集资料、分析资料的复杂工作。在量的研究中，人的主观性、偏见、认识的局限性一直被视为需要极力避免的因素，研究者不吝努力创造出各种测量工具、打造各种可以人为控制的环境，试图全面、客观地认识世界。然而在质的研究中，人的主观性被视为研究工具的重要特点，因此，根据自己的背景，从自己的视角去理解问题、分析问题变成了一个研究者们可以正大光明去做的事。研究者勿需再为自己的不同于传统的独特视角或与众不同的对事物的感悟感到羞愧。相反，新世纪的教育学发展需要的就是来自各种各样研究者的不同观点、新鲜的意见、特别的建议。恪守传统、故步自封的年代已经远去,在现在的教育学研究舞台上,灵活、个性、开放的质的研究方法已经占据了最光彩夺目的位置。

2.4 七个名词与研究内容

质的研究的研究工具是研究者本身,质的研究的研究对象则是"人"。不同于量的研究把人或人的各种属性转化为数字再进行研究,质的研究注重把人当做复杂的人、矛盾的人、社会中的人、文化中的人、有感情、有兴趣、有态度、有思想的人来进行研究。用七个名词来概括质的研究的内容,很快就会发现每一项内容都是围绕着人来进行的。

名词1:经历(experience)。人是由自己的经历所定义的。理解人的第一步就是理解人的经历。比如说想要彻底研究一名数学教师的教学风格,必须先知道他的学习经历、他所受的师范训练,了解他的从教经历,了解他的老师们、同学们、同事们、学生们带给过他的重要影响等等,才能真正理解其特有的教学风格。

名词2:生活(life)。质的研究的研究重点落在研究对象的日常生活、生活常规。比如,质的研究者们相信研究学生每天在学校里的学习、生活、逐步的成长比仅仅分析几堂公开课、某个实验、项目里学生的表现更加真实和有效,得到的研究结果也更加有说服力。

名词3:文化(culture)。不同文化的实质是不同的思维方式。文化的差异是人与人之间能够出现最大的差异之一。需要注意的是,不同文化不仅仅等于不同国别或不同民族。就我国来说,不同的文化包含着不同民族、地域、性别、阶层等中因素。例如说,同样是高中三年级学生的家长,"北上广"发达地区中产阶层的母亲们与西部农村地区贫困县的父亲们对学生学习的要求,对教师、学校的期待就可以千差万别。不结合研究对象的文化背景的话,研究者就永远无法理解他们所述字面背后的真正意图。

名词4:环境(settings)。研究对象所在的环境也是质的研究中重要的研究内容。这里的环境一般指的是人所处的社会环境。研究者对于人的理解决不能脱离其所在的环境。在一个环境中正常的事件在另一个环境中可能会变得让人无法接受。那么,如果要围绕有关学生学习数学的相关问题做一个质的研究,必须锁定一所或几所学校,结合学校所在地、社会与文化氛围、校园文化、数学教师队伍特点、学校的数学科目的教学传统等因素进行分析。

名词5:关系(connections)。人与人之间、人与群体之间、人与社会之间的关系是最难量化的,但是也最影响人们行为,因而是非常需要研究者分析、整理的因素。在教育学里,师生之间、亲子之间、学生之间、教师之间等多重关系直接影响着教师教学和学生学习,以及学校、家庭里的多种事件的发生和发展。

名词6:立场(situation)。对于同一事物,不同的人因为其立场不同往往得出截然不同的结论。例如,某高中的学生们每一科一天大约有半个小时的作业量,教师从教学的立场认为作业量适中;但是学生因为一天从早到晚上课已经感到非常疲惫,所以认为作业量太大;而家长处于对学生面临高考的担忧,认为作业量太少,不足以让学生得到充分的练习。那么研究者在这种情况之下必须根据研究对象不同的立场进行分析,明确教师的"适中"、学生的"量大",以及家长的"量少"的描述到底指代的对象和含义是什么。

名词7:感受(feelings)。由于研究对象自身特定的性格、特质、兴趣、好恶等因素所决定,不同的人对同一件事物也会有差别很大的感受,而不同的感受直接影响着人们对事物的解释、最终做出的选择和决定。质的研究者一向重视获得研究对象的真实感受,试图从他们而不是研究者自己或某种既定的假设的视角去判断事物、架构概念、解释世界,这也正是质的研究与量的研究的本质区别之一。

2.5　七个动词与研究手段

以上的七个名词概括了质的研究的基本内容,下面的七个动词将从研究者的角度进一步剖析质的研究。

动词1:理解(understand)。质的研究的核心就在于研究者的理解,理解了研究对象本身、研究对象所处的环境、研究对象对事物的感受、意见、立场等,才算达到了质的研究的最终目标。例如,研究一种教学方法是否有效,量的研究者会通过实验结果或问卷调查结果得出结论,而质的研究者必须通过理解这种教学方法的使用者、受影响者等来得出结论。

动词2:归纳(induce)。量的研究里,研究者的基本思维模式是提出假设接着验证假设,然后通过就一个研究样本的结论做出面对所有研究对象群体的推论。相反,质的研究往往是一个归纳的过程,研究者不需要非要有几个研究假设或非要有某种理论指导才能开始研究。质的研究者可以直接进入研究场所进行观察、访谈、分析等,当研究进行一段时间以后,研究的重点、概念、内容的分类等会自然而然地浮现出来,之后研究者就所得到的原始资料进行归纳以得到最终的研究结论。

动词3:观察(observe)。观察是质的研究者常用的三种研究手段之一。想要对研究对象所处的环境、日常的生活等进行了解,研究者必须亲自进行长期的观察。教育学研究当中的观察一般发生在学校,听课是一种最常见的观察形式。

动词4:访谈(interview)。访谈是质的研究者常用的三种研究手段之中的另外一种。就研究内容来说,有很多(例如研究对象的感受、过去的经历、文化等)不能通过直接观察得到,研究者必须设计适当的访谈问题对他们进行深入细致的访谈,通过交谈获得信息。

动词5:分析(analyze)。这里的分析指的是实物分析,也是质的研究中三种研究手段之一。在观察和访谈之外,研究者还可以通过收集、分析研究相关的各种实物,如学生作业、教师教案、学校档案等,得出信息并与从其他手段获得的信息进行参照、比对。在质的研究中,研究者往往采用不同的手段收集相同、相似的信息资料,这样得出的研究结论就更加可靠。这种收集资料的技术通常被称为"三角定位(triangulation)"。

动词6:解释(explain)。在收集到了各种研究资料之后,研究者需要做的一步就是对资料进行解释。质的研究者只要明确自己的经历、背景、文化、立场、感受等方面,以及这些方面对于解释研究资料的益处或可能产生的偏见、局限性等,不必像量的研究者那样担心自己的主观性对于研究的影响。

动词7:写作(write)。写作是质的研究者贯穿研究始终的一项动作。无论是通过哪种手段收集资料,研究者最终都需要通过写作将其转化为文字的形式。而且对于资料的分析和解释,以及对于研究结果的最终报告也同样依赖着写作。因此,一个合格的质的研究者同样也要是一个有着一定写作习惯、善于写作、喜爱写作,将写作作为自己记录生活、表达感受、理解世界的重要工具的人。

2.6 七个形容词与研究特点

通过以上七个名词、七个动词对质的研究所进行的解读，我们已经对这种研究方法有了更加深刻的认识。那么接下来的七个形容词将从另外的角度对质的研究方法做最终的分析和说明。

形容词1：全面的(holistic)。质的研究方法强调全面理解所研究的对象、所研究的事物，绝不轻易下结论或擅自做出单方面的断言。比如在对高中生作业量的研究中，质的研究一定要结合学校的背景特点、从教师教学、学生学习、以及家长关注等多种角度全面理解作业业量的问题。质的研究者深信世界是多变的、人是复杂的，仅仅用是与否、一串数字、一段概括的话是无法充分描述问题、回答问题的。

形容词2：自然的(natural)。这里的自然指的是非人为、不做作的意思。质的研究者研究的是研究对象的日常生活、活动常规，观察的是真实发生的事件，分析的是实际存在的人和事。从收集的研究资料的质量上来讲，越是研究者深入现场收集的原始资料越能达到质的研究的根本目的。

形容词3：丰富的(rich)。根据质的研究完成的研究报告、学位论文等的一大特点是都包含丰富的细节、描述、说明、解释等。通过阅读大量的文字，对质的研究锁定的领域、研究者的情况、研究对象们说的话和做的事、研究场所的特点等，读者会在脑海中塑造成一个个清晰、生动的形象，甚至可以感同身受、可以置身其中。

形容词4：弹性的(flexible)。与量的研究相比，质的研究的研究过程更加弹性、更加人性化。虽然质的研究也有一些约定俗成的研究步骤，但研究者不必恪守某种固定的要求先做什么后做什么，而是可以根据自己自身的特点、研究对象的需要、事件发生的紧急程度等灵活调整研究的过程。真正做到让研究服务于研究者，而不是让研究束缚住研究者。

形容词5：多元的(diversified)。正如21世纪的特点一样，质的研究是一种包含多元思维的研究手段。质的研究不刻意追求世界观、人生观、价值观的统一，而是承认人的差异性、文化的多样性，尊重人们理解世界的不同角度。一个真正的质的研究必是开放、包容、追求多元并存的研究。

形容词6：深刻的(in-depth)。虽然质的研究是弹性的、多元的，但它并不是肤浅的。质的研究者从不认为昙花一现、蜻蜓点水般的研究可以真正达到研究的目的。相反，真正的质的研究往往是深刻的，依靠长期细致的观察形成真正的印象、通过深入浅出的问题探寻研究对象的真心所在、提供鞭辟入里的分析来得到读者的理解。一个合格的质的研究一定要是深刻的、富有内涵的研究。

形容词7：多彩的(colorful)。质的研究的资料来源以及最终结果的表达方式往往是多彩的。研究者不必受限于前人的成例，完全可以大胆地搜寻各种研究资料、创新地使用各种收集资料的方法，自由调整研究的步骤，在信息时代突破传统的时间和空间的限制，开发适合自己研究问题的特定研究手段。另外，在展示研究结果的时候，质的研究者们往往不拘泥于文字，用图像、网站等多种形式向读者们进行展示，吸引他们的注意力。

在理解了以上的七个名词、七个动词、七个形容词以及它们所代表的含义的基础上，最后可以以一个质的研究的定义来结束这一部分。需要说明的是，就质的研究本身来说，每个相关学者、每本相关书籍可能都有一个不同版本的定义，大可不必去一字一句地推敲、比较，甚至背诵众多的定义，重要的是结合自己的特点、依靠自己的认识，全面理解、感悟质的研究，最终形成自己的定义。

质的研究是以研究者本身为研究工具，对研究对象的经历、生活、文化背景、社会环境、人际关系、立场、感受进行探究，以观察、访谈、实物分析为基本手段，归纳、分析、理解研究对象及相关事物，以此进行教育学研究的一种研究方法。

教学模块

(1)教师可以使用问题导向法引导学生仔细阅读学习材料，促使学生主动探索现象、发现问题。这里先展示给学生一个简单的连线题，让他们带着问题去阅读、去发现(图 2.1)。

阅读并连线

	收集资料的方法	研究所属类型
研究 1	做实验	质的研究
研究 2	观察、访谈、实物分析	实验研究
研究 3	发问卷	调查研究

图 2.1

(2)教师可以给学生总共 6 分钟左右的时间完成材料阅读(图 2.2～图 2.5)及连线题(图中连线为正确答案)。然后随机抽取小组说出他们的答案并加以点评。以上课堂活动的目的在于让学生通过案例区别量的研究与质的研究，在已经学过的关于研究方法的基础知识上进一步认识质的研究(图 2.6)。

什么是质的研究？

背景：在一所普通的市立高中，英语一直以来都是其特色学科。某一天，当我们走进这所学校进行参观学习的时候，发现几项围绕英语教学的研究正在进行中。

图 2.2

研究1：英语教研室的三个老师正在进行一项研究，探索作业对学习成绩的影响。他们把200名高一的学生随机分在三个平行班里。三个班的起始英语水平相当，所用的教材、作业、进度、教师的教学方法等都完全一样。三个班每天的英语作业都在半个小时左右，但是内容不一样。1班的平日作业是课本上的单词和练习题，每周末做一份高考模拟试卷；2班的平日作业是单元主题扩展出来的阅读与听力练习，每周末也做一份高考模拟试卷；3班的平日作业是单元主题扩展出来的阅读与听力练习，每周末学生组成小组做一项围绕单元主题的小项目，进行自我导向的探索型学习。三位老师准备将实验进行一个学期，后比较三个班的期末考试成绩。

图 2.3

研究2：英语教研室的另一名老师（张老师）对作业和学习效果之间的关系很感兴趣。张老师设计了几份同样主题的调查问卷，分为教师版、学生版和家长版，分别调查他们对当前英语作业的感受和对于改进英语作业的想法、建议等。张老师在高一、高二、高三各随机抽样了100名学生，向这300名学生和他们的家长，以及学校里所有的英语教师发放了问卷。张老师希望一个月之后的问卷分析结果能够回答她的几个研究问题。

图 2.4

研究3：这所高中还有两名省师范大学来实习的教育学硕士生（小赵和小王），他们在实习中对英语作业与英语成绩、学生对英语作业、教师对英语作业等问题产生了浓厚的兴趣，他们想知道当前英语作业的现状、特点、存在的问题等究竟是什么样的。小赵和小王深入各个教室，对英语课进行了跟踪观察、记录；他们还对几名英语老师做了专门的访谈，询问他们关于布置作业的意图、批作业的感受等问题；小赵和小王还分头访谈了多名学生，询问他们对于英语作业的理解、意见等；他们还在三个年级分别收集了不同的学生作业、试卷、成绩单等进行分析。小赵和小王打算在一个学期之内收集各种资料并加以分析，回答他们关于英语作业的研究问题。

图 2.5

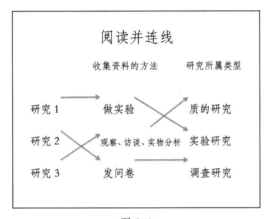

图 2.6

（3）教师讲授质的研究的起源与简史（图2.7）。

（4）在这里，教师需要突出强调"人"在质的研究中的重要地位，以及作为研究工具和研究对象的具体含义（图2.8）。

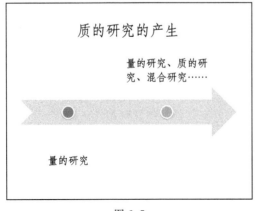

图 2.7

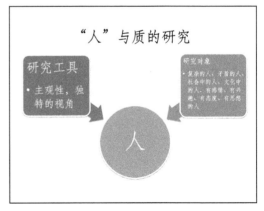

图 2.8

（5）接下来,教师可以用三个图画游戏帮助学生进行右脑思维,进一步消化、吸收已经讲过的知识,开发想象力和创造力,更好地理解质的研究。第一个图画游戏是对"质的研究者"形象的描述。教师可以设置 4 分钟活动时间,然后抽取小组进行展示并加以评价和引导(图 2.9)。

（6）教师讲解质的研究的内容(图 2.10)。

（7）教师讲解在质的研究中研究者需要完成的 7 个动作(图 2.11)。

图画游戏 1/3

- 回顾上周所学的关于质的研究者的特质、参考老师刚才讲授的内容,思考、讨论自己小组成员作为质的研究者的角色。
- 用一幅画表现"质的研究者"的形象。
- 老师随机请几个小组的同学分享他们的作品并加以解释。

图 2.9

质的研究的内容 （7个名词）

名词1: 经历 （experience）
名词2: 生活 （life）
名词3: 文化 （culture）
名词4: 环境 （settings）
名词5: 关系 （connection）
名词6: 立场 （situation）
名词7: 感受 （feelings）

图 2.10

质的研究者要做的动作(7个动词)

动词1: 理解 （understand）
动词2: 归纳 （induce）
动词3: 观察 （observe）
动词4: 访谈 （interview）
动词5: 分析 （analyze）
动词6: 解释 （explain）
动词7: 写作 （write）

图 2.11

（8）教师用 4 分钟左右的时间进行第二个图画游戏,让学生描叙自己小组未来研究的场所,基本步骤同第一个图画游戏。需要注意的是,教师一定要强调学生从自己的身边、校园或其他能够直接接触到的地方开始做研究,不要选择离自己现实生活太远的地方做研究(图 2.12)。

（9）教师用 7 个形容词再一次深刻描述质的研究(图 2.13)。

图画游戏 2/3

- 回顾上周所讨论的本小组对研究的共同兴趣,选择任意一个兴趣点并设想其具体的研究场所、研究领域的样子。
- 用一幅画表现你们小组的"研究地"。
- 老师随机请几个小组的同学分享他们的作品并加以解释。

图 2.12

质的研究的特点 （7个形容词）

形容词1: 全面的 （holistic）
形容词2: 自然的 （natural）
形容词3: 丰富的 （rich）
形容词4: 弹性的 （flexible）
形容词5: 多元的 （diversified）
形容词6: 深刻的 （in-depth）
形容词7: 多彩的 （colorful）

图 2.13

（10）作为总结，教师讲解质的研究的定义（图2.14）。

（11）进行最后一个图画游戏，时间、步骤同前两个图画游戏（图2.15）。

什么是质的研究？

定义：质的研究是以研究者本身为研究工具，对研究对象的经历、生活、文化背景、社会环境、人际关系、立场、感受进行探究，以观察、访谈、实物分析为基本手段，归纳、分析、理解研究对象及相关事物，以此进行教育学研究的一种研究方法。

图 2.14

图画游戏3/3

- 整理、回顾老师刚才所讲的关于质的研究的定义、特点、类型、历史等知识。
- 用一幅画表现你们小组心目中"质的研究"的形象。
- 老师随机请几个小组的同学分享他们的作品并加以解释。

图 2.15

（12）课后可以通过使用作业的形式让学生回顾、梳理本节课学过的内容（图2.16）。

课后作业

每组将自己所画的"研究者""研究地""质的研究"三个形象进行整理、合并，创作一幅以《我与质的研究》为主题的图画。

图 2.16

实践模块

例　图 2.17～图 2.20 是何可人、缪欣霖、张涵佩、朱吕珂、周一豪五位同学用图画表达他们对于质的研究的理解。

图 2.17

我们组感兴趣的研究方向是：**成长经历对人格的影响。**

图中是一个站在人生轨迹上的人，人生的路比地图还复杂，这就是我们的研究地。这个人经历了什么变成现在的样子？是什么影响了每一个岔道口的抉择？太多疑问，我们带着好奇心去探索。

图 2.18

　　质的研究，这不是个三言两语能阐述尽的概念，我们感觉越具象的描绘越容易片面，于是想用最简单的形象去表达，如同"一生万物"。

　　图中是一个正在分裂的细胞，它将变成2个、4个、8个……就像质的研究，或许一开始只有小的切入点或模糊的猜想，但随着研究的进展，会越来越接近深奥与广博。细胞是有生命的，质的研究也是。

　　细胞分裂时，因为环境、自身基因等因素影响，它有着无数种可能性，产生千变万化的变异。质的研究就是如此地丰富多彩。

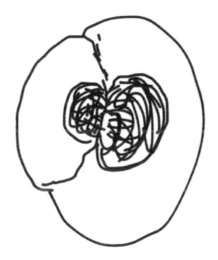

图 2.19

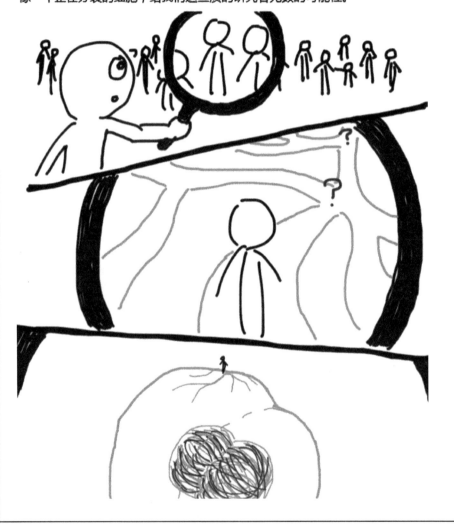

　　课堂上的3幅画结合到了一起，就成了质的研究一步步进展的过程了。

　　透过同一面放大镜（其实就是质的研究者的眼睛）去看，起先我们走近、分析那些研究对象；后来在我们选择的研究地上对他们的人生地图做深入探索；再后来我们也许发现每个人都生活在属于自己的独特星球上，这个星球就像一个正在分裂的细胞，给我们这些质的研究者无数的可能性。

图 2.20

第 3 章　形成研究问题

做质的研究也好,其他研究也好,研究者最朴素的愿望、最基本的目标就是用研究结果回答自己的研究问题。因此,做质的研究的第一步就是形成一个或几个合理的、有意义的研究问题,可以用"质的研究"这一研究方法回答的研究问题。不过,研究问题的形成绝非一拍脑袋、灵机一动那么简单,研究者要经历如寻找研究灵感、定位研究问题、形成研究问题、检测研究问题这样一系列的阶段。从模糊到清晰、从概括到具体、从心头印象到白纸黑字,研究者必须经过努力才能最终得出高质量的研究问题。

3.1　第一步:寻找研究灵感

质的研究者通常从文字或非文字这两个大的方面汲取自己研究的灵感,然后产生研究问题的雏形。

(1)文字方面,最所谓最正统最学术地获得研究灵感的地方是学术期刊,尤其是通过阅读以前的研究者们所发表过的研究报告。可以把所有的学术研究活动比喻成一条河流,无论有多少支流分叉,大部分的研究活动都是朝向同一个目标,后浪推前浪般一代一代向前递进。比如说,教育学里有一个研究教学的方向,从事这方面研究的研究者们的一个总体目标就是寻找高效率、能够帮助学生学习的教学方法。那么这样一个总体目标不是一下子就能达到的,而是一步步递进的。一些学者们通过研究发现教学方法需要以学生为中心,但是具体在教室里怎么做到以学生为中心,他们无法一下子给出全部的答案;然后在下一个十年里的同一领域的学者接过前人的研究成果继续探索,发现可以采取分小组的教学方法;之后下一代的学者们又发现,不仅仅是要分小组教学,而且还要考虑到学生的不同兴趣、能力、学习风格等,然后继续做研究;如此一代一代的学术研究就不停地推动着教育学的发展。如果说我们在这个时候通过阅读了一系列的关于教学方法的研究报告,就可以认识到前人的研究成果都有哪些,这一领域的研究目前的进展如何,然后这时就可以跳进研究的河流,根据时代特点、本身的兴趣和特长进行下一步的研究。除了学术期刊、前人的研究报告,我们还可以通过阅读一些相关的学术著作,甚至从阅读入门的课本开始,了解前人的研究,接受以前的学者给后来人的研究建议,从而确定自己的研究方向。

除了以上所述"正统的"获得研究灵感的方式,很多研究者还从一些面向大众的通俗的教育类的书籍、刊物,或者报纸上的文章、时事新闻,还有教育相关的网站、网页、博客、微博、论坛等地方获得信息,汲取灵感,看看社会上关于教育的热点话题是什么、有什么教育相关事件引起了人们的深思、有哪些人提出了一些可以用来促进教育发展的可行的建议,等等。

（2）非文字方面，质的研究者们经常可以得到一些对世界更加感性、直观的认识，这些也可以直接决定着研究者进行研究的方向。一个大学生在自己的高中时代经历过一个非常能够激励学生的班主任和一个喜欢打击学生积极性的班主任，这样的一种经历在他的心中发酵，当他自己变成了一个师范大学的学生后，他很想研究作为一个教师怎样才能更好地鼓励学生、激发而不是挫伤他们的学习热情。这就是研究者的亲身经历和自己第一手的所见所闻带来的研究灵感。另外一个师范大学的学生在大四实习的时候听到很多学生、家长告诉他高三某个化学教师教学非常好，于是她产生了浓厚的兴趣去听了那个化学教师的课，发现枯燥的基础知识可以结合实际生活变得饶有趣味。因此，她获得了毕业论文研究的灵感，想要揭示这种有趣的课堂背后的教育意义。而这就是通过跟别人接触、交流得到研究方向的一种方式。

所以，作为质的研究者，我们可以大胆开阔自己的眼界、敞开自己的心胸，从文字方面、非文字的方面，或者两方面结合，而不必仅仅拘泥于教师的引导或其他研究者的成果，勇敢去寻找自己真正的研究兴趣所在。

3.2　第二步：定位研究问题

当质的研究者们汲取了一定的研究灵感以后，下一步要做的就是定位研究问题。打个比方说，研究问题像藏在矿山里的一块宝石，想要获得它必须先确定矿山在哪里。定位研究问题可以通过探讨、描述定位研究者本身、定位研究对象和定位研究环境三方面，来达到一个比较准确的位置。

1. 定位研究者本身

与量的研究坚持客观中立、极力避免人的主观性这一点不同，质的研究承认人的主观性，不但认为这一点是不可避免的，而且认为由于每个研究者因为自身文化、经历、兴趣等所形成的独特的视角、特别的立场，实际上提供了一条了解世界、获取知识的特别之路。正如以前所讲过的那样，在质的研究中，研究工具是人，研究对象也是人。质的研究注重把人当做复杂的人，矛盾的人，社会中的人，文化中的人，有感情、有兴趣、有态度、有思想的人来进行研究。既然"人"是质的研究中最亮眼的关键词，那么从定位"人"开始、从认识研究者自身开始，也就顺理成章了。

在这一步，研究者需要清楚地认识到自己的特点，理清自己的主观性，从而得出自己作为研究者对于特定研究的积极或不利的各种影响。研究者可以通过回答以下一系列的问题来达到这个目的：我的性别、年龄、民族、语言是什么？我的日常生活、学习、工作都是关于什么的？我的兴趣、爱好是什么？我曾经的生活、学习、工作经历中有什么地方会对我所要进行的研究产生影响？我的家庭、朋友、亲戚、同学、老师等是否可能直接或者间接对研究产生影响？我生活的地区、社区中的传统、观念、理念会对研究有什么影响？我的社会角色、所属的小群体等是否对研究产生一定的影响？诸如此类的问题，可以列出很多。

例　一个研究者通过定位自己得出:"我是一名具有多年外语教学经验的女教师。年龄 36 岁,汉族。居住在中国江浙沪三地中的一个地级城市。我的日常工作是在一所师范大学培养未来的外语教师。我生活的地区经济发达,普遍受教育程度较高,重视教育,也重视学习外语。我的爱好是平常看外国电影。我曾经有过很多外国的老师,并且现在也跟许多来自发达国家的外教们共事,观念上比较能够认同一些以学生为中心的新式教育理念。"那么,当这个特定的研究者从事关于大学外语教学方法的研究时,她自身的这些特点就会对研究产生影响。比如说,她的意识中会认为外语学习很重要,所以非常值得研究,而不会认为学好外语是无关紧要的事情所以不值得花时间研究;教师应该采用鼓励式的、开放式的教学,如果她在研究中遇到布置学生大量背单词、做练习题的教师会觉得不以为然;她会认为调动学生学习的积极性非常重要,也会鼓励学生通过看一些外国的影视作品来学习外语。如果她的专业是英语,那么自然会重点去分析研究英语教学;而如果她教的是西班牙语之类的小语种,那么自然容易和小语种的教师们产生共鸣,能够更加理解他们所面临的一些特别的问题。但是如果这位教师参加了某一个科研团队,到某一教育发展水平一般的少数民族地区从事一项关于中学教学的研究项目,那么她的自身经历决定了不会特别容易跟当地的教师产生共鸣;由于自身的文化背景,她在了解学生的时候会遇到很多困惑的地方;如果她要进行观察的课堂又不是外语课堂的话,作为一个"外行人"的感觉或许会更加强烈。

需要说明的是,质的研究者不必过于担心自己是否经验不足、经历尚浅、不能够和研究对象产生强烈的共鸣等情况。我们始终相信,每个人独特的视角是质的研究中最宝贵的工具之一。在认识问题的时候,"行内人""行外人""老手""新人"各有各的特点,各有各的优势。既需要专家的深入剖析,也需要新鲜的观点为我们挪开一直障目的那一叶。只要作为研究者的我们能够对自己有一个清醒的认识,对自身特点会对研究产生的影响有觉悟,那么研究者的主观性就不会是影响研究质量的消极因素。

2. 定位研究对象

当研究者对自身有了清醒的认识后,可以开始定位研究对象。与上一步相类似,这一步也是通过回答一系列问题来进行定位的:在要做的研究中,研究对象是哪些人,他们的性别、民族、年龄阶段,生理、心理特点都是什么? 他们的社会角色是教师、学生、家长或其他? 他们的文化背景是什么? 他们身上是否有不同寻常的一些特质? 他们有什么特长、兴趣爱好、传统观念、人生信条、突出的性格特点等直接对研究产生影响的地方? 他们身上有什么特别吸引我进行研究的地方? 我对他们的经历及特点产生了怎样的感受? 通过回答如此种种的问题,研究者可以对研究对象进行初步的思考、剖析。下面的几个例子可以作为分析结果的参考。

例 1　研究者小赵和小王对一群学习英语的高中生产生了兴趣。他们的研究对象是普通高中的学生,他们的家长、老师、学校以及自身都比较重视高考,但高考不是学生唯一的选择,有很多学生考虑去国外留学。这些高中生家庭条件普遍比较好,所以在课外也经常接受家教、外教等的辅导,还有不少学生曾经出国旅游。小赵和小王感觉这是一群充满活力的高中生,但是也认为他们在外语学习上应该取得更好的成绩。

例 2　某大学的孙教授对一些在民工子弟小学教学的教师产生了研究的兴趣。这些教师普遍具有大专的文化水平,年龄结构在 25～35 岁。他们中绝大部分出身于农村地区,具有很强的社会责任感,想要尽力帮助城市边缘的农民工的孩子们学习。这些教师大多没有接受过师范训练,教学水平偏低,但是他们对于学生的一腔热情强烈感染着孙教授,他认为自己可以通过做研究来帮助他们提高自身水平。

以上的两个例子就是对质的研究中研究对象的定位。不是用一串数字来定义、更不把研究对象看成简单的人,而是从多方面不断地了解他们、了解他们的自身特点、了解他们最真实的一面。

3. 定位研究环境

当研究者本身、研究对象都得到定位后,研究环境的定位就显得自然而然了。这里要强调的是,环境还是指的社会环境、文化环境,以及人们所在的日常环境。当然,如果研究在非常特殊的地理环境中发生,如在内蒙古大草原上的马背小学之类地方,能够使研究非常有特点的话,研究者也应该进行详细说明。

例 金老师在吉林省的延边地区中学进行一项教育研究,她总结出,该地区学校的大部分师生都是朝鲜族,平常讲自己的民族语言,同时也学习普通话。虽然年纪大的人还非常坚持自己的民族传统,但是年轻人很多通过网络,或者外出务工、上学、旅游等,在观念上越来越接近其他地区。另外,由于该地区的人们与韩国交流没有语言障碍,地理上又相邻,所以受到韩国价值观念、文化、经济等方面的影响比较大。

当以上三方面都得到一个完整的定位描述之后,可以将所有信息整理成为一段简单的话,当研究者进行到研究中间最困难的时候,或者遇到某一段比较迷惘混乱的过程时,这一段话就可以提醒自己作为研究者的位置,研究对象的位置,研究的环境是怎样的,以及一个质的研究者出发的原点,以免迷失在研究的繁杂琐碎之中。

3.3 第三步:形成研究问题

当研究者对研究问题定位清楚了以后,下一步就是形成研究问题。可以通过填写"质的研究 研究问题整理单"来整合所有的信息,最终形成研究问题。而且研究者要注意的是,这张整理单上的内容,也是形成研究报告、期刊文章、毕业论文的重要组成部分,也可以把这张整理单看成自己研究报告最初的一份草稿。

质的研究 研究问题整理单 整理者:_____ 研究主题:_____	
【1】研究领域	
【2】已知与未知	
【3】研究目的	
【4】研究的重要性	
【5】研究问题	

1. 研究领域

既然是进行教育学相关的研究,研究者应该确定自己的具体研究领域是什么。一般来说,教育学包括课程论(学校的课程设计、编制、实施、评价等)、教学论(教学方法、教学组织形式、教学过程、教学评价等)、学科教学(语文、数学、英语等)、教育技术(例如,如何使用多媒体、网络进行教学)、教育管理(例如,学校行政管理、师资队伍、治校方略)、幼儿教育、基础教育、中等教育、高等教育、成人教育(研究普通全日制教育之外,对于成年人的教育,如自考、函授)、特殊教育(例如,对于残疾儿童、天才儿童的教育)、比较教育(研究不同国家、民族、地区的教育)、教育史(例如,中国教育史、外国教育史),等等。研究者需要确定自己研究的具体领域之后再开始进行深入研究,如大学外语教学、私立小学的师资力量、少数民族地区网络课堂普及等。

2. 已知与未知

这一项其实可以分为两个方面。从理论上讲,我们可以列出现存的理论以及前人研究的相关成果,并且指出理论没有涉及的地方。例如,"格容(Grow)在 20 世纪 80 年代就提出了培养学生自我导向学习能力的阶段理论,认为教师应该根据学生实际的自我导向能力调整教师的角色。但是如何在 21 世纪的中国外语课堂上使用这一理论,目前还没有相关的研究"。要完成这一步,需要研究者对相关的文献进行检索与阅读,并且撰写文献综述,具体的做法请参照第 4 章。

从现实层面上讲,研究者应该列出对于研究者自身、研究对象、研究环境已知的方面,以及未知的方面,尤其是研究非常想要探索的方面。在前面的定位中已经完成了已知的方面,在此不再赘述。未知的方面可以直接提出问题。例如,一个只有大学外语教学经验的研究者是否能够充分理解中学外语教学中的问题? 或经常接受校外的外教培训的高中生会不会对校内自己的英语教师的教学方法有不满? 或延边民族地区的学校教育是否已经深受外来影响而削弱了自己的特色?

3. 研究目的

在这一项里,研究者要写出自己做研究的目的是什么。例如,帮助教师提高教学水平,或理解民族地区教育的独特之处,或探索当前高中外语课堂上学生积极性不高的原因等。

4. 研究的重要性

所有的研究者都不可避免两个关于研究重要性的问题:①研究者自己为什么要花时间和精力去做这项研究? ②未来的读者为什么要花时间和精力去读研究报告? 为了回答这两个问题,研究者可以从填补理论空白、帮助教师教学及学生学习、提高教育质量、帮助决定教育政策等方面进行分析。

5. 研究问题

最后,研究者可以参考《教育与心理科学研究方法》(杨新晓、任俊著,科学出版社)中所介绍的步骤,从研究兴趣到宽泛主题,从宽泛主题到具体主题,从具体主题到研究问题式,一步步推进,最终得出自己的研究问题。例如,研究主题是"大学英语教学""学生课业负担";可以通过增加词句来进一步描述,"口语教学在大学英语教学中的地位""减轻中学生的课业负担";到最后加入疑问词形成研究问题,"口语教学在大学英语教学中的地位是怎样的?"

"如何减轻中学生的课业负担？"

在这里尤其要注意三点。一是研究问题必须是以疑问句的形式存在的。一个陈述句无论如何也不能充当研究"问题"。二是提出来的研究问题必须是没有现成答案，或者没有可靠的答案，或者没有与当今时代相符的答案的问题。研究问题是做研究的前提与核心。如果研究者问的问题早就有了非常好的、业界公认的、经典的答案，就不必再耗费宝贵的时间和精力在这样的研究上。研究者决定研究问题的时候一定要慎之再慎，对自己负责、对研究负责、对研究对象负责、对所有可能会被研究影响的人负责。三是作为质的研究者，可以在研究问题上采用灵活的态度。不同于量的研究，质的研究不强求研究者一步到位形成研究问题。研究者可以先进入研究环境，然后在研究过程中慢慢修改、确定自己的研究问题。

3.4 第四步：检测研究问题

最后，质的研究者可以根据以下方面自我检测一下这张"整理单"的质量，并且适时进行调整，不断提高其质量，使之成为协助我们顺利开始研究的有效工具。

"质的研究问题整理单"评价标准：①是否使用了标准的学术语言？②研究者自我定位足够清晰、准确吗？③研究对象形象明确吗？④研究环境定义是否清楚？⑤研究者能够准确描述研究领域吗？⑥研究者是否从理论和实际两方面列出研究者的已知与未知？⑦研究目的具有现实意义吗？⑧研究重要性具有说服力吗？⑨研究问题的内涵丰富吗？⑩所有项目是否连贯有意义？

教学模块

（1）教师应首先带领学生回顾研究问题与研究的关系，并解释图中形成研究问题的四步过程（图 3.1）。

（2）从两个方面讲解如何寻找研究灵感（图 3.2）。

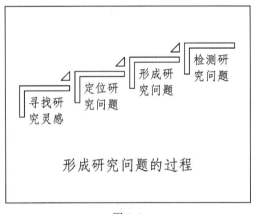

图 3.1   图 3.2

（3）在刚才讲解的基础上进行练习。教师应把握每一步的时间，视学生程度每一小步给3～5 分钟时间思考或讨论（图 3.3）。

（4）讲解如何定位研究问题，为下面的案例做铺垫（图 3.4）。

活动1：寻找我的研究灵感

- 根据老师刚才所讲的，梳理自己曾经从阅读中、亲身经历中收获的最感兴趣的知识点、问题、疑惑等。
- 用短句、关键词记下自己想要进一步探究的有关教育方面的问题。
- 与自己的小组同伴分享研究灵感，并且寻找彼此的共同之处。

图 3.3

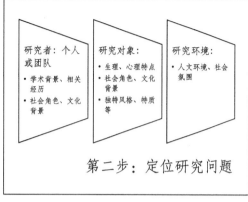

研究者：个人或团队
- 学术背景、相关经历
- 社会角色、文化背景

研究对象：
- 生理、心理特点
- 社会角色、文化背景
- 独特风格、特质等

研究环境：
- 人文环境、社会氛围

第二步：定位研究问题

图 3.4

（5）讲解案例（图 3.5～图 3.8）。

定位研究者

例：我是一名具有多年外语教学经验的女教师。年龄36岁，汉族。居住在中国江浙沪三省中的一个地级城市。我的日常工作是在一所师范大学培养未来的外语教师。我生活的地区经济发达，普遍受教育程度较高，重视教育，也重视学习外语。我的爱好是平常看外国电影。我曾经有过很多外国的老师，并且现在也经常跟许多来自发达国家的外教共事，观念上比较能够认同一些以学生为中心的新式教育理念。

图 3.5

定位研究对象

例1：研究者小赵和小王对一群学习英语的高中生产生了兴趣。他们的研究对象是普通高中的学生，他们的家长、老师、学校以及自身都比较重视高考，但高考不是学生唯一的选择，有很多学生考虑去国外留学。这些高中生家庭条件普遍比较好，所以在课外也经常接受家教、外教等的辅导，还有不少学生曾经出国旅游。小赵和小王感觉这是一群充满活力的高中生，但是也认为他们在外语学习上应该取得更好的成绩。

图 3.6

定位研究对象

例2：某大学的孙教授对一些在民工子弟小学教学的老师产生了研究的兴趣。这些老师普遍具有大专的文化水平，年龄结构在 25～35 岁。他们中绝大部分出身于农村地区，具有很强的社会责任感，想要尽力帮助城市边缘的农民工的孩子们学习。这些老师大多没有接受过师范训练，教学水平偏低，但是他们对于学生的一腔热情强烈感染着孙教授，他认为自己可以通过做研究来帮助他们提高自身水平。

图 3.7

定位研究环境

例：金老师在吉林省的延边地区中学进行一项教育研究，她总结出，该地区学校的大部分师生都是朝鲜族，平常讲自己的民族语言，同时也学习普通话。虽然年级大的人还非常坚持自己的民族传统，但是年轻人很多通过网络，或者外出务工、上学、旅游等，在观念上越来越接近其他地区。另外，由于该地区的人们与韩国交流没有语言障碍，地理上又相邻，所以受到韩国价值观念、文化、经济等方面的影响比较大。

图 3.8

（6）在刚才讲解的基础上给学生练习的机会。每小组应最少对一个研究主题进行定位，并用简单的文字说明。活动用时 8～10 分钟（图 3.9）。

（7）展示研究问题整理单，指示学生进行抄写或拍照，为接下来带着问题听讲做准备（图 3.10）。

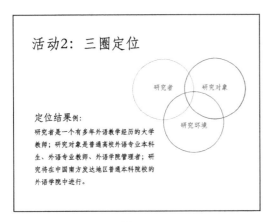

活动2：三圈定位

定位结果例：
研究者是一个有多年外语教学经历的大学教师；研究对象是普通高校外语专业本科生、外语专业教师、外语学院管理者；研究将在中国南方发达地区普通本科院校的外语学院中进行。

图 3.9

质的研究　研究问题整理单

整理者：＿＿＿＿＿　研究主题：＿＿＿＿＿

【1】研究领域	
【2】已知与未知	
【3】研究目的	
【4】研究的重要性	
【5】研究问题	

第三步：形成研究问题

图 3.10

（8）对照问题整理单，详细地讲解每一项的要求和注意事项（图 3.11）。

（9）根据教师的讲解，学生在组内根据某一特定主题讨论并初步填写问题整理单。课堂中的填单活动可以看作是打草稿，学生应在课后寻找相关的资料补充完整（图 3.12）。

第三步：形成研究问题

- 研究的领域
  - 研究问题属于教育学下哪个分类，哪个类别？
- 已知与未知
  - 从理论上讲，对于要研究的领域已知的内容是什么，未知的内容是什么？
  - 对于研究者、研究对象、研究环境的已知与未知
- 研究重要性
  - 为什么要花时间和精力去做这项研究？
  - 未来的读者为什么要花时间和精力去读研究报告？

图 3.11

活动3：填单

- 每小组选择一个共同的研究主题，围绕这个主题填写研究问题整理单。

图 3.12

（10）讲解检测研究问题的各项标准，以备学生可以对照标准完成对其他小组研究问题整理单评审的工作（图 3.13）。

（11）教师主持抽签工作，可以让每组派一位代表抽出一张小组的号码牌。如果第 1 组抽到第 5 组，那么第 5 组就是第 1 组的"评审组"，应对其工作做出评价；如果第 1 组被第 3 组抽中，那么第 1 组就要担任第 3 组的"评审组"，为其检测研究问题整理单并给予评价。教师可以要求所有的小组在下次上课之前整理好所有相关资料（自己小组的问题整理单、其他小组提供的评价、针对评价做出改动等）作为作业上交（图 3.14）。

- 是否使用了标准的学术语言？
- 研究者自我定位足够清晰、准确吗？
- 研究对象形象明确吗？
- 研究环境定义是否清楚？
- 研究者能够准确描述研究领域吗？
- 研究者是否从理论和实际两方面列出研究者的已知与未知？
- 研究目的具有现实意义吗？
- 研究重要性具有说服力吗？
- 研究问题的内涵丰富吗？
- 所有项目是否连贯有意义？

第四步：检测研究问题

图 3.13

活动5：交叉评审

- 通过抽签的方式决定每组的"评审组"。
- 课后，每组将自己填好的问题整理单发送给"评审组"，等待对方的反馈并进行修改。
- 同时每组也负责担任另外一个小组的"评审组"，接受其填好的问题整理单，并根据老师提供的"检测研究问题"的标准给出自己的评审意见，并发还给对方。

图 3.14

实践模块 ·*·*·

例　下面是陈皓骞、陈佳彬、陈芊、陈佳男、迪丽努尔五位同学根据自己小组的研究主题所填写的问题整理单的初稿以及根据评审小组意见做出的修改稿。

原稿加专家组(第三组)意见

质的研究　研究问题整理单

整理者:第五组　　　　　研究主题:浙江师范大学新课程考核方式对学生学习态度的影响

【1】研究的领域	课程论(课程论中的课程评价是有针对性的,这样广泛的课程考核标准改革可以算作课程论范围吗？比如教学论?)
【2】已知和未知	已知:(1)浙江师范大学新课程考核方式的最明显的变化:由原先的平时成绩占课程成绩的比例不超过40％变为比例不少于50％。 (2)新课程考核方式产生背景:2014年2月25日,浙江师范大学召开2014年第二学期首次教学工作会议。会议指出要深化课堂教学改革,出台提高课堂教学质量的若干意见,深入推进以提高课堂教学质量为目标的全员教研工作,推进学生学业评价改革,逐步建立多元学生学业评价体系,建立过程性学业评价方式。 未知:(1)浙江师范大学课程考核方式改变前后学生学习态度的变化。 (2)浙江师范大学教师对新课程考核方式的应对方式。(定位是学生还是教师?) (3)浙江师范大学学生对新课程考核方式的适应现状。
【3】研究的目的	为学校全面开展学业评价改革提出针对性建议;收集学生对新课程考核方式的反馈信息,促进课堂教育教学改革的进一步实施。
【4】研究的重要性	时值浙江师范大学新课程考核方式推行的第一年,也是目前浙江师范大学学生学习生活中普遍面临的一个重大变化,本研究能收集新课程考核方式推行下学生学习情况的第一手资料,并针对教师(考虑清楚研究对象)的应对方式和学生的适应现状提出可参考的意见。(学生的态度只是一个反馈,并不能体现出新方式的优点与不足)
【5】研究的问题	浙江师范大学新课程考核方式对学生学习态度有影响吗？若有影响,那么它如何影响学生日常学习？新课程考核方式的实施能否提高学生的学习效率和学习质量？学生对新课程考核方式的真实看法是什么？(问题有点多？能否概括整合?)

续表

【6】研究者自我定位	五位研究者都是浙江师范大学应用心理学 111 班的女大学生,其中两位是浙江上虞人,一位来自四川省,另外两位来自新疆维吾尔自治区。她们都有参与支教和科研活动的经验。
【7】研究对象定位	浙江师范大学全日制本科大一至大三年级的学生(**为什么要选择这个研究主题和对象,以及小组成员的直观感受**)
【8】研究环境定位	浙江师范大学

注:正常字体为原稿,粗体字为专家组意见。

在有限的时间内,运用质的研究,取样对象可能不足以代表全校学生的态度,难以形成较全面的、具有针对性的建议。

修　改　稿

质的研究　研究问题整理单

整理者:第五组　　　　研究主题:浙江师范大学新课程考核方式对学生学习态度的影响

【1】研究的领域	教学评价
【2】已知和未知	已知:(1)浙江师范大学新课程考核方式的最明显的变化:由原先的平时成绩占课程成绩的比例不超过 40％变为比例不少于 50％。 (2)新课程考核方式产生背景:2014 年 2 月 25 日,浙江师范大学召开 2014 年第二学期首次教学工作会议。会议指出要深化课堂教学改革,出台提高课堂教学质量的若干意见,深入推以提高课堂教学质量为目标的全员教研工作,推进学生学业评价改革,逐步建立多元学生学业评价体系,建立过程性学业评价方式。 (3)研究者:五位研究者都是浙江师范大学应用心理学 111 班的女大学生,其中两位是浙江上虞人,一位来自四川省,另外两位来自新疆维吾尔自治区。她们都有参与支教和科研活动的经验。 (4)研究对象:浙江师范大学全日制本科大一至大三年级的学生。*新课程考核方式主要针对的是全日制本科大一至大三年级的学生,年龄结构为 18～24 岁,他们的可塑性普遍较强,易于接受新事物。在改革推行后,他们明显感受到学习生活中的变化。在这过程中,不少人只通过增加学习的时间投入来应对这种变化,却没有对这种变化背后的原因进行深刻的思考。研究者身为这一群体的一小部分,想通过自己的努力来探究这一变化背后的原因,帮助他们直面问题,从而更好地认识自我。* (5)研究环境:*浙江师范大学是一所以教师教育为主的多科性省属重点高校,重视对课程教育教学的改革。在新课程考核方式实施过程中,教师的教学方式存在差异。同时,由于学生的文化背景不同,针对新方式的反应及适应程度也不同。* 未知:(1)浙江师范大学课程考核方式改变前后学生学习态度的变化。 (2)浙江师范大学教师对新课程考核方式的应对方式。(**针对修改意见,我们认为教师应对方式的改变会对学生的学习态度产生影响,但我们的研究对象定位确实是学生,这与了解教师的应对方式并不冲突。**) (3)浙江师范大学学生对新课程考核方式的适应现状。
【3】研究的目的	1.收集学生对新课程考核方式的反馈信息,促进课堂教育教学改革的进一步实施; 2.探究新课程考核方式给学生带来的变化背后的原因,帮助他们直面问题,从而更好地认识自我。

续表

【4】研究的重要性	1.时值浙江师范大学新课程考核方式推行的第一年,也是目前浙师大学生学习生活中普遍面临的一个重大变化,具体实施效果尚不可知,因此,研究这一主题具有现实意义。 2.本研究能收集新课程考核方式推行下学生学习情况的第一手资料,并针对学生的适应现状中可能出现的问题提出参考意见。(**针对修改意见,我们认为本研究的主要目的在于探讨新课程考核方式下学生学习态度的具体变化,并非探究新方式的优点和不足。**)
【5】研究的问题	1.浙江师范大学新课程考核方式对学生学习态度有怎样的影响? 2.新课程考核方式的实施能否提高学生的学习效率和学习质量? 3.学生对新课程考核方式的真实看法是什么?

注:斜体字为修改内容,粗体字为针对专家组修改意见的反馈。

第4章 文献综述与理论框架

理论模块 ,·*ˆ·.

当对研究者自身、研究对象以及研究环境完成了合理定位,甚至形成了几个合格的研究问题之后,并不意味着就可以直接进入研究现场着手进行研究。要想完成一个完整的、正式的、在学术上能够站得住脚的研究,质的研究者们必须在进入实地之前完成理论层面上的准备。正如在前面的章节中谈到过的,所有的研究都不是孤立的,相反,研究者永远是教育学研究这个巨大整体的一小部分。每一个研究都承上启下,一方面研究者永远是站在前人的成果上进行自己的研究,另一方面自己的成果也为后人的研究提供资料。因此,质的研究者有责任、有义务在研究报告中清楚地写明与自己研究相关的前人研究、理论,指出它们对自己观点的影响,为读者清晰地展现自己研究的理论背景,最终使所做的研究有源头、有依据、有支撑。为了达到这一目的,质的研究者需要在研究报告中包含两个实体部分:理论框架和文献综述。从现实操作的角度上,我们强烈建议质的研究者们不要等到收集到所有的原始资料以后才开始写作这两个部分,而是从研究的最初就积极主动接触文献、熟悉相关理论、紧密地跟随学术界的最新成果,用理论指导自己的研究实践,在收集资料以前就拟好文献综述与理论框架的草稿。接下来,我们将进一步定义这两个部分,为未来的质的研究者们提供帮助。

4.1 理 论 框 架

即使是在最普通的一间教室里、最平常的一节课堂上,不同领域的研究者也会注意到各种各样不同的问题。一个心理学研究者会好奇关于学生学习动力的表现或教师如何维护学生自尊心等。一个社会学研究者则会对教师与学生之间、学生与学生之间的交往模式感兴趣。一个人类学研究者多半会注意到教室里的文化现象等。一个研究教学论的教育学研究者可能会注意观察教师的教学策略;一个课程论方面的学者则会关注课本、课程内容等;一个学习理论方面的研究者会琢磨教室里学生学习活动背后的含义。此类种种其实说明了一个问题,不同的研究者会用不同的角度、立场,从不同的领域出发,站在不同的理论基础上观察世界、剖析世界。就好像他们戴着不同种类的眼镜去看同一个景象,如变色眼镜、红蓝眼镜、太阳镜、红外镜、3D眼镜等。在质的研究中,我们认为每一个研究者都会透过这样的一副特别的眼镜去看待自己研究对象、研究环境等。从本质上讲,是研究者相信的一种或者几种理论构成了这样的一副眼镜,有一个专门的名词指代我们比喻中的"眼镜"——理论框架。

理论框架(theoretical framework)是指示、支撑、指导研究者们进行研究的一系列概念、假设、期望、信条以及理论。与量的研究不同,质的研究是用归纳的方法获得知识,并不以测试假设或检验理论作为研究的目的,因此理论在质的研究中往往居于一个更加灵活多变、更加以服务研究者为己任的地位。例如,在质的研究中有一个被称为"扎根理论"的重要的研究种类,从事扎根理论的研究者的最终目的就是形成自己的理论。然而理论仍然在质的研究中占有一席之地,其表现形式就是这里说的理论框架。理论所扮演的角色因不同的研究种类而异,但每一个质的研究者都有自己的理论框架,因为不可能有任何一个研究者是头脑空空、没有受到任何研究方法训练就直接从事研究,每一个研究者都受过自己行业、领域的训练,那么他们的头脑中必定有自己奉行的理论、概念、假设、原则等。问题在于,研究者们往往对这些东西太熟悉、太适应,以至于当成自己周围的空气一样自然而然的东西,但是对于其他研究者,尤其是读者们,我们所熟悉的不一定他们也熟悉,甚至会感到非常陌生。所以质的研究者必须要确定自己研究的理论框架,为了让读者们明白自己为什么这样看待世界、分析问题,到底是戴着太阳镜还是 3D 眼镜,也是为了就自己的研究做到心中有数。

4.2　确定自己研究的理论框架

想要确定自己研究的理论框架首先要明确研究者自己的研究所在的具体领域。例如,课堂教学策略,或高中英语口语教学,或大学生心理健康教育等。明确了具体领域之后,研究者可以进一步列出自己研究相关的理论,以及理论之下的各种概念。例如,一个课堂教学研究者使用自我导向学习理论(self-directed learning),在此理论之下又确定了常用的几个概念,如自我导向能力、辅助者等。又例如,一个学习理论研究者使用了行为主义理论(behaviorism),在此理论之下确定了如刺激、反应、强化等常用概念。当研究者清楚地列出自己研究相关的理论及概念之后,就可以着手架构自己的理论框架了。

在很多情况下,研究者会确认两个甚至更多理论来构成自己的理论框架。研究者可以为自己的理论框架命名,如文化教学理论框架、自我导向学习理论框架等,用来专门指代自己特定研究中所用的理论框架。需要注意的是,研究者自己非常熟悉的理论对于读者来说往往是陌生的,所以研究者必须用一两句话来解释理论及其概念。在理想的情况下,研究者用简明扼要、深入浅出的语言对理论以及相关概念进行阐释,但是也没有必要长篇大论,对于一篇质的研究的研究报告来说,理论框架是必要部分,但并不是重点部分,三五句话、一个小段落就足够了。希望下面的一个模板可以提供一些灵感。

例　大学课堂教学理论框架【研究者自己命名】。合作学习理论认为学生在小组合作的过程中可以最大程度上发挥主观能动性,并且易于形成集体协作精神,有利于创造一个良好的学习气氛【理论 1 及解释】。自我导向学习理论指出教师有责任帮助学生主动学习、自己选择学习内容和学习方式【理论 2 及解释】。根据以上两种理论,本研究的研究者认为,大学教师应该站在一个学习指导者而不是权威的地位上、采用小组合作的策略组织课堂,从而提高教学效率【研究者的观点】。【如果研究者有需要重点解释的概念或其他观点,也可以在合适的地方加上。】

以上的模板仅仅是组织理论框架的一种方法,不必拘泥于成法,可以参考其他经典的质的研究类的研究报告,根据自身的特点架构服务于自己研究、服务于未来读者的理论框架。

4.3　质的研究与文献综述

一般说来,理论框架对于任何一个质的研究都是"标配",意味着每一个质的研究者必须在研究报告中对自己研究的理论框架有所叙述。而其他研究方法,如量的研究、混合研究、行动研究等不会有这方面的要求。但是文献综述却是任何一种教育学研究方法下的研究报告都不可或缺的部分。虽然总的来说"理论框架"和"文献综述"都与学术上、字面上的理论、概念、文献之类的东西相关,但两者的功能不同,对研究、对读者的作用不同。如果说质的研究者们透过理论框架观察世界、分析世界,那么文献综述就是他们从自己研究的观点出发,对前人研究成果的一种整理、分析及报告。在《教育与心理科学研究方法》(杨新晓、任俊著,科学出版社)一书中,已经对什么是文献综述,教育研究者如何撰写文献综述做了一个概括性的描述和操作方面的指导,在此就不加赘述了。接下来将从质的研究者的角度去看一下有关撰写文献综述的几个问题。

首先,质的研究者应该围绕自己的观点和倾向去组织文献综述。很多新手研究经常犯的错误就是认为文献综述仅仅是关于别人的理论、前人的成果,没有找到自己的位置,因此总是把文献综述写成流水账或者词典的条目。要懂得的是,如果研究者仅仅陈述什么时候、哪些研究者、得到了哪些成果及发现而没有其他内容的话,本质上就是堆积、陈述了一堆事实,实际上毫无意义,更不能算是文献综述。因此,建议研究者不要急着一头扎进书堆里只顾着看别人的成果,而是先要平心静气地分析自己的观点,理清自己研究的方向在哪里。研究报告里的文献综述是为了向读者清楚地报告研究成果而存在的,是为了向读者提供关于这个特定的研究的背景、知识而存在的。抓住了这个主旨之后,研究者要明白文献综述最终是服务于自己的观点、自己研究的成果的。研究者可以按照自己的观点,分门别类地向读者指出领域内与自己研究相关的理论、前人成果、当前研究的发展趋势等。

例如,一个研究者要报告自己在大学英语教学方面的研究,如果其研究是侧重合作学习教学策略方面的,就可以在文献综述里指出合作学习经过哪些研究一步步地在当前教育中占有一席之地的、大学课堂里关于教学策略发展的趋势是如何与合作学习相关联的。研究者在这个文献综述里要达到的最终目的就是让读者感到,此研究在整个领域发展过程中是顺理成章的,向研究者引导的方向从事研究是自然而然的结果。表面上是在叙述前人的研究、经典的理论等,而深层次的动力则是让读者向研究者指向的方向去理解。打个比方来说,如果研究者仅仅在文献综述中堆积了一堆事实,那么就如同形成了一滩死水。而如果研究者为了自己的观点和目的去引导读者,使其从自己希望的角度和立场上去剖析、理解各种文献,那么同样是水,却是往某个方向流动的活水。因此,一个合格的文献综述应该是有灵魂、有活力、有指向的文献综述,而绝非单纯的事实堆积;并且读者通过阅读文献综述会明白,研究者确定的研究方向是有一定理由的、有渊源的、有学术依据的,而不是一拍脑袋决定或三分钟热情的轻率。

其次,研究者在文献综述的准备阶段、面对海量的文献阶段,可以遵守从泛读到略读、从略读到精度的顺序来进行。如同鲸鱼进食一样,吞进大量的海水,然后进行甄别、剔除、筛选,最后得到一些精华。研究者可以根据自己的实际情况制订一个时间表,每周都拿出一定的时间进行阅读,并且做好笔记,进行不断地分析和思考,把自己的研究与文献联系起来。另外,建议研究者重点关注最近十年的研究成果,虽然说有些经典的东西是永恒不变的,如孔子的学说、杜威的理论等,但如果不能跟进教育学研究最新的发展,研究的成果会在当今日新月异的发展变化下苍白乏力。

与教育学研究中的其他研究方法相比,质的研究对于理论的认识和运用显得更加灵活。质的研究较少地受到理论的严格束缚,而是更加关注研究对象,关注灵活多变的"人",以感受人、理解人、服务人,而不是服务理论为最终的目的。特别是在接下来会讲到的几种经典的质的研究的分类中,扎根理论是非常特殊的一种。当研究者发现没有理论可以解释所关注的教育现象,或者是需要一种新的理论去指导教师实践的时候,可以采用扎根理论这种质的研究方法来形成自己的理论。但是研究者要清楚,即使是扎根理论,也不是空穴来风或无源之水、无本之末,研究者同样需要对读者负责,一样要撰写合格的文献综述。文献综述在研究报告中的长度最终要由研究者灵活决定,一般不要超过文章总长度的五分之一,因为大部分读者毕竟是出于对研究结果的兴趣来阅读报告的,臃肿啰嗦的理论铺垫只能让人生厌。如果确实缺少相应的理论、相关的研究,研究者只需要老老实实地说明目前的情况就可以了,为了凑字数而生搬硬造或者胡乱联系绝非明智之举。

当研究者理解了理论框架和文献综述对于质的研究的重要性,接下来就出现一系列现实的问题。既然这两者归根结底都是来源于文献的,那么什么是文献?去哪儿找文献?如何找到文献?找到之后如何在研究报告中合理使用文献?

4.4　查 阅 文 献

如果把从自己研究中收集到的资料,如去教室听课的观察记录、对教师进行访谈的访谈稿等,定义成第一手资料的话,那么来自于其他研究者的第一手资料、他们的研究成果就可以看作是第二手资料。同理,根据第二手资料所编写的课本、学术专著等可以称为第三手资料。从这个角度上去理解,所谓文献就是第二手资料加第三手资料。教育学中有多种多样的文献,如学术期刊上的论文、硕士论文、博士论文、学术专著、课本、学术会议文集等,还包括中文文献、外文文献、纸质文献、电子文献、数字文献等。

当研究者需要查阅文献的时候,可以去各种图书馆、专业相关的阅览室、网上的数据库里寻找。当然查阅文献也是一种研究者必备的技能,需要向教师、图书管理员等专业人士进行不断的学习;同时也需要研究者通过自己动手,试用各种关键词,逐渐积累搜索文献的经验。在每一篇学术期刊的论文摘要下面都会标注几个关键词,我们可以使用自己感兴趣的学术论文下面的关键词,在中文数据库(如知网、万方)或外文数据库(如 ERIC)中搜索与自己研究相关的文献。另外,每一篇研究论文后面都会有一个参考文献的列表,研究者可以仔细阅读里面有没有自己可能感兴趣的文章、书籍等。像滚雪球一样,从一篇论文出发找到另外几篇文章、几本书,然后接触到越来越多的文献,最终形成一个可观的、为自己研究服务的文献积累。研究者在做文献查阅的过程中一定要做好记录,无论是传统的纸笔方式,还是用手机拍照或是在电脑上建立文档,研究者永远要对自己看过的、接触过的、分析过的文献留有文字的记录。避免发生看过就忘了、再看还似曾相识、想引用某一篇文章时候手忙脚乱找不到出处、有过对文献进行分析的灵感但是没有记录转瞬而逝的情况。质的研究者也好,其他教育学研究者也好,如果不能提高查阅文献、阅读文献、分析文献的效率,那么整个研究的进度就难免滞后。

4.5　引用文献

研究者在文中引用文献的时候一般分为文中引用、文后列表这两种方式。很多学术期刊对于引用文献都有详细的规定,很多高等学校也制定了毕业论文的专门格式。

一般说来,"中华人民共和国国家标准"GB/T 7714-2005,《文后参考文献著录规则》是引用文献的标准,研究者可以在网上进行下载,然后自己对照要求做好文中引用和列出参考文献列表的工作。规则中详细地列出了如何规范性地引用各种文件,包括专著、期刊、电子文献等,涵盖了引用中文、外文文献的格式。规范中通过大量的中英文的例子,说明了如何在正文中和文末引用一个或多个作者的文献,如何标注出版地、出版时间,如何列出引用的论文集、学位论文、专利文献、报纸中的文献,如何使用标点符号等具体事项。如果想发到国外的学术期刊上,很多情况下研究者要遵守 APA 格式要求。APA 是来自于美国心理学会对学术文章格式的要求,也被教育学、社会学等学科奉为自己领域的格式规范。可以在网上书店订购英文版的 APA 格式要求的手册,包括美国原版的和中国出版社引进的两种版本。

总之,一切关于查阅文献和引用文献的工作都是细碎、烦琐的,所以要求研究者们时刻做好记录,严格按照规定要求,耐心、细致地做好相应的工作。一个合格的质的研究者也必须是一个认真、仔细、耐得住性子、沉得下去、不急躁、不草率、在研究的每一步骤都能严格要求自己达到标准的人。研究者的每一分努力最终都会通过研究报告体现出来,能否做出高质量的研究,能否最终成为有学术影响力的学者,相信读者会最终做出公正的评价。

教学模块 ··*·*·

(1)简介本次课的内容,强调学生需要尽早下手做好理论层面的准备(图 4.1)。

(2)讲述不同学科的学者在观察同一个课堂的不同视角,引导学生结合自己的专业和研究方向思考自己的视角(图 4.2)。

图 4.1

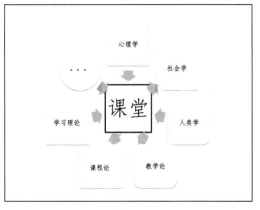

图 4.2

(3)解释什么是理论框架(图 4.3)。

(4)讲解如何通过四步确定自己研究的理论框架(图 4.4)。

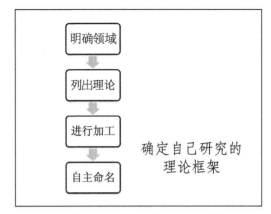

图 4.3　　　　　　　　　　　　　　　　　　　　图 4.4

(5)就理论框架的例子做出解释(图 4.5)。

(6)给每个小组 8～10 分钟的时间讨论、形成关于自己小组研究问题的理论框架。在这一步中,学生可能会遇到很多困难,教师最好进行有针对性的个别指导(图 4.6)。

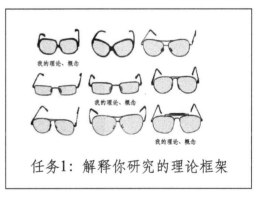

图 4.5　　　　　　　　　　　　　　　　　　　　图 4.6

(7)带领学生回顾什么是文献综述,讲解质的研究中的文献综述(图 4.7)。

(8)讲解如何查阅文献(图 4.8)。

<table>
<tr><td>

- 回顾：什么是文献综述?
- 来自别人的材料与自己的观点
- 泛读、略读、精读
- 与量的研究中文献综述的区别

质的研究与文献综述

</td><td>

查阅文献

- 文献的种类
- 如何查阅实体文献?
- 如何查阅电子文献?
- 做好记录

</td></tr>
</table>

图 4.7　　　　　　　　　　　　　　　　　　　　图 4.8

　　（9）给每个小组 3 分钟的时间讨论、提出关于自己研究主题的关键词,留待课后到图书馆、数据库中进行搜索(图 4.9)。

　　（10）介绍文献引用的标准(图 4.10)。

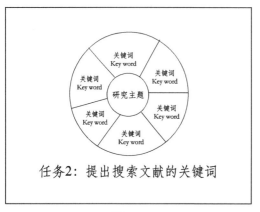

图 4.9

图 4.10

　　（11）简单讲解参考文献引用的格式(图 4.11)。

　　（12）布置课后作业。提醒学生课堂任务与课后作业之间一脉相承的关系(图 4.12)。

文献列表

《书籍类》
[1]孙红琼.大学生自主学习的优化构建[M].昆明：云南大学出版社，2007.
[2]钱新常.网络环境下大学生自主学习调查[M].北京：中央广播电视大学出版，2009.
《学位论文类》
[1]王先亮.大学生自主学习的评价研究[D].东南大学，2006.
[2]赵秋利.大学生自主学习现状与指导策略研究[D].西南大学，2008.
《期刊杂志类》
[1]陈昌盛，周屏. 大学生自主学习、时间管理和一般自我效能感的关系研究[J]. 徐州师范大学学报,2009,(3): 131-136.
[2]朱祖德，王静琼，张卫，叶青青. 大学生自主学习量表的编制[J]. 心理发展与教育，2005,(3):60-65.
[3]庞维国.论学生的自主学习[J]. 华东师范大学学报，2001, (2).
[4]程世宏.试论影响自主学习能力形成的因素[J].基础教育,2002, (4):24-26.

图 4.11

本周作业

（1）理论框架梗概（不超过100字）；
（2）文献搜索用的关键词（4~6个）；
（3）列出文献列表（文献总数目不少于小组人数×3）。

图 4.12

实践模块

　　例　下面是由江琦、张学君、乔长羽、古丽娜尔、周思怡同学根据自己小组的研究主题查阅文献后完成的作业。

　　【理论框架梗概】

　　需要层次理论指出,不同的恋爱观是由不同的需要产生的。角色理论认为,个体的行为方式和心理会与其社会角色相一致。根据以上两种理论,本组研究者认为,由于师范大学女大学生这一特定社会角色的需要,影响了其恋爱观的形成。

　　【文献搜索关键词】

　　师范生　女大学生　90后　恋爱观

参 考 文 献

（注:标注" * "为重点阅读）

蔡敏.2013.当代大学生婚恋观的测评与分析.教育科学,(2):61-67.

蔡融.2005.当代大学生恋爱观现状及恋爱观教育.社会心理科学,20(3):78-82.

* 江汶.2011.师范类大学生恋爱观的调查研究.华中师范大学研究生学报,4:37.

* 李建新.2008.师范院校女大学生婚恋观探析.曲靖师范学院学报,27(4):14-18.

李明建.2011."90"后男,女大学生恋爱观对比分析.宁波教育学院学报,(6):35-37.

刘洁.2011."90 后"大学生爱情观调查与研究.华东师范大学硕士学位论文.

刘彦华,李鑫,曾宪翠.2007.新时期大学生恋爱观的调查与思考.教育科学,23(4):74-77.

唐年华.2012.浅析"90 后"大学生婚恋观研究——以广西南宁市为例.法制与经济,(3):153-155.

苏红.2006.大学生婚恋观结构,特点及影响因素研究.西南大学硕士学位论文.

孙明辉,丁小燕.2013."90 后"大学生恋爱的性别差异研究——基于湖南某重点高校的调查分析.高校辅导员学刊,
　　(2):83-87.

* 王芳.2013.师范院校"90 后"大学生爱情现状分析.科教文汇,(35):204-205.

解鹏,王金奎.2007.当代大学生恋爱观的分析和引导.广西教育学院学院,(6):52-53.

* 许金杏.2011."90 后"女大学生恋爱心理探析.现代交际,(5):13.

杨淑萍,杨俊平.2013.女大学生婚恋观研究.教育理论与实践,(11):38-41.

袁筱青.2012.矛盾中的彷徨与迷失——"90 后"女大学生树立现代女性主体意识对策研究.宜春学院学报,33(11):
　　164-165.

张慧玲.2012.当代大学生婚恋观研究.重庆师范大学硕士学位论文.

张凯,张晓婉,李秀娟,等.2012.大众传媒背景下"90 后"大学生婚恋观的调查研究.西南农业大学学报:社会科学版,
　　10(2):152-155.

* 张丽娃,柏燕.2009.师范院校女生婚恋心理现状的调查分析与教育策略研究.大理学院学报,7(11):75-77.

周晓芳.2013.当代大学生恋爱心理研究.沈阳航空航天大学硕士学位论文.

第5章 伦理道德、前行探索和抽样方法

当质的研究者初步确定了研究问题、草拟了对应的理论框架、初步收集并阅读了相关的文献之后,在正式进入研究现场收集第一手资料之前,仍然需要做好最后的准备工作。在这一阶段内,质的研究者需要制订遵守伦理道德的方案、进行前行探索、确定研究群体及抽样。这三项任务虽然工作量并不大,因其都是研究质量以及研究顺利进行的重要保障,所以要求研究者们必须认真、细心地加以对待。

5.1 伦 理 道 德

1. 伦理道德的定义

这里所说的"伦理道德(research ethics)",是指研究者在从事研究工作时应遵循的道德规范。任何以人为研究对象(human subjects)的教育科学研究都会在精神上、利益上、心理上、实际的工作和生活中给研究对象和研究者造成或深或浅的影响。质的研究都是以人为研究对象的,研究者们从始至终都会跟各种各样的人发生复杂的联系。研究者们任何伦理道德方面的瑕疵、缺失和错误都会给研究对象带来伤害,也会危害研究的质量,为科学研究之名蒙羞。

随着社会科学研究的进步与发展,世界各国学术界都越来越重视以人为研究对象的科研工作中的伦理道德问题。以美国为例,作为全世界科研的强国和大国,也是在提高及规范研究人员学术道德水平方面走在世界前列的先进国家,非常重视学术道德问题。美国教育研究协会(the American Educational Research Association,AERA)早在 1992 年就出版了针对教育学领域科学研究的伦理道德纲领(Ethical standards of the AERA)。纲领中对教育学研究者恪守诚信、保护研究对象等方面做出了具体而细致的规定。美国的教育学家以及教育研究者尤其重视培养自身,以及硕士、博士研究生的伦理道德水平。在美国各个高校里,教育学的研究人员和其他学科的科研人员一样,都必须参加学校的伦理道德培训,只有完成一定课时的培训并且通过考试的人才有资格进行学术研究。另外,美国的大学里都设有"机构评审委员会(Institutional Review Board IRB)",在任何以人为研究对象的项目、课题开始之前,必须向所属机构里的 IRB 办公室提出申请,并在申请中注明保护研究对象的具体措施和步骤等细节。研究者在申请得到批准之后,才可以开展相应的科研活动。我国在现阶段还缺乏这样的机构和相关规定,科研人员的伦理道德在事实上仅凭其自我约束。但无论如何,重视伦理道德、规范伦理道德、保护研究对象的权益是我们进一步发展的必然趋势。作为 21 世纪的质的研究者,我们应该自觉地用最高标准约束自己,在研究过程中严格遵循伦理道德的各方面原则。

2. 遵循伦理道德的原则

所有的研究者都应透彻理解及严格遵循以下四条伦理道德方面的原则。

（1）诚实守信原则

研究者在查阅及引用文献的时候一定要清楚，期刊上的短短几页文章往往是由其他研究者花费几个月甚至几年的时间完成的研究成果，而很多专著则是教育学专家们的毕生心血。从各种文献中，研究者可以得到宝贵的研究灵感，为自己的论点找到有力的证据。研究者受益于前人的工作就必须尊重他们的劳动成果。剽窃别人的研究成果是一种严重违反学术道德的行为。因此，必须严格地按照国家标准来引用各种文献。在自己的研究报告里清楚地引用前人的成果就是对他们劳动的最大尊重和无声的感谢。

研究者在从事研究时往往会在各种课题的名义之下收到来源不一的科研资金，如来自国家、政府、学校、学会、个人等。研究者必须合理使用科研资金，做到专款专用，不浪费、不奢侈。我国现阶段的科研资金大多来自于政府和学校，实质上都是来自于纳税人，因此，研究者更加有责任保证自己的研究数据资料真实可信，并且有义务使自己的研究成果服务于学术发展和社会进步。

大多数的研究取得一定成果之后，都会以某种形式出现在公众的视野中，如发表在期刊杂志上、出版专著，或者形成硕士、博士毕业论文等。所以研究成果或多或少都会对社会造成一定的影响。在教育学领域，研究成果经常被教师运用到课堂上，或是推广到学生当中，或者被学校、政府机构的教育决策者作为参考。一般说来，公众对教育科研人员是比较尊重的，科研成果在社会上也能够产生一些影响力。然而近年来出现的论文造假、学术腐败等科研丑闻在社会上产生了负面影响。当前的研究者更应该认真对待自己的科研，不弄虚作假、不粗制乱造、不损害科研人员在人民群众中的威信。如果研究者不能严格要求自己、尊重学术道德，那么科学研究最终就会变成一件没有意义的工作。

（2）知情同意原则

在学术道德中关于研究对象的一个最重要的原则就是"知情同意（informed consent）"原则，即研究者在研究开始之前，充分告知研究对象所要参与的研究的目的、手段、占用的时间等情况，取得研究对象同意之后才开始进行研究的原则。在实践中实施这条原则时，研究者往往会遇到一个问题：需要告知研究对象多少关于研究的情况，换句话说，多少分享信息才算是"充分告知"。如果告知的信息太少，那么研究对象对于研究不会有清楚的理解，无论他们做出同意或不同意参加研究的决定，都是根据不完整的信息；然而如果告知的信息太多，研究对象可能感觉麻烦不愿意了解，或是容易被导向，做出影响研究结果的举动。一般来说，研究者会笼统地介绍自己的研究目的，以研究对象能够理解并感兴趣为度，如果与研究对象本身的工作、专业相关的话可以再详细地说明一下。

在教育学研究中，研究者的通常做法是写一封知情同意信（consent letter），在研究开始之前让研究对象读过信以后再做决定是否参加。知情同意信一般不会超过两页 A4 纸的长度，研究者在信中用简洁明了的语言陈述自己研究的目的，为什么需要研究者的参与，研究对象怎样参与研究，大约需要的时间，并保证对研究对象提供的信息保密，最后真诚感谢对方的支持，还要留下自己有效的联系方式。在知情同意信的最后留下签字的地方，请研究对象用签名的方式表达自己已经了解并同意参加研究。总而言之，研究者要尽力以书面的形式向研究对象告知相关信息,并且留下研究对象的签名作为获得书面许可的证据。当质的研究者需要做访谈及进入某现场观察和收集实物时,都要为研究对象、机构负责人等准备每人一份的知情同意信,并且给对方充分的时间加以考虑,以此表达对研究对象尊重和对其参与研究的真诚谢意。

(3)安全保密原则

在进行研究之前,研究者必须考虑到一些弱势人群的权益问题,例如儿童、残疾人、社会边缘人群等不能完全理解知情同意信或是不能像普通人一样具有自我保护机制的人。弱势人群往往对研究人员提出的要求不能做出适当的反应,或是对在研究中泄露自己的信息感到格外的不安。在这种情况下,研究者必须做到严格的保密,并且采取其他的措施保障他们的权益,比如说请家长或监护人到研究现场进行监督等,尽各种可能保证研究对象的身心安全。

在研究进行过程中,研究人员将与研究对象开展密切的互动,互动中也会产生相应的道德问题。一个非常明显的问题就是关于资料的记录问题。在 21 世纪的今天,使用电子设备对研究对象进行录音、录像已经是非常简单的事情,甚至用一部智能手机就可以完成从照相到录像的全部过程。但是研究者仍然预先要告知研究对象自己将如何记录研究过程,争取到对方同意之后再开始进行。研究者偶尔会遇到一些研究对象不愿意被录音或录像,那么就要进行相应的调整,采取别的手段来进行记录。另外,研究者也要格外留心研究资料的保管和保密,以及保持研究对象的匿名状态。没有人愿意一觉醒来忽然发现自己的视频、照片被公布在网上、自己变成了人们街头巷尾议论的对象。在研究结束后,研究者仍然要注意继续妥善保管收集到的数据资料、保持研究对象的匿名性。

(4)公平回报原则

在研究中,研究者需要从研究对象身上收集各种数据资料。无论研究者采取哪种研究手段,都需要占用研究对象的时间和精力,需要研究对象分享一定的个人信息,有的甚至是比较敏感的信息。比如说,研究者要对某学生进行个人访谈,但是访谈中会触及到其在班上学习成绩不好,或是有人际交往方面等敏感、尴尬的问题。这时研究者必须考虑清楚自己提问的方式、访谈进行的环境等方面。在教育科研实践中,研究者很少给研究对象(如学生、教师、家长)的付出进行经济方面的补偿,研究对象往往都是像履行义务一样为研究做贡献。因此,作为研究者同时也是受益方,必须自觉保护研究对象的权益,在研究设计时充分考虑研究对象的心理感受,尽量减少对研究对象日常生活的打扰,至少对他们的付出做出口头上或者书面上的真诚感谢。

研究者也应该考虑一下,研究对象是否会以某种方式从参与研究中获利。学生、教师、家长等参加教育学研究往往不会获得直接的经济利益,但是很多人也承认,和研究者进行深入的谈话对自己的学习和工作有一定的好处,因为人们在日常生活中很少像参加访谈那样深刻地剖析自己的思想、分析自己的感情,甚至是遇到一个专门的人认真倾听自己情绪的宣泄。然而这种好处并不是十分明显,大多数的研究对象都是纯义务性的参与研究,或者是因为老师、朋友的请求出于人情而参与的。所以,研究者向研究对象提供书面上、口头上真诚的感谢就显得格外重要。

在研究结束后,研究者一定不能收集完资料以后就匆忙地切断了与研究对象的联系,给人"过河就拆桥"的感受。尤其是在教育学领域中,研究对象往往是学生、教师、家长等,他们对研究者无私的帮助很多都是出于信任和乐于助人的感情。这种感情并不能随着研究结束而自动消失。研究者可以做的是,向研究对象报告研究的结果。这种结果不一定是出版或发表的文字,一份研究结果的整理稿或研究报告的某一个阶段就可以满足研究对象的好奇心了。关键在于研究者要让研究对象感受到自己为科研工作做了贡献的成就感。

在进行科学研究的时候,研究者们经常以团队的形式进行合作。尤其是在一些大型的项目、课题当中,团队合作显得格外重要。研究合作者之间要处理好分工和利益分配的关系。在进行研究之前就应该列出详细计划,哪些人负责哪些工作;在研究过程中互相支持、相互提供便利;在研究结果发表的时候根据各种完成的劳动合理安排署名顺序。

5.2　前 行 探 索

1. 前行探索的含义

所谓"前行探索(pilot study)",指的是研究者在正式、全面地开展原始资料(raw data)的收集工作之前,初步接触潜在的研究对象、初步探索可能的研究场所,为下一步研究工作做准备,为了更好地设计研究方案、撰写开题报告所做的探索行动。

2. 进行前行探索的原因

在正式的收集资料开始之前,甚至在进行文献检索之前,研究者进行一两次前行研究具有以下四重意义:首先,前行探索可以帮助研究者检测自己研究问题的可行性,减少一些不切实际,或是太过陈旧,或是太过尖端前沿不具有实际意义的问题出现。其次,前行探索是研究者做好抽样工作的基础。研究者理想中的研究对象未必在现实中存在、容易找到或愿意参加研究,因此,先摸清研究群体的大体情况再考虑抽象的方式才是实事求是的谨慎做法。再次,前行探索能够有力地帮助研究者完善研究设计、撰写好开题报告。无论是研究设计还是开题报告,最忌讳脱离实际胡乱计划,研究者先摸清情况再计划,要比埋头计划然后在现实中碰壁不得不回头修改研究方案要好得多。最后,前行探索是帮助研究者完成从理论研究视角到实践研究视角转变的有效工具。特别是没有许多工作经验的青年学生,更需要停止一味地埋头文献、纸上谈兵,应尽早接触现实社会,为更好地开展研究做好准备。

3. 进行前行探索的方法

在开展前行探索之前,研究者一方面需要整理自己的研究问题、准备一些向可能的研究对象提问的具体问题、做一份简单的研究设计的草稿,带着明确的目的去探索,知道自己想要看什么、问什么、听什么;另一方面需要准备好做记录的纸、笔及电子设备,以备随时记录有用的信息。更重要的是,研究者要通过老师、同学、亲友等或者自己主动联系的方式找一个可靠的"介绍人",由其将自己引入到可能的研究现场、引见给潜在的研究对象。研究者要清楚地向介绍人说明自己的目的以及需要的具体帮助,主动通过邮件、电话等方式与介绍人进行沟通。有了介绍人,研究者就可以避免突兀地出现在研究现场和研究对象面前,减少尴尬、陌生或不信任感,提高研究的效率和质量。

在进行前行探索时,研究者要注意做好记录,积极主动地了解和熟悉各种研究相关的情况,多看、多听、多问。并且可以通过参与到对方的活动中(如听课、参加一些开放的会议等)让研究对象自然地接受习惯于研究者的存在。前行探索的时间不宜太长,一般控制在一天之内,研究者也可以选择分两次进行探索。在探索结束之后,研究者应向介绍人致谢,尽早整理记录、反思自己收集到的信息,在此基础上修改研究设计、开题报告等,使前行探索的结果有效地助益于正式的研究。

5.3 抽 样 方 法

当质的研究者制订好了遵守学术道德的方案、进行了初步的前行研究之后,下一步需要考虑的就是为自己的研究选择一个样本(sample)。一般说来,与任何一个质的研究相关的人群的数量都是巨大的,有许许多多人都可以作为潜在的研究对象,这些人统称为研究群体。但是由于研究者的时间、精力、科研资金等都是有限的,所以需要选择其中一部分人作为研究的样本。在有限的时间和条件下,研究者们只需要集中精力研究样本、从样本中收集资料回答研究问题。

教育科学研究方法中的抽样方法可以非常简略地分为两大类:随机性抽样和目的性抽样。量的研究方法,如实验法或问卷调查法,需要追求知识的普遍存在以及最终将研究结果推广到大部分地区、场合或情境下,因此必须侧重采用随机抽样的方式。与此相反,因为质的研究方法侧重于结合研究对象所在的社会背景、文化环境、自身特质等进行具体问题具体分析,所以总是会采取目的性抽样的方式。质的研究者们在研究开始之前往往已经对研究的对象有清楚的预设。量的研究者们必须保持与研究对象的距离感,避免自己的主观性影响到最终的研究结果。而质的研究者为研究目的计、为服务读者计,必须要熟悉研究对象,深刻了解并且将他们相关的信息作为研究结果的一部分,清楚、细致地展示在读者面前。

无论是哪种质的研究,好的研究对象都有着一个共同的特点——他们可以向研究者们提供丰富的信息。这种所谓的“提供”可以是主动的或者是被动的。比如说,一个想要研究多媒体教学的研究者如果要花一整个学期来观察多媒体课堂,那么去一个经常使用多媒体的教师的课堂上是恰当的,如果去一个学期只用一两次多媒体教学的教师的课堂上跟踪观察,即使最终能够收集到些许资料,也是非常没有效率的一种做法。又比如说,研究者需要对一些家长进行访谈,那么寻找一个语言表达能力强、能够清楚地叙述自己观点的家长是明智之举,而花很久跟一个性格内向、木讷的家长在一起恐怕也问不出什么来。

为了提高研究的效率,质的研究者需要在进行抽样之前可以先列出一些自己理想中的研究对象应该达到的标准,并且根据这个标准进行目的性取样。例如,在一个主题与大学生心理健康教育有关的研究中,研究者列出了以下标准:①女性;②年龄在20～23岁;③未婚;④非国外来华的留学生或交换生;⑤目前居住在学生宿舍;⑥至少参加过所在大学提供的为期一个学期的心理健康课程。通过这样一个标准,研究者就锁定了自己的研究对象一定是大学里的普通女大学生们,排除了年龄很大或很小、已婚、具有国外文化背景以及有其他特殊状况的学生。

当研究者们制定好研究对象的选择标准之后,可以采取下列几种具体策略来进行抽样工作。

（1）综合抽样（comprehensive sampling）：当研究的群体比较小时，研究者应该尽量在样本中包含所有的人。例如，研究某学校对单亲家庭孩子的特别关爱项目，该学校规模较小，所有年级中的单亲家庭的孩子总共有十人，那么研究应该涉及所有的十个学生。

（2）关键案例抽样（critical case sampling）：研究者只抽取一个人、单位或组织作为研究对象，一般说来，这样的样本具有非常强烈的特色。例如，一个地区某学校的亲师互动活动搞得非常成功，那么研究者就可以把这个特定的学校作为样本，专门研究这个学校的亲师互动活动如此成功的原因。

（3）典型案例抽样（typical case sampling）：研究者抽取所有案例中最普遍、最典型的一个做研究。比如说，研究某学校班主任在班级建设方面的工作情况时，研究者选取了一个学习成绩中等、活动表现中等，甚至家长反映也为中等的一个普普通通的班级进行研究。使用典型案例抽样的研究的根本目的在于研究普遍的而非典型的现象。

（4）最大差异抽样（maximum variation sampling）：研究者抽取两个在某一点上产生最大差别的人或组织，寻求产生差异的原因。比如，研究者抽取同一地区中辍学率最高和最低的两所学校进行研究，探索影响这一地区学生辍学的普遍因素。

（5）滚雪球抽样（snowball sampling）：研究者首先找到一两个符合标准的研究对象进行研究，然后在与研究对象的会面中请求他们为自己联系、介绍其他可能成为研究对象的人们，使自己的样本如滚雪球一样越来越大。例如，研究者找过一个学术背景为理工科的大学校长进行访谈，在访谈结束之后请这位校长为其介绍其他学校的校长，尤其是第一个研究对象认为可能愿意参加研究的校长们。

（6）方便抽样（convenience sampling）：研究者完全处于自己的时间、精力、科研资金等角度考虑，在研究群体中抽取最容易接近的人作为自己的研究对象。在这种情况下，研究者往往没有别的选择，只能将任何符合标准的、愿意参加自己研究的人当做研究对象。

除了以上的几种具体的研究策略之外，新手研究者往往问这样一个问题：到底应该抽取多少个研究对象才算足够或者适当？事实上，任何人都无法提供一个绝对的答案，一切都要根据研究者自身的条件，可以拿出来做研究的时间、经历、科研资金等因素做出决定。由于质的研究追求的不是所获得的知识的普遍性而更加侧重因时、因地的特殊性，研究者往往会彻底地研究少量的研究对象而不是简略地测量尽量多的研究对象。另外，在一个质的研究中，即使研究者的时间、精力、资金都允许，也没有必要追求研究对象的数量。因为在同一个研究环境中，如果第一个研究者能够提供的信息中有 90% 是研究者不知道的，那么第二个研究者提供的所有信息中只有 70% 是新鲜的，第三个研究者提供的信息中只有 50% 甚至更少的是研究者需要的。以此类推，研究者接触的研究对象越多，获得未知的信息的可能性就越少。质的研究并不追求巨大数字带来的说服力，研究对象也不是越多越好，所以研究者们要懂得在适当的时候给自己收集资料的过程画上句号。

教学模块

（1）简介本次课的三部分内容，强调其对整个研究的重要地位（图 5.1）。

（2）讲解什么是伦理道德（图 5.2）。

最后的准备工作
伦理道德
前行探索
抽样方法

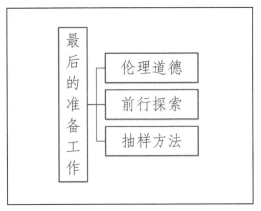

图 5.1

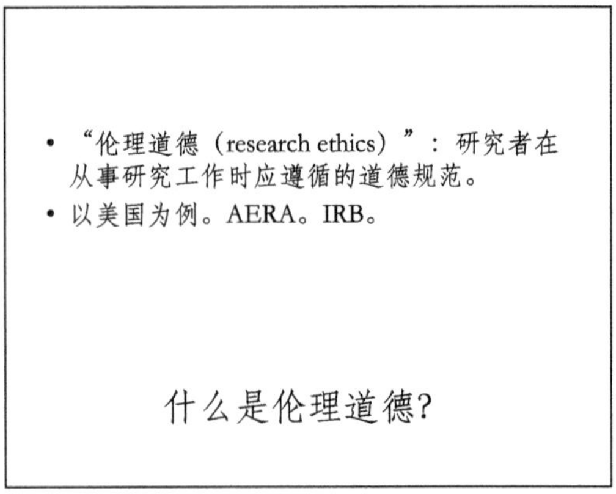

• “伦理道德（research ethics）”：研究者在从事研究工作时应遵循的道德规范。
• 以美国为例。AERA。IRB。
什么是伦理道德?

图 5.2

(3)讲解遵循伦理道德的四原则(图 5.3)。

(4)让每小组用 5～8 分钟的时间进行思考与写作(图 5.4)。

诚实守信原则
• 前人研究者
• 资助者
• 社会大众
知情同意原则
• 研究对象
安全保密原则
• 研究对象
• 研究资料
公平回报原则
• 研究对象
• 合作伙伴
如何在研究中遵循伦理道德?

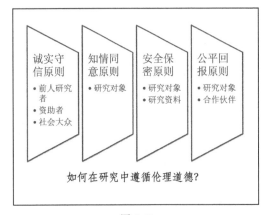

图 5.3

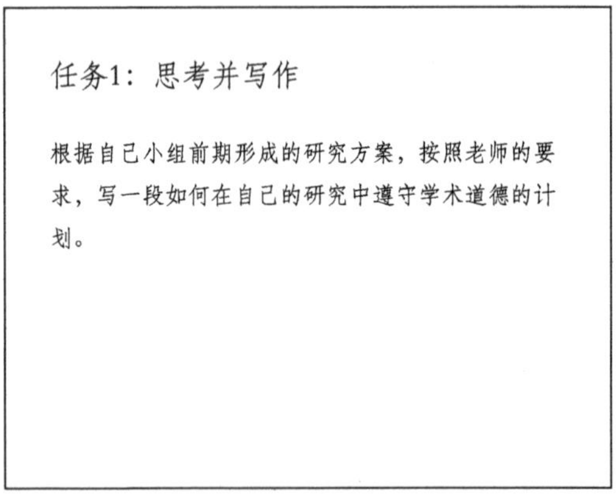

任务1：思考并写作
根据自己小组前期形成的研究方案，按照老师的要求，写一段如何在自己的研究中遵守学术道德的计划。

图 5.4

(5)讲解前行探索的含义(图 5.5)。

(6)讲解进行前行探索的四重意义(图 5.6)。

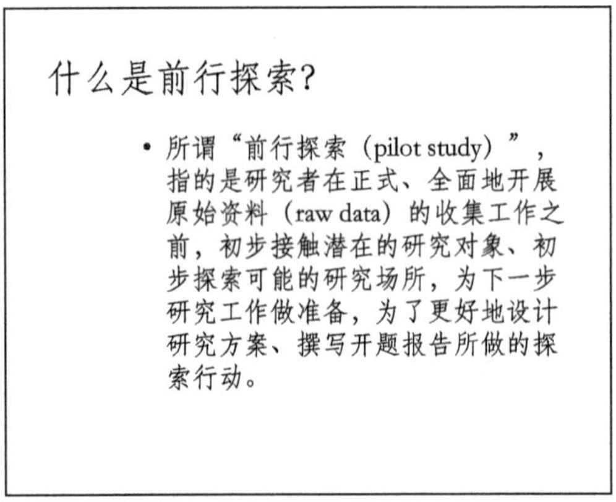

什么是前行探索?
• 所谓“前行探索（pilot study）”，指的是研究者在正式、全面地开展原始资料（raw data）的收集工作之前，初步接触潜在的研究对象、初步探索可能的研究场所，为下一步研究工作做准备，为了更好地设计研究方案、撰写开题报告所做的探索行动。

图 5.5

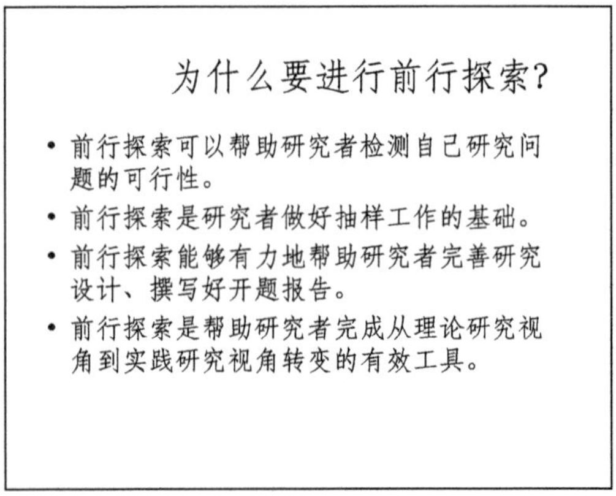

为什么要进行前行探索?
• 前行探索可以帮助研究者检测自己研究问题的可行性。
• 前行探索是研究者做好抽样工作的基础。
• 前行探索能够有力地帮助研究者完善研究设计、撰写好开题报告。
• 前行探索是帮助研究者完成从理论研究视角到实践研究视角转变的有效工具。

图 5.6

(7)讲解如何进行前行探索(图 5.7)。

(8)让每组结合自己的研究问题讨论并回答,用时 4～6 分钟(图 5.8)。

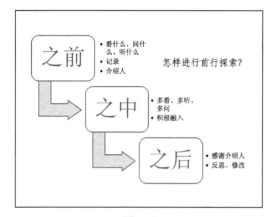

任务2: 讨论并回答

　　根据自己小组的研究问题,讨论自己打算如何进行前行探索,哪些是潜在的研究对象、哪里是可能的研究现场、如何寻找介绍人,等等。

图 5.7　　　　　　　　　　　　　　　　　　　　　图 5.8

(9)讲解研究群体、样本和抽样和含义及其互相关联。介绍两种不同性质的抽样方式。启发学生思考好的研究对象应该是什么样的(图 5.9)?

(10)讲解例子(图 5.10)。

抽样方法

- 研究群体、样本、抽样
- 随机性抽样、目的性抽样
- 好的研究对象的标准
  ——可以提供丰富的信息

理想中的研究对象

　　例如,在一个主题与大学生心理健康教育有关的研究中,研究者列出了以下标准:①女性;②年龄在20~23岁;③未婚;④非国外来华的留学生或交换生;⑤目前居住在学生宿舍;⑥至少参加过所在大学提供的为期一个学期的心理健康课程。

图 5.9　　　　　　　　　　　　　　　　　　　　　图 5.10

(11)讲解抽样的具体策略并举例说明(图 5.11)。

(12)提出问题让学生思考之后再讲解(图 5.12)。

抽样的具体策略

- 综合抽样 (comprehensive sampling)
- 关键案例抽样 (critical case sampling)
- 典型案例抽样 (typical case sampling)
- 最大差异抽样 (maximum variation sampling)
- 滚雪球抽样 (snowball sampling)
- 方便抽样 (convenience sampling)

到底应该抽取多少个研究对象才算足够或者适当?

图 5.11　　　　　　　　　　　　　　　　　　　　　图 5.12

(13)布置每小组就抽样工作进行讨论和整理,用时 8~10 分钟(图 5.13)。

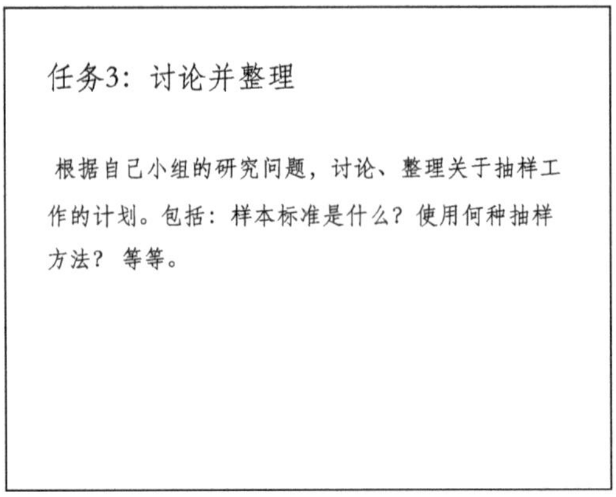

> **任务3: 讨论并整理**
>
> 　根据自己小组的研究问题,讨论、整理关于抽样工作的计划。包括:样本标准是什么?使用何种抽样方法? 等等。

图 5.13

实践模块 ·***

例　以下是由何可人、缪欣霖、张涵佩、朱吕珂、祖力胡玛尔和周一豪同学根据自己小组的研究主题所制定的遵循伦理道德的计划,以及关于抽样的计划。

本小组研究主题:新疆维吾尔族学生在大学环境下文化适应对心理适应的影响

【遵守伦理道德的计划】

研究前:给研究对象写一封知情同意书。其中应包括本次研究的目的和意义、本次研究进行的步骤、给研究对象可能带来的不便(如时间占用等)、对可能有无意冒犯之处表示歉意、研究对象永远有权选择是否继续参与研究、研究对象自愿留下联系方式以便我们提供成果反馈以及向研究对象表示真挚的感谢。

研究中:保护研究对象的隐私、保管好研究资料。尊重研究对象的意愿,照顾他们的情绪,理解他们的观点和想法。

研究后:妥善保管研究所收集的数据资料,保证研究对象的匿名性,继续保护他们的隐私。和研究对象保持联系,向他们提供我们研究成果的反馈。当研究资料需要用于其他途径时,先征得研究对象的同意。

【关于抽样的计划】

样本标准:浙江师范大学内大一到大四在校新疆维吾尔族信仰伊斯兰教的学生,男女不限,共 6 名左右。

抽样方法:

滚雪球抽样(snowball sampling)——研究小组内有一名是新疆维吾尔族学生,先通过她来寻找我们的研究对象,再请他介绍一个合适的人选作为我们下一个研究对象。

最大差异抽样(maximum variation sampling)——事先大致了解新疆维吾尔族学生的适应情况,再选择相对适应良好的对象和相对较差的对象进行调查研究。

第6章 访 谈

访谈是质的研究者收集原始材料的三种重要手段之一。经常与观察、实物分析一起并称为质的研究的"三大法宝"。接下来本章将从八个方面介绍访谈以及如何做访谈,尽力服务新手研究者们,帮助他们掌握访谈工作的基本要领、可以尽早开展独立的访谈工作。

6.1 访谈的作用

作为三种重要的收集资料的手段之一,访谈对于质的研究具有举足轻重的作用,主要因其能够帮助研究者收集到单凭其他两种研究手段难以获得的资料,也因为它是帮助研究者与研究对象建立紧密关系的重要,甚至唯一的手段。以下是访谈作用的五个具体方面。

(1)了解受访者的思想,包括他们的价值观念、情感感受和行为规范,以及其他难以从表面上观察得到的各种信息。例如,访谈几位上过同样一门公共课的大学生,了解他们从各自角度如何看待这门课,这门课是如何对他们进行启发的。即使他们的课堂表现及作业情况甚至考试成绩都差不多,但每个人都会对课程有或多或少的独特感受。

(2)了解受访者过去的生活经历和他们耳闻目睹的事件,以及事件发生的过程。例如,访谈几位参加过某幼儿园亲子活动的家长,让他们从不同角度描述活动的过程,谈谈各自的看法。即使研究者没有亲自观察过亲子活动的现场,也可以通过不同人的叙述,最大程度上还原事件的本来面目。

(3)从受访者的角度对研究现象进行描述和解释。例如,研究者在观察一堂课的时候发现学生对教师的教学手段反应迟钝。研究者进而单独访谈课上的几名学生,试图从学生的角度理解课堂反应迟钝背后的原因。而如果仅仅依靠观察,研究者就只能自己主观猜测学生反应迟钝的原因,而且无法保证猜测得是否准确。

(4)使受访者感到自己被人倾听,另一方面也影响他们对自身的解释和构建。例如,在研究某学校处理违纪学生措施的时候,研究者找到被处分过的学生,倾听他们对自己行为的辩解,试图从学生角度还原事件发生的过程。无论他们自我辩解的是否有理,研究者都可以获得了解其想法的宝贵机会,客观上也从感情层面表达了对他们的关心,有助于其平静下来之后重新思考自己的所作所为。

(5)帮助研究者和被研究者建立关系,彼此熟悉。应该说,真诚的倾听、专心的交流是研究者能够对研究对象表现的最大的尊重,是获得研究对象信任的最有效途径。例如,在观察某一教师的课堂之前,研究者访谈这名教师,试图搞清教师对课堂的构思、教师的风格,更重要的是,让教师感到研究者对自己工作感兴趣,争取其在研究下一阶段的配合。

6.2　访谈的类型

不同学者对访谈类型的划分方式多有不同。作为初学者,可以从访谈问题的组织形式和访谈对象的数量两个方面去理解访谈的各种类型。

从访谈问题的组织形式上划分,可以分为:

(1)严格标准化访谈:研究者按照提前设定好的问题一字不差地进行提问,并且严格按照设定好的顺序进行提问。从本质上讲相当于一种口头的问卷调查。

(2)标准化访谈:提问者提前设定好一系列问题,访谈过程中灵活使用自己的话进行提问,而且问题的顺序可以随意变动。

(3)非标准化访谈:除了一个大概的主题,没有什么提前预设的问题,研究者与研究对象实际上进行的是随意交谈。

大部分情况下,质的研究者都会选择使用既有一定的问题可依据又灵活的标准化访谈方式,并视访谈的实际情况进行调整。在有些特别的情况下,如研究者文化水平较低、缺乏叙述的语言表达能力时,研究者可以使用严格标准化访谈;又如,研究对象是某一领域的专家学者或是已经进行过多次访谈彼此相对熟悉时,研究者采用非标准化访谈的形式进行束缚少的随意交谈会收集到更多高质量的材料。

从访谈对象的数量上划分,可以分为个人访谈和集体访谈。在多数研究中,一对一的个人访谈占据了主要地位,对访谈环境的选择主要考虑一些访谈对象感到舒服可以畅谈的空间。在个人访谈中可以多问有关访谈对象个人情况、思想、感受等问题。与个人访谈相比,集体访谈规模较大,一般在 3~6 人中进行,访谈环境宜选择宽敞舒适的半公开场所,一方面适合众人畅所欲言,另一方面也不要因为过于喧哗打扰到其他人。研究者在集体访谈中所提的问题要注意避免一些涉及个人隐私的敏感问题,可以选择若干有争议的观点引导访谈对象之间开展适当的讨论,以此激发他们说出自己真实的看法,避免随声附和、人云亦云的情况出现。但也不必刻意追求研究对象之间的观点统一或相互矛盾。另外,在进行个人访谈会对研究对象造成顾虑的情况下,研究者可以考虑扩大研究对象的范围采用集体访谈。例如,年长的研究者,有时是教师或其他权威角色,对年青学生进行访谈时,用集体访谈的方式会更有效地帮助访谈对象在同伴中放松心情,说出自己的想法。

6.3　访谈的方式

访谈的方式一般可以分为面对面访谈、电话访谈、网络视频访谈、线上纯文字访谈及各种方式混合的综合访谈。研究者应该针对访谈对象的年龄、身份、偏好等特点与其进行商讨后决定适当的访谈方式。

面对面访谈是最传统、最有效的访谈方式。研究者在与研究对象的面谈过程中可以进行有效的倾听、表现出对其所谈内容的关心,同时可以通过对方的面部表情、语气等觉察到言语之外的丰富信息。一般来说,研究者在与任何研究对象商讨访谈方式的时候都应该首先提议进行面对面访谈,时间和地点的选择上要尽量满足对方的要求。如果研究对象工作繁忙或在异地，可以提议进行电话访谈。进行电话访谈时研究者要提前商定好时间，主动呼叫对方。

随着科学技术的进步，人与人交流的方式日趋多样，研究者在 21 世纪可以方便地选择网络视频访谈或线上纯文字访谈等网络辅助的访谈方式。使用网络辅助访谈可以大大减少研究者差旅、科研成本，减少时间和空间上的束缚，尤其为熟悉并熟练于网上交流的青年人提供更加舒适、自在的交流平台。另外，当研究主题涉及敏感问题时，对于一些不愿意露面的访谈对象，线上的纯文字交流是获得信息的有效方式。

总之，研究者可以根据实际情况，积极尝试新的访谈方式，尝试在多次采访一个研究对象时混合使用各种方式。访谈方式的本质在于辅助而非限制，只要有利于双方交流、有助于获得可靠信息，研究者都可以大胆采用。

6.4 访谈的问题

这里所说的"访谈的问题"指的是研究者在访谈过程中向访谈对象所提出的一系列问题，是研究者用来获取原始资料的工具。访谈问题不同于研究问题，后者是引导整个研究进展走向的根本问题，是需要研究者在最终的研究报告中自己回答的问题。访谈问题通常需要研究者在进行访谈之前进行充分的准备，最好是建立在对相关文献了解的基础之上。而且，研究者在拟好访谈问题的草稿之后，最好请导师、同行、研究现场的介绍人或在前行探索中寻找一个可靠的研究对象帮助自己检查一下，根据他们的意见修改语言、语气，看看有没有语意不清、需要补充及解释的地方，有没有需要删减或改变问法的问题等，尽力提高访谈问题的质量。同时应该小心处理敏感话题，如学生自己的成绩、弱势的地位、性取向、疾病、残障、对权威的反叛，或其他在特定文化中让人感到羞愧、尴尬、愤怒、情绪波动的地方。

就访谈问题的质量而言，可以分为坏的访谈问题和好的访谈问题两种。所谓"坏的访谈问题"一般表现为以下几种：第一种是意思模糊、语意不详、术语使用不当的问题。访谈对象不能理解研究者所指，导致反复澄清解释浪费时间和精力。或是对非专业的访谈对象提问时使用了大量术语、对专业内的访谈对象使用一些幼稚的、非术语说法。第二种是研究者在提问过程中加入了自己的偏见和假设的问题，容易影响和带偏访谈对象的正常思路。例如，"我觉得那个学生是故意跟班主任作对，你是不是也是这样想的啊？"第三种是一些有强烈导向性的问题。例如，在了解作业问题上问没有完成作业的学生，"作为学生是不是没有理由不写作业"，站在了一种指责而非理解的角度上提问，容易陷对方于无言以对的尴尬境地。第四种是在没有对访谈对象事先声明要进行严格标准化访谈时，问一些总是让研究对象用一个字就能回答的问题。第五种是用反问等方式指责对方的观点，特别容易激发与访谈对象之间的矛盾和不快，对研究有害无益。最后，无论访谈问题本身如何完美，研究者由于过于紧张或赶时间等目的像连珠炮一样一下子提出一串问题要求对方回答，也会造成对方的反感。

研究者要避免提问"坏的访谈问题"，更重要的是要提前多准备与研究密切相关的"好的访谈问题"，或者可以说是适合访谈对象的合适问题。可以从以下八种方面考虑设置恰当的访谈问题：①关于行为的问题："你在学校中度过的普通的一天一般是什么样子的？"②关于经历的问题:"昨天上午在班会上发生了什么好笑的事情?"③询问意见的问题:"你觉得高三学生每天的作业量应该是多少比较合适?"④询问感觉的问题:"你对于学校规定男生不能留长发的感受是什么?"⑤了解知识的问题:"我不懂这个名词,你可以告诉我是什么意思吗?"⑥假定立场的问题:"如果你是校长,会如何处理这个问题?"⑦观点挑战的问题:"有人认为教导主任应该用雷霆手段对付不遵守校规的学生。你对这个观点有什么看法?"⑧理想场景的问题:"如果能够拿到一大笔科研资金,你将如何设计这个研究呢?"一次访谈通常会持续 30～40 分钟,视情况上下浮动。研究者应尽量多准备一些问题,避免无话可说的冷场,但在访谈过程中切勿追求完美,不要坚持一定问完所有自己准备好的访谈问题。

6.5　访谈的人员

访谈人员是访谈最终能否成功的决定性因素。一个理想的访谈人员应该具有一定的知识储备,能够充分理解整个研究的目的和意义以及自己负责进行的访谈的具体目标,能够跟访谈对象进行深入的、有意义的交谈,能够跟得上对方的思路。理想的访谈人员还应该具有一些具体的访谈技巧,如进行倾听、有礼貌地回应、完整地记录访谈过程,当访谈对象的谈话偏离主题时能够有效又不失礼貌地引回主题。理想的访谈人员还应具备良好的心理素质,能够从容地应对访谈对象情绪激动、对访谈者表现出明显的质疑或指责等其他突发情况。当一个大型研究需要许多访谈人员分头行动的时候,作为项目负责人的研究者必须能够充分做好准备,根据不同研究人员的能力和水平合理分配访谈任务,居中协调,统一步调为研究服务。而且,理想的访谈人员是需要自我学习、锻炼和培养的,非大量的访谈经验而不能成就的。在访谈工作中亲身实践、在访谈解释后深刻反思,也是提高访谈人员工作水平的重要途径。

6.6　访谈的记录

访谈的记录对于研究者具有重要的意义,没有完整、详细的访谈记录就无法进行下一步编码等分析工作。想要获得高质量的原始访谈资料,必须有高质量的访谈记录作保障。目前,研究者可以选择使用录音机、录音笔、录像机、智能手机或简单的纸和笔作为访谈记录的工具。一般来说,研究者都会采用设备录音加手动记录重点两者结合的方式进行记录。在进行访谈之前,研究者应告知访谈对象自己将使用什么方式记录谈话,以及完整的访谈记录对于整个研究的重要性,同时承诺保持匿名性和保护原始资料的安全不外泄,争取对方的同意。

6.7　访谈的准备

在正式开始访谈之前,研究者要做好充分的准备,包括联系访谈对象、整理好完整的访谈工作纲要,以及安排好相应物质条件。首先,研究者必须尊重研究对象,提前主动联系好访谈的时间和地点,选择让研究对象感到放松、可以畅谈的场合进行访谈,如对方的办公室、环境优雅的咖啡店等。在与访谈对象接触的整个过程中都要说话做事有礼貌、态度温和、举止大方,对研究对象展示出充分的关心和耐心。如果由于访谈对象临时有事或因身体不舒服需要另约时间时,研究者应表现出灵活和关心、理解的态度,并主动相约下一次的访谈。其次,访谈者要准备好一份完整的访谈工作纲要,其中包括给访谈对象的知情同意信、审核修改过的访谈问题、遇到突发情况时的应对预案等。访谈工作纲要是研究者为自己工作所准备的材料,通常会放到研究者自己随身携带的笔记当中。最后,研究者要调试好录音、录像的电子设备,充电或确定好接电源的地方。提前去约定好的访谈现场,确定无他人占用并适合进行谈话。

6.8 访谈的翻译

访谈的翻译不是指通常意义上的从一种语言到另一种语言的翻译,而是在访谈结束之后,研究者将所录制的谈话从声音到文字的转换过程。访谈的翻译工作是接下来研究者处理原始资料的重要基础,研究者必须严肃认真的对待,一字不漏、一字不差地将谈话译成文字。通常要翻译成类似剧本的对话体,可以辅以研究者收集到关于对访谈现场和访谈对象表情、肢体语言等的观察记录。访谈的翻译是一件极其费力、费时的工作,以一次交谈双方语速中等的 30 分钟谈话为例,一般水平的研究者需要至少两个小时才能使用电脑完整地将谈话全部译成文字。访谈的翻译工作极大地考验着研究者的耐心、细心和毅力,可以说是整个质的研究过程中最消耗精力的一个环节。

教学模块

(1)简单介绍质的研究中的三种研究手段及本次课的重点(图 6.1)。
(2)讲解访谈的作用(图 6.2)。

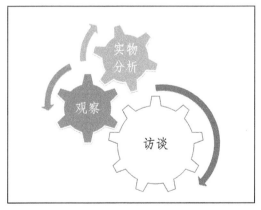

图 6.1

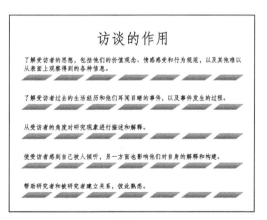

图 6.2

(3)讲解访谈的类型并举例说明(图 6.3)。
(4)讲解访谈的方式,举例说明,并鼓励学生思考新的访谈方式(图 6.4)。

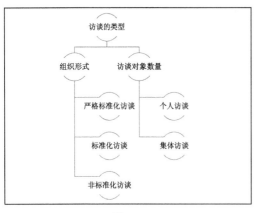

图 6.3

面对面访谈

电话访谈

网络视频访谈

线上纯文字访谈

各种方式混合的综合访谈

访谈的方式

图 6.4

(5)用 3～5 分钟的时间完成任务 1(图 6.5)。

(6)讲解访谈的问题及注意事项(图 6.6)。

任务 1

* 根据自己小组的研究问题、样本等情况，确定访谈的类型、方式。

图 6.5

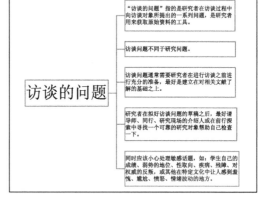

图 6.6

(7)讲解什么是坏的访谈问题(图 6.7)。

(8)讲解什么是好的访谈问题(图 6.8)。

坏的访谈问题

意思模糊、语意不详、术语使用不当的问题

研究者在提问过程中加入了自己的偏见和假设的问题

一些有强烈导向性的问题

一些总是让研究对象用一个字就能回答的问题

用反问等方式指责对方的观点

像连珠炮一样一下子提出了一串问题要求对方回答

图 6.7

好的访谈问题

1) 关于行为的问题：“你在学校中度过的普通的一天一般是什么样子的?”

2) 关于经历的问题：“昨天上午在班会上发生了什么好笑的事情?”

3) 询问意见的问题：“你觉得高三学生每天的作业量应该是多少比较合适?”

4) 询问感觉的问题：“你对于学校规定男生不能留长头发的感受是什么?”

5) 了解知识的问题：“我不懂这个名词，你可以告诉我是什么意思吗?”

6) 假定立场的问题：“如果你是校长，会如何处理这个问题?”

7) 观点挑战的问题：“有人认为教导主任应该用雷霆手段对付不遵守校规的学生。你对这个观点有什么看法?”

8) 理想场景的问题：“如果能够拿到一大笔科研资金，你将如何设计这个研究呢?”

图 6.8

（9）解说访谈人员的重要性以及如何提高水平的问题（图 6.9）。

（10）介绍如何做访谈的记录（图 6.10）。

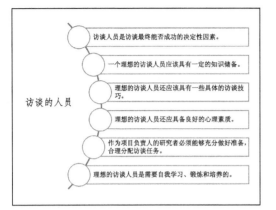

图 6.9

图 6.10

（11）介绍如何做访谈之前的准备（图 6.11）。

（12）讲解访谈的翻译，最好能够展示翻译稿的实例（图 6.12）。

图 6.11

访谈的翻译

图 6.12

（13）用 10 分钟甚至更长的时间来完成任务 2。重点在于利用同伴的视角来审视自己的访谈问题，提高质量（图 6.13）。

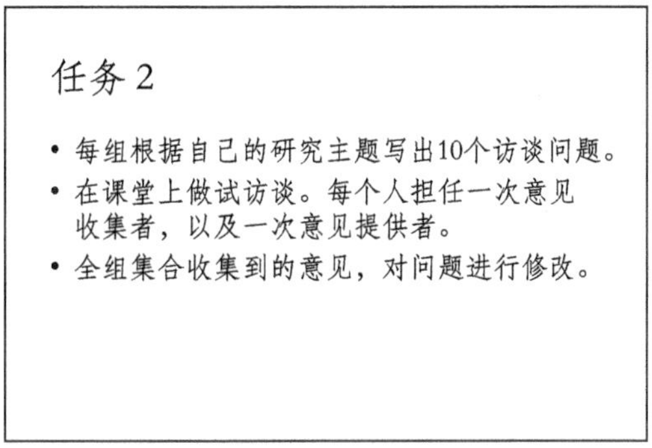

任务 2

· 每组根据自己的研究主题写出10个访谈问题。
· 在课堂上做试访谈。每个人担任一次意见收集者，以及一次意见提供者。
· 全组集合收集到的意见，对问题进行修改。

图 6.13

实践模块 ✦ ✶ ✦

例 下面是陈佳男、陈佳彬、陈皓骞、陈芊、迪丽努尔同学在访谈之前提出的访谈问题，以及访谈之后其中一位同学的完整访谈翻译稿(篇幅较长，希望读者能够以此了解访谈翻译工作的不易)。

访 谈 问 题

1. 你最近的学习生活是什么样的?(具体聊聊,拉近距离)

2. 你有没有意识到老师在平时作业或实验练习安排上有什么变化? 怎样看待这种变化,是否有不适应的情况?

3. 你认为你们专业的平时成绩占考核方式的比例多少会比较合适?

4. 现在的新课程考核方式要求平时成绩的比例不少于 50%,如果你是主管教学的领导,你是出于什么理由要改变这个考核方式的呢?

5. 形容一下"期末考试"在你心中的"形象"。(以前/现在/理想)

6. 你怎么看待这两种学习方式:一种学习是考前冲刺的"小宇宙爆发型";一种是平时很认真累积的"细水流长型"? 你觉得你更倾向于哪一种?

7. 针对一些艺体类专业(如体育、美术、音乐等专业),即使有这种考核方式的改变,他们仍对平时作业不重视,你怎么看待?

8. 你对现在的平时作业重视吗? 会因科目的不同而态度有所不同吗?

9. 现在有门课的老师将取消期末考试,平时成绩占总评价的比例提高到了 100%,你的直观感受是什么? 同意这种评价方式吗? 有不同的情况吗?

10. 你们专业老师布置平时作业过程中,是以独立完成的形式多还是以小组合作完成的形式多? 说说你对这两种作业形式的看法。

11. 如果你作为主要负责人要继续课程改革,你会怎么制定?

12. 如果既没有平时成绩的考核,也没有期末考试的考核,没有了学业压力,你会怎么对待学习?

访 谈 整 理 稿

访谈对象基本情况:一位生化学院生物专业大二年级的女生(又属于初阳学院)

访谈名:被访谈者用"小许"代替

访谈地点:北门小店沐时光

访谈时间:3 月 26 日晚 18:45—19:30(正式访谈内容时间 38 分钟)

注:已经征得被访谈者的同意,对访谈过程进行录音,并知情对访谈整理稿的使用情况。

我:好,我们开始吧! 无视录音的存在……无视它……无视它。

小许:恩恩(微笑)。

我:然后,嗯,我们这个也不是很严格的访谈,就当作聊一聊。

小许:恩(微笑)。

我：然后比较好奇你们生物（专业）做实验吗？

小许：做的！就是我们一般一门专业课都会配一门实验课的。

我：哦……配一门实验课。

小许：就是动物学有动物学的实验，植物学有植物学的实验。

我：噢，每门课都有一门实验！

小许：(点头)每门课都有一门实验。

我：那就泡在实验室啦？

小许：也还好啦～

我：就是他一边上理论，一边上实验？

小许：对！

我：那平时作业是什么样的？

小许：嗯，我们生物平时基本上哦，就除了教师教育课程，教师教育类我们这学期比较多嘛……我：……这样……)也开始多起来了，而且现在学校不是那个改革吗，就是平时成绩分不是占很多么，(我：嗯，对对对……)就会有那种小组作业，就很多，现在。(我：啊，小组作业)除了那些作业的话，那些超烦的，除了那些以外基本上就是那个实验报告。(我：哦……)然后有机化学会有那个，就是就化学方面的那个会有作业，生物的也一般不会有作业的。

我：那，那个我想问一下就是你平时作业包括实验也包括小组学习的那个，是吗？

小许：嗯，就实验报告，主要是，还有是有机化学是有那种计算啊什么那种……嗯……那方面的书面作业。

我：噢，那然后考试呢？考试也是……期末考试？

小许：考试……考试的话，这学期没考我也不知道，上学期动物学植物学最后两天连着考的，就死背嘛，背背背背背(我：哦哦，对哦，都是那样的！)

我：嗯……忙吗？

小许：上学期还是这学期？

我：额……上学期吧！

小许：上学期……上学期啊，上学期课挺多，但是忙也说不上。就他们有些专业其实课不多但是作业多。因为我们作业少，就课后时间比较长。

我：哦……是这样子的。课多作业少……那这学期呢？

小许：这学期……哦，课不多，然后作业也还好，就主要是那种比较烦的作业比较多。

我：(笑)比较烦……那……嗯，就是你已经有没有意识到，就是，就是那个老师在平时作业课程安排上有什么变化？

小许：嗯……因为这个我就的很难说诶，因为老师不一样课也不一样的。

我：噢……那就直观地来看，作业量上面上学期和这学期对比一下。

小许：这学期多。

我：哦，这学期多。然后你也意识到是，就老师明确给你们讲那个，就是有考核方式的改变？

小许：噢，我们上第一节课老师就讲了，就是平时分不是占，嗯至少 50% 嘛。

我:嗯!

小许:对!那平时的那些考核的话,它,而且我们小班的话,专业课的话不会点名的嘛,就不一看就看出来有几个人了嘛!(我:嗯,对)就那就平时的作业啊那种啦。

我:嗯,就明显,就老师告诉你们这个,作业量也提上去了?

小许:嗯……额,可以算吧!(如果一定这么说的话)

我:嗯,那作业量提升,会有烦的感觉,然后会有那种忙不过来的感觉吗?

小许:嗯,专业课还好,教师教育类因为那种很多是那种,额,操作比较麻烦就不是说你写写好就好了,就比如说我们那个学科教学理论与实践这门课,它是嗯,分小组嘛,5、6个人一小组,我们12个人刚好两小组。(我:嗯)它第一次课是让我们设计课堂的导入和结束,这是单人的,然后之后是两次是小组,一个是……额……讨论课堂的提问的设计,就是你要选择就是必修一必修二必修三,那里面的就生物书里面的一节课,然后整节课的提问你都列出来,然后上次更麻烦,就是他给你一个优秀案例,让你分析它是怎么个教学流程,然后运用了哪些教学方法,就这些教学方法好不好,给出理由。(我:噢噢)还有就是说,让你设计一个板……板书,很烦……(我:这样子,就是教师类的那种?技能)对,要花……一般我们不是两次讨论嘛,就一弄就一个下午,这样。

我:嗯…这就算平时的作业?

小许:对对!就很麻烦。

我:专业课还好?

小许:专业课的话我们生态学跟生物化学是没有作业的。

我:噢,这样子的,没有作业,那他老师有说平时作业那是以什么方式去考核?

小许:可能就期末吧,我也不知道诶。就反正,因为我们上学期也是这样,上学期还没有这种制度,但是他也是就是没有平时的那种东西,就只有一次考试,这样的。

我:哦,那平时的,像实验报告什么有收吗?

小许:这算两门课的,其实。

我:噢!就是实验一门课理论一门课。

小许:对的。有些那个是,比如动物学和动物学实验有些是同一个老师上的,这学期很多实验课和理论课不是同一个老师上的。(我:哦,是这样的)除了生物化学是同一个老师上的,就是另外两门都不是同一个老师上的。而且上学期的话实验课是在理论课的基础上做的,这学期理论课和实践课有点分开来的,就是课时很不够,就是实验课是对理论课的补充,不是那种相对应的配套的那种,就是理论课讲不到的,实验讲了然后再给你做实验。(我:哦,这样的)

我:我们前面聊了这么多,你也你也可能感觉到了我主要都在谈一个什么问题了。(小许:作业什么的?(笑))啊,可能就我们是围绕着一个就是围绕一个考核方式改变的那个,以这个为……就是想问问大家有没有什么改变啊,然后,因为我们专业是就是也是像你说的那样小组合作学习特别多,(小许:你们这种专业应该更……)对!基本上都是这样子的而且作业量一下就马上提上来了,然后我就各种抓狂啊!因为像上学期下午都很闲的,这学期基本上,我这是第一次找你嘛,之前找你也是为了发问卷,(小许:嗯,对对!)然后本来说出来聊聊的就好了,额……然后就各种忙。嗯,所以就是这样子的。对……喝点东西呀～然后,然后你现在可以想一想,就是这个不是你也知道,考核方式是平时成绩占总的考核方式不低于50%,对不对?(小许:恩恩)然后你觉得你们专业,嗯,平时成绩占考核方式的百分之多少比较合适?

小许:平时?

我:对!就让你自己来想,就是不用管学校啊领导啊这些的。

小许:嗯。

我:就,以你们生化专业为例的话。

小许:嗯,我觉得这个很难讲诶,因为,嗯,我也给你说了我们那种,我们的专业课嘛,就平时其实呈现的给老师的东西很少的,(我:嗯)就,嗯,物理他们作业很多,因为我们寝室有物理的那个同学嘛,嗯,就是他们物理就是平时作业很多的,就课还好不是很多,就课下时间很多很多,像我生物就作业很少,那我觉得就平时的话,而且点到也不限点到也没有,而且基本上每个人都会(笑)不可能缺课的基本上。所以说平时的话,你说一定要让他考核,让他考核什么,没有东西可以考核。我觉得这应该还是要分那种,专业课和教师教育类的话,因为,嗯,毕竟是实践类的嘛主要(我:对),那平时那种多一点,那50我觉得很正常,最后考核的话,就你说一个期末考试的话,你没有办法把这个,这门课的那种成果表现出来,但是像专业课这种,嗯,如果你说平时弄几个小测试的话那倒是有可能平时考核,但是你平时,像我们现在有些课根本就没有作业,你说让他考核什么?(我:嗯)那我觉得10到20就可以了,那教师教育50就差不多了。

我:嗯,是这样。嗯,那就是说现在推行这个不少于50%,就让你自己想一下,如果你现在是教学领导,然后,就是你会想以什么样的理由就是为什么要推行这个?你觉得是什么就是也可以说学校推行这个是为什么?

小许:嗯……嗯……。我觉得那可能是因为像图文这种情况啊,就是平时不是去的人都很少嘛,就是期末大家都赶鸭子上架一样一起涌进去,就是觉得很多人都是平时课都不去上啊逃课啊什么,然后老师也不太重视那种平时上课的质量,就是一场考试的话觉得太有那种偶然性啊嘛或者大家都是临时抱佛脚。觉得这样,嗯,大学就没有学到什么东西,觉得一门课的精髓还是在平时那种过程当中体现的,不能用一场考试来那个吧……

我:嗯,是这样子的!那你觉得,嗯,对你来说你,就是说对你来说有什么变化?

小许:嗯,我觉得啊。除了,嗯,就是上学期也没有这种类型的教师教育类的课程,我也不知道以前这些课是怎么上的。就这些课的话就是平时作业比较多嘛,就比较麻烦嘛。那其他我觉得对我来说基本上没有什么影响吧。就可能期末成绩会提高一点这样(笑)。但是现在没有考试,我也不知道。这样。

我:诶,你们上微格吗?

小许:嗯,应该大三上的。

我:哦,要到大三,对我们现在就在上微格(笑)(小许:对啊)我给你讲,哦每个星期一个主题嘛,然后然后就是比如说我们班是30来个人,劈半儿分一个班,一个小班是15个人,然后每个人上去讲,说课,要模拟上课嘛。哎,你们是讲生物是吧?

小许：昂，那应该是的。

我：噢，我们是讲心理课！然后一个主题，我是第一个，还好（小许：恩恩），然后每次我上去讲然后后面后面，好，一个听上挺顺的两个听上挺好玩的（小许：笑）三个听上还可以然后四个五个六个一直讲一个主题要讲十几堂课，听到最后大家都（大笑）然后就没有办法……不过就也挺好玩的，也可以看一下自己在上课的小动作，我不是脖子特别容易晃（笑嘻嘻），然后我在看上课的录像时就觉得，诶，我怎么是这样子的！然后我说以后给小朋友上课，小朋友会说"老师脖子老晃"

小许：（笑）其实也是一个特色。

我：对啊，然后要求也挺多的。反正练练还是挺好的，就以前觉得上课挺简单的，（小许：我觉得很难唉。）我以前觉得上课就，上课嘛（小许：就给他们讲讲清楚就好）对啊，就把你知道的东西给他们讲清楚就好，因为我妈妈是老师，是这样子的（小许：你妈妈是什么老师？）高中数学老师，（小许：哇哦）然后就小时候也一直听她讲嘛，然后就感觉上课很简单啊，但真的我就属于那种觉得它简单，但真的让我去上课，我真的心跳很快啊，然后就各种脸红啊，（小许：想象一下）对，而且其实在微格教学中，同学还是配合着你的，在实际生活中那些小孩子，哦（小许：一群熊家伙）真的很难控制课堂。那……就说你有老师有告诉你就是这个比例提高以后，你有重视过就是相比于之前重视程度就是说现在更重视平时的这个表现吗？

小许：额，会有一点，就比如说，嗯平时不太举手可能会稍微举手回答一点问题啊，这样子。

我：对，这样子。那做平时作业比如说你很头疼的那种小组合作啊什么的？

小许：小组的话，因为毕竟是一个团体嘛，不管怎么样肯定要稍微认真一点的。这个应该还好。还好啦！

我：那，嗯，提到小组，我现在很想问问你，就那个就有些同学是就是说，我觉得大多数啊就小组的作业因为牵扯到整体的成绩，然后可能就会用心一点，自己的就牵扯到自己一个人的成绩可能自己就做就是说（小许：水一点）做多做少无所谓的那种，有没有这样的感受？

小许：嗯，我，我不知道别人是哪种，我是自己感兴趣觉得有意义地会比较认真。觉得那种只是交作业那种，做题目那种可能就，嗯，差不多就好了。

我：还有，嗯，就是有没有这样一个现象就是在小组中，小组合作一件事情就会有，如果有组长的话会有责任分摊的现象吗？就觉得（小许：组长？）就比如说我们是一个小组，我是组长，然后就我分配下去，你们就干，干完以后汇报给我，但最终其实是我自己去整合啊，就会觉得：啊，有组长在啊，没关系这样。

小许：噢，那还好诶。哦，怎么说呢？我现在的话是……我想想看有几门课是教师教育类的，嗯，有一门应该不算是那种类型的，是班级经营，班级经营这门课我觉得上到现在还觉得很奇怪，不知道这门课在上什么。另外两门一门是中学生心理辅导和学科教学与实践。一个是自己认识的同学在一起上的一个小组，一个是不认识的同学组成的小组。额，认识的同学的话，嗯，怎么说呢，就我们那个小组里的人都还比较强势的喔，像我是属于那种"遇弱则强，遇强则弱"的那种。（我：哦！）然后就还好啦，就是，也不会大家那种推来推去那种。还好（我：还好……）嗯，像另外一个的话，嗯怎么说呢，就感觉我觉得我是还好啦，就另外几个组员是,嗯有两个吧,就感觉不太……那个出现,那种,就是我们第一次,嗯是上周嘛反正有一个任务布置下来,然后反正有两个人都找不着人,就有一个男生的话,我们组是四个女生一个男生,然后大家都是不认识的互相,然后是留了QQ然后是建讨论组,然后我们去春游,我是星期一的课嘛,然后要在周末之前,我就想在周末之前把事情搞完嘛,然后就怎么也找不着他们人,然后我只留了组长的QQ,我加他他也没有理我,然后当时整个人都很焦躁。而且有个男生没有来根本就不知道有这项作业嘛,但是后面很巧我在上实验课的时候刚好他是生化专业的,生化学院的刚好也是学生物的,在做实验的时候刚好看他从门口路过,(笑)就出去把他给逮住了,把他逮住就给他讲了嘛,然后把他号码就QQ啊要过来然后后面就加讨论组什么的。后来反正是我在春游周六的时候,讨论组终于建起来了!(我:好不容易啊)然后大家就开始讨论了嘛。然后就好弄得弄终于在星期天晚上把那个作业给弄好了。然后我是很早就写完了嘛,我自己也跟那个我们要交作业的那个人联系过了,然后……嗯(我:还是个好有责任心的小孩儿啊)(笑)没有啊,那毕竟这种作业还是要做的啊,不能不做嘛~!

我:嗯……那从小到大"期末考试"好像在学生的生命中都很重要啊,就是形容一下期末考试在你心目中的形象。就是以前、现在和未来。就是分成三个阶段,你可能想想以前就是小时候期末考试对你来说怎么样,然后到了大学之后有没有改变就现在有没有,就50%发生了以后期末考试也就比例减小了么有没有对你心目中的影响的改变,未来呢是谈一谈就是你理想中的期末考试是什么样子的?

小许:嗯,以前啊,我想想喔。以前的话……

我:反正我以前是……挺怕的,就,就我小的时候,小时候学习嘛就是学学学……好要考试啦!就好好准备的那种,然后爸爸妈妈尤其是过年,亲戚一聚到一起,(小许:笑)有木有?诶?你期末考试考了多少分?是不是……这样。

小许:嗯,感觉因为小的时候成绩还蛮好的,我觉得小学考试,小学的话我们有免考的嘛,就通常会免考期末考试(笑)然后小学就很easy就过了就不讲它了。嗯,初中的话就有一点,一点的担心嘛,因为初中还是比较看重名次的,这时候,然后对成绩不是很重要,就是那时候比较看重名次主要是在乎名次吧,看到名次下降会有很大的失落感。高中的话,因为其实成绩已经蛮烂的了,然后……嗯,不过高中的时候考试很多,所以说也有点考习惯了,就是每场考试都差不多也不分什么期末不期末的,平时考试就很多了嘛。(我:就没那么重要了,是吗)对对!然后,大学的话,大学期末啊,其实就我现在就是,嗯,大一的时候主要担心的是不要被分流,大二的话,就因为我们生物他们都很学霸的,嗯,就感觉自己感觉成绩也还好啦,但是排名上面就很很很辛酸啦,然后前两天啊班主任也找我谈话嘛,就是班主任要找各个同学谈话嘛,然后就说'你成绩从绩点上来看其实也不错啦,也过得去啦,但是就是在排名上……因为大家都考的很好',就我们12个人里绩点最低的也有3了,反正大家都很好啊,然后老师说你要稍微放点心思在考试上,就我基本上也在大学以后基本上也那种,平时上课也认真去听,但是课后就没有放那么多时间了。也是期末也跟着学霸们一起泡图文!(我:没日没夜了)(笑)。现在,我觉得这个50%至少在我们专业我们学院不会有很大的体现,因为都很重要,很重要期末考试对我们!(笑)就成绩对我们来说很重要。

我:感觉这是用来评价自己的一个很重要的东西? 就是它的反馈出来的分数啊。

小许:嗯……我觉得不是评价自己吧,是为了适应社会! (我:适应社会?)就是社会需要不是自己需要。

我:对,那如果理想一点来看,未来的……

小许:我理想中的那种期末考试吗?

我:对! 它需不需要有没有必要存在?

小许:嗯,现在不是那个英语高考改革嘛,就是不会说就是一次高考就定了英语成绩,它不是说好像慢慢改革,它不是一次而是好几次定不知道是取平均还是最好,像那种英语听力不是也是考两次的呢,就是其实一次期末考试的话,就是要看这个考试到底是有什么目的了,如果真的是想要考核一个人的话,那一次考试绝对不是能真实考核一个人的。而且偶然性很大嘛,也不是说考试是唯一公正地考核制度嘛。但是怎么说呢,绝对没有绝对的公正吧。就是说只是相对的嘛,考试……怎么说呢?

我:就是你撇开社会也好,工作也好,什么都撇开,就关于你自己的爱好喜不喜欢问题,觉得它有必要存在吗?

小许:考试吗?

我:对!

小许:有!

我:有必要?

小许:有必要。

我:为什么呢?

小许:为什么有必要? (我:嗯)嗯,因为每个事情都需要有个结果。

我:都应该有个结果。不然就是说,总觉得……

小许:就是你学的以后你就不知道,也不是说,这么说起来它好像还是个蛮考核的那种必需的那种过程哦。

我:对你来说,就不用管考核不考核。就对你来说,它给了你什么结果?

小许:就是相当于,特别是大学嘛,就初中高中小学的话就是这门课你这次期末考试考完,下一次你还要学,但大学它真的是画上了一个句号了,基本上如果你不考研的话。就是你这门课学完了你再也不用学了,就是你画上了一个句号了。

我:嗯,那样就可以 say bye-bye 了。

小许:对啊,就那种书扔掉也可以了。

我:挺好的。好像刚刚听到你说你的学习方式,这有两种学习方式,一种是考前冲刺的"小宇宙爆发型",还一种是平时很认真累积的"细水流长型",你觉得你更倾向于哪一种?

小许:是我觉得哪种好还是我自己是哪一种?

我:你自己更适合哪一种?

小许:我啊……

我:刚刚听到你说了感觉你是"小宇宙爆发型",但是现在就让你没有什么时间限制啊,然后,你重新来考虑一下你自己更适合哪一种?

小许:更适合哪一种?

我:或者说更适合或更想要的哪一种?

小许:我更想要肯定是"细水长流型"

我:对,但现在就是……

小许:但现在就是平时会有很多的诱惑啊什么的,就是你比如说想要去学习啊,但总会有各种千万种阻拦在你面前。

我:对对,那你觉得"小宇宙爆发型"好吗?

小许:肯定不好啊,(笑)就是拖延症啊,临时抱佛脚啊,绝对不是好的啊,(我:绝对不是好的)就是你细水长流你可能就真的有些东西就学进去了,但是临时记忆临时抱佛脚肯定是很快就忘光了,相当于这门课你真的只是为了画上一个句号在考试。

我:那有没有,其实,我还想到有一种就是,其实学霸他他是,平时细水长流,然后考试他还要小宇宙爆发的。有没有(小许:恩恩)就是大家期末的时候都在很抓狂的就在背书的时候他们平时积累的也够了,也是在(小许:对)我们宿舍讨论的时候啊,就觉得"小宇宙爆发型"有一个好处就是一瞬间脑子就装满了这学期要学的东西,有木有?(笑)(小许:有)就是就是就那几天或者就那几个小时,复习了这就是我一学期要学的东西啊,我已经学好了～～。对,有一种莫名其妙的成就感。

小许:嗯,不过像他们学数学专业的,他们呢有好几门什么数学什么数学什么数学那种,然后就当所有人还在复习前一门的时候,有些学霸就在复习下一门了。而且最后还是考了年级第一啊那种,就是永远快别人一步。不过,他也确实是脑子很聪明,平时也很努力的那种真的学霸。

我:唉,学霸真的是离我太远了。(笑)嗯,就是有这种考核方式的改变啊,就一些艺体类专业(如体育、美术、音乐等专业)有没有接触到,接触这类的同学?

小许:好像没有诶。

我:我们专业有些老师反应啊就是给他们讲了即使有这种考核方式的改变,很重要,他们仍对平时作业不重视,不在乎的态度,觉得无所谓,也不怎么做,你觉得怎么看?

小许:嗯……我们老师当时给我们讲说,(笑)就一个很逗比的老师在哪里给我们说,他说平时成绩50%啦,你只要期末考试期末考试考多少……考50分?考10分你就可以及格啦!(笑)就是我觉的他们,我自己揣测啊,因为我也没有接触过他们专业的学生,可能就是看到了我也不知道他们是那个(我:恩恩)就,嗯,他们对成绩没有一个特别大的期待值,然后也觉得期末考试占得比例小,他们的成绩反而会往上升,往上升已经达到了一个进步了吧,而且平时成绩一般老师不会给的太低,他们总觉得。就虽然说你不交作业什么的,可能会低一点但也不会低很多,就是基础分肯定会给的。这绝对上可以在原来的成绩上进大步的,就够了所以说无所谓了。

我:是这样子的,嗯……那就我们现在有门课的老师她直接就很极端,直接就将这个50%的比例提高到了100%,就用平时成绩来考核,每周有作业啊之类的,然后你的直观感受是什么?就如果你们生物有个老师说,好,我们没有期末考试了,我们是平时成绩做最终的总评价,你第一感觉是什么?

小许：你刚刚讲的时候，我有点震惊，主要是觉得这个老师很牛逼！但是我也是要看具体是什么课的。如果是我觉得我平时能学好的课的话，没有期末考试，我会很开心的！（笑）

我：那如果是……还有别的情况吗？

小许：嗯……额……我私心觉得平时成绩会比期末成绩好拿。

我：好拿，为什么呢？

小许：因为你有更多的时间去准备。

我：那你有没有觉得很麻烦吗？每次小组作业……

小许：嗯，会觉得烦，但是小组作业你可以有那么多人依靠，但是期末考试你只能靠自己！！

我：就是那种，自己上考场的感觉。

小许：对啊，哦，很多的，除了人可以依靠你还有互联网，没有什么就是可以有很多的资源拿来就是利用。期末考试你只有读读读，死读。

我：嗯，给我感觉是平时作业可以依靠很多东西，（小许：对的）那比如说这个老师留的是一些思考性的作业呢？

小许：思考性的？（我：嗯）那就没有标准答案可以自己想啦。

我：你会有一种"水"的感觉吗？（小许：嗯……）或者是一种别的感觉。

小许：嗯，就我们我们这学期有个班级经营嘛，就是他……嗯（笑）就是到现在都不知道他在上什么，因为他是那种，真的不知道他的课有什么意义哦，他就是经常他提的问题都不知道在问什么东西。讲的很文绉绉的，跟我一起上的有一个，我们学院（初阳）文科班的同学，然后她都不知道他在讲什么，理科班的同学就更不能理解他在讲什么了。（我：班级经营）对班级经营，我就不知道他在讲什么了。

我：嗯，这样子，然后，嗯……

小许：就思考性的问题是吧？

我：没有没有，那个是我临场发挥的。（笑）

我：然后，嗯就是说刚刚也有说过就平时作业是独立完成型就是自己完成作业这种形式多还是小组的？

小许：小组的。

我：小组多？投入的时间也比较多？

小许：嗯，是的。对，自己做还快了呢，

我：对哦，是这样子的，那你觉得这两种作业形式，有什么看法吗？就是小组合作学习和自己独立学习。

小许：自己那种书面作业还是思考型的？

我：都可以。

小许：嗯，怎么看还是？

我：就是怎么看？觉得或者说你更喜欢什么啊或者是你更适合或者是它有什么好处啊之类的。

小许：嗯，我觉得小组，肯定是有好处的啊，就集思广益嘛，就自己一个人做的时候，会有一些思想就比较狭隘嘛,看地比较"宅"。(我:嗯)我又属于比较固执的人,(我:没看出来～)看出来还是没看出来?(我:有一点点)就是有点固执的嘛,然后,怎么说呢,我觉得我比较适合一个人做。对,是的。就主要是怕麻烦,(我:恩恩)就很多人一起弄的话,虽然说有时候可以互相帮助,互相依赖,但是就有时候也很难调节。就是大家各有各的想法的时候很难调节。

我:就是碰撞啊。

小许:有时候碰撞可能会擦出火花,有时候可能头破血流。

我:有一颗强大的内心,感觉。

我:然后,如果就是说你作为主要的改革人,继续改革,不是现在改成不超过50%,如果继续改革你会怎么制定?就随便改,想怎么改怎么改,你会怎么改?

小许:每门课由老师和学生商量,就是期末考试和平时成绩的比例。

我:那没有一个具体的标准吗?

小许:不是说想怎么改就怎么改嘛!(笑)

我:啊啊,就是就是说,不管啦每门课老师和同学商量……

小许:如果一定要有个标准的话,就是可以专业课达到多少多少范围内,教师教育课程类的达到多少范围内,通识二是多少多少范围内。就是分科目的那种,分课程类型,然后就有个范围但具体是多少是老师和同学们商量。那我觉的基本上也是老师会自己定的。

我:那……你分了这三类,你是怎么去衡量的?

小许:怎么去衡量?

我:就为什么分这三类?或者就是这三类上要有什么不同吗?

小许:哦,就通识二基本上,虽然说专业课是必选的,教师教育课程和通识二都是可以自己选的,而且教师教育课程基本上属于那种对师范生来说是小半门专业课。然后就是感觉类型是不一样的。通识二主要是兴趣类的那种,专业课是那种自己的专业,就侧重点而且那种考试的那种重要性也是不一样的,在学生心目中的重要性也是不一样的。

我:那在你心目中这三类是怎么样的?

小许:重要性?

我:对!就期末考试的比例。

小许:如果要自己制定的话。

我:对!就你不是刚刚自己划了这三类,继续给它具体。

小许:其实我觉得话专业课大概占80%,这样,然后这也不一定,比如说他们数学,有些课会平时考试的。我觉得平时作业也可以算作80%里的。

我:嗯,就以你们专业的。

小许:我们专业?

我:嗯

小许:80%可能也很难说,那我们专业有些课让老师硬找20%平时作业也找不出来,其实。

我:那就是比例的一种增大增大。

小许：对。

我：那第二类。

小许：额，第二类的话是那个教师教育类的，平时 40％？不对，教师教育类的话平时 50％～60％。

我：50％～60％？就是平时作业？

小许：嗯。我觉得教师教育课程到期末很难考核，如果考那些理论的话对这门课一点用都没有，除了考教师资格证来说。

我：就是它实践性比较强。

小许：对，教师教育本来就是不过也有理论性的教师教育类的和实践性的教师教育类的。像教育学这类的算教师教育类的课程么？呵呵！

我：算吧。

小许：那些的话，平时也没有算专业课一样的。就主要是考试，平时它也不会点名的。而且都是大班的么，平时也不会有作业，就最后考试一种考核制度。

我：那剩下一些公共课程。

小许：对，通识课程，我想想看我上过的通识。

我：通识？那我想问问你毛概、马原什么的你划分在哪一类的呢？

小许：嗯，专业课。因为它只能跟那种类型相似。所以说专业课和教师教育类的课程划分是比较粗的。（我：恩恩）就只是一个类型的课。像专业课不是说就专业课或者说不是专业课就不算在内了，就是专业课那就是指平时考核的类型比较少，没有什么作业也不点名，也没有什么合作学习，就其他的呈现形式，一般那种课就算有平时成绩，老师也会打满分的。

我：那，就是我想问，你们实验室最后也是要考试的吧？

小许：我们到现在为止，算我们专业的实验，上学期只有一门是有考试的，这学期好像也只有一门考试的。

我：那它不考试，那它考核是？

小许：就是看你平时操作的呀，然后平时的话你要交实验报告的呀，实验报告是有分数的。

然后还有，如果老师知道你的名字的话，就看你平时的操作标不标准，就一些细节方面有没有到位，还有速度啊质量。就我们这学期有，上学期老师是只看实验报告的。有一门动植物标本，他是植物学实验，就是认识校园植物，（我：找叶子）对对，它是算分的，然后实验报告也占一定的比例。然后，那个这学期是有有机化学，两人一组两个人一组，他会记录你们哪组最快，然后质量多少，那种。这样子

我：嗯，好。最后一个问题，额对，刚刚没有问完。嗯你实验的课程在这个考核方式改革之前就将实验报告作为平时成绩的对吗？

小许：嗯，对的，

我：然后这学期因为这个考核，他可能更注重你平时的实验操作的细节吗？

小许：嗯，因为这个我觉得其实，说实话我觉得这个对我们理科影响不是特别大。

我：就是有没有这个考核，他好像平时也都这样？

小许:对的,而且就我知道的我们学院有个老师,他是不管这个比例,还是自顾自的那种,他该怎么考就怎么考的。其实我真的觉得就,老师就是可能有些老师呈现给最后拿出来给领导的结果是一个结果,他自己考核是一个标准,是按自己的标准来的,它的影响不是特别大。

我:那总体来看,这个改革不是很影响你的那个现在的生活。

小许:对。不管是对我们的成绩还是跟平时和期末的态度都没有特别大的影响。

我:好的。最后一个问题,如果你既没有平时成绩的考核,也没有期末考试的考核,没有了学业压力,你会怎么对待学习? 那对你们初阳的同学来说,我觉得没有什么差别。(嘿嘿)

小许:也不是啦,要看就像有些自己选的课时你自己想去上的,然后有些课比如说班级经营这门课,就可能会不太认真听了。看兴趣啦,而且看老师的人格魅力。

我:主要是看兴趣啦,而且看老师的人格魅力。好的,谢谢你啦!

小许:没有关系的。

第7章 观　　察

观察是质的研究"三大法宝"中与访谈同等重要的、研究者用来获取原始资料的手段之一。对于质的研究者来说，观察的宝贵之处在于能够帮助其获得自然的、非人为的、第一手资料。人们在日常生活中也经常"观察"自己身边的事物，但大多都是缺乏明确目的、不系统的一种"看"。而研究者需要通过进行系统、科学、严谨的观察，有目的、有兴趣点、有记录的观察才能获得服务于研究根本目的的原始资料。接下来本章将从8个方面呈现作为研究手段的"观察"。

7.1　观察的作用

就质的研究来说，观察的作用具体可以划分为以下5个方面：

（1）可以看到研究对象的行为或事件的发生、发展和变化过程。这个作用可以说是观察区别于访谈及实物分析的最重要的特征。研究者不需要通过研究对象的话语或相关的材料获得资料，而是通过自己的眼睛、耳朵等感官获得真正的第一手的、非人为的资料。

（2）可以辅助其他研究方法。从观察中获得的原始资料经常与从访谈和实物分析中所获取的信息相互印证、比对，尽力减少遗漏、失真的地方，构成为研究者论点服务的更为完整的证据链。例如，接受访谈的教师可以描述自己的课堂是如何以学生为中心的，但只有研究者真正进入其所教的课堂上进行长时间跟踪观察时，才能断定其是彻底的生本课堂，还是部分的、片段的，甚至根本不是。而且，研究者在访谈的过程中也常常穿插对访谈对象表情、身处环境的观察，借此更准确地理解其所谈所指。

（3）对当地的文化有比较直接的感性认识。研究对象身处的文化背景深刻地影响着研究者的理解和解释。例如，对教师直呼其名和穿着拖鞋进教室，在美国研究生的小班课堂上被视为亲切、放松的表现，而在中国的同样类型的课堂上恐怕就要被视为冒犯、懒散的表现了。研究者必须深入研究现场进行观察，才能真正体味到文化的巨大差异和其中被允许或被否定的方面。研究者只有将所研究的个案放到当时当地的社会文化情景之中，才能对事件的发生过程以及社会成员之间的行为互动关系获得较为直接和全面的了解。

（4）可以从日常生活中发掘人们的实践理性，提出新的观点。观察的一大重要作用是从人们日常生活、工作中司空见惯的寻常事中挖掘出不寻常的、可以服务于他人、上升到理论的宝贵财富。日复一日的常规工作是研究对象生成真知灼见、积累智慧、积极创新的土壤，同时也往往遮蔽了其光芒。作为研究者应该怀着开发矿产资源、挖宝淘金一般的理念去观察和发掘。

（5）可以对不能或不需要进行语言交流的研究对象进行研究。尤其是当教育研究者需要研究幼儿园中的幼儿、低年级学生等语言能力没有完全发展的未成年人的时候,访谈只能部分或完全无法发挥其应有作用时,观察应成为获取资料的首要手段。当研究涉及一些敏感的问题,有时研究对象拒绝与研究者进行言语交流,如学生拒绝谈论自己在同伴中被排斥的处境等,观察就自动成为获取资料的重要,甚至唯一手段。

7.2　观察的类型

质的研究中的观察可以根据不同的角度分为以下 6 种类型。而在实际操作之前确定自己的观察属于哪几种类型,可以帮助研究者更有针对性地、高效地进行观察。

(1)按照观察者在观察之前的准备来划分,可以分为结构型观察与非结构型观察。结构型观察中,观察者提前已经根据研究的问题做好了充分的准备,对于时间、地点、观察的重点等有清晰的计划。而非结构型观察中,观察者除了一个大致的研究主题,没有明确的计划。在前行探索时或已经多次进行过结构型观察之后,可以考虑采取非结构型观察的方式。

(2)按照研究对象视角中观察者的身份来划分,可以分为公开型观察和隐蔽型观察。如果观察者提前告知了教师和学生,那么去听课就是公开型观察;如果观察者没有提前告知,直接与众多家长坐在一起参加家长会的话属于隐蔽型观察。此两种类型各有利弊,具体采用哪种类型需要观察者自己把握哪种情况下研究对象应当知道自己身份,以及研究者身份对于获取自然不做作的观察结果的影响。

(3)按照观察者与观察现场的关系来划分,观察可以分为直接型观察和间接型观察。如果观察者亲自出现在课堂上、活动现场进行观察是为直接型观察;而如果由于各种原因阻碍,观察者只能通过监控、录像来观察是为间接型观察。如果没有特殊原因,教育学的观察者最好采取直接型观察,能够更好地收集到现场的气氛、环境的舒适程度等必须亲身体验的因素。

(4)按照观察者与观察对象的互动情况来划分,可以分为参与型观察和非参与型观察。例如,研究者要对小学课堂进行观察,可以作为班级的客人来参与到课堂活动中与教师和学生进行互动,同时进行资料收集工作,是为参与型观察;也可以只是坐在教室的一角安静地看和听,是为非参与型观察。此两种类型各有优劣,研究者可以自行把握,也可以在多次观察中交叉混合使用。

(5)按照观察与研究者采取的其他手段之间的关系来划分,可以分为探索型观察和验证型观察。探索型观察是指研究者没有进行过访谈或实物分析,首先使用观察的手段收集一些资料,为了减少他人干扰获得更好的直观感受。而验证型观察指的是研究者已经做过了访谈或实物分析,但是想要通过观察收集资料进一步验证前期发现。如研究者先跟某教师交谈过,了解其教学的理念,随后去听课验证其说法并更加透彻地理解其教学风格。

(6)按照观察持续的时间和时机来划分,可以分为长期观察、短期观察、定期观察和随机观察。研究者要根据自身的时间、精力、研究的时间表等因素来决定进行哪种观察。但是从保证原始资料的质量的角度上来说,尽量进行长期观察、定期观察。如果想要研究一位教师的课堂,听一个学期的课要比听几次公开课要好;如果想要研究某大学的学生体育锻炼的情况,定期(如早上、体育课上)去各种体育场地观察要比随机去观察(可能会遇到天气不好、学生临时参加其他活动的情况)更好。

7.3　观察的内容

　　观察的内容,或称观察的兴趣点,即指研究者进入现场之后准备要收集的材料,通俗地说就是观察者打算"看什么"。当研究者真正进入现场时,或在前行探索的时候初探时就会发现,潜在的、可以被观察到的内容实在是太多,而观察者真正能够看到的、能够记下的东西是十分有限的。这种"太多"与"有限"直接的矛盾决定了研究者必须在观察之前认真计划。观察者要始终牢记自己每一次观察行动的目的,而这种目的通常是由研究主题、研究问题、研究者自身的理论框架所决定的。同样是研究一堂课,有的研究者会观察教师的行为,有的只关注学生的反应,还有的则只盯紧特定的课堂活动是如何进行的。因此,研究者在观察之前最好对照自己的研究主题等已有资料,提前列出所有的兴趣点。下面是一个可能的观察兴趣点的清单,大家可以根据自己的研究主题进行相应的改编。

❖关于环境

❑ 活动、事件等所在整体环境是什么样子? (如:课堂在怎样的一个教室里进行的?)

❑ 所在场所的大环境是怎样的? (如:所观察的课堂发生在怎样的一个学校里面?)

❑ 所在的环境本来是用作什么目的的,为什么? (如:教室设计容纳100人,但课堂上只有师生20人,为什么?)

❑ 环境中的设施、装饰是什么样子的? (如:教室里是明亮还是暗淡? 有无多媒体设施? 墙上有什么内容的装饰?)

❖关于观察对象

❑ 现场有多少人? 他们的角色分别是什么? (如:这是一个家长会的现场,里面有多少教师? 有多少父母、多少祖父母?)

❑ 他们为什么出现在这里? (如:他们是接到开会通知来的吗?)

❑ 谁是本应在此? 谁是意外访客? 谁缺席? (如:本班有多少名学生? 对应的家长人数是多、是少? 除了班主任,还有其他学校方面的人出现吗?)

❑ 他们所表现出来的特点都有哪些? (如:出席家长会的人,从外表上来看属于哪个年龄阶段的? 出身哪种家庭?)

❖关于活动、互动

❑ 现场发生了什么? 活动的顺序是怎样的? (如:这是一堂音乐课,课堂由几部分构成? 先后发生了什么?)

❑ 人与人之间是如何组织、互动的? (如:学生按照小组来参加活动吗? 老师是怎样安排学生进行先后练习、演唱的?)

❑ 关于活动、互动的规则应该是怎样的? 实际上的规则执行情况如何? (如:在老师讲课的时候学生保持安静了吗? 在小组活动时学生的活跃程度如何?)

❑ 什么时候开始? 什么时候结束? 持续了多长时间? 是常规事件还是突发事件? (如:上课、下课的时间是什么时候? 有没有拖堂? 音乐课是每周都上吗?)

❖关于谈话

❑ 谈话发生的背景是什么? (如:研究者打算观察课间休息时学生就刚刚发生过课堂活动的评论。谈话发生在教室里、走廊里,还是操场上?)

❑ 谁先跟谁说话? 谁是听众? (如:谁发起的谈话? 老师有没有在声音所及范围之内?)

❑ 谈话的内容是什么? (如:学生都说了什么?)

❑ 谈话之外的表情、动作都有哪些? (如:学生说话的时候面部表情是什么? 有没有配合其他肢体动作?)

续表

❖关于不明显因素
❑ 非正式事件,突发事件
❑ 非语言的交流,肢体动作
❑ 人的衣着打扮
❑ 应该发生但最终没有发生的事情

❖关于研究者自身
❑ 研究者是怎样进入现场的?
❑ 研究者具体在现场的哪一个方位?
❑ 研究者与研究对象的关系是什么?
❑ 研究者在现场说了什么? 做了什么? 影响有哪些?

7.4　观察的聚焦

　　这里所说的"观察的聚焦"指的是研究者在进行观察过程中,将目光、注意力会聚到一点的过程。研究者在观察中进行聚焦非常类似于摄像师对场景进行摄像。研究者可以设想一个摄像师录制电视节目的场景,通过思考站在摄像师的角度上如何取景来理解观察的聚焦。
　　聚焦的视野可以分为开放和集中两种。如在一间教室里观察课堂,研究者观察教室整体的情况时使用的就是开放的视野;而当研究者将注意力放到教师或某学生的身上时使用的就是集中的视野。在一次观察中,研究者最好时常变换采用两种视野,以期在不同层面上收集全面的信息。聚焦的顺序一般有主次、方位、动静、追踪四种不同的种类。还是以一次课堂观察为例,研究者可以按照先教师再学生的主次顺序,也可以按照从左到右、从前到后的方位顺序,也可以先聚焦活跃的学生再关注安静的学生,也可以一直聚焦于某一学生追踪其参加课堂活动全程的顺序。另外,研究者在聚焦时最好打开自己所有的感觉器官(听觉、嗅觉、触觉)辅助观察,争取收集到更加完整、全面的原始材料来服务于整个研究。

7.5　观察的记录

　　研究者在观察时应当按照一定的格式做好完整的研究记录,包括:观察的时间、地点(最好用简单的话对地点进行描述)、观察者的身份、观察的目的、观察的兴趣点、用简单线条勾勒的现场简图,以及按照时间顺序记录的记录表。以下是观察记录的样表(表 7.1)。

表 7.1　观察记录表

时间:_____
地点:_____
观察者的身份:_____
观察的目的:_____
观察的兴趣点:_____
现场简图:

续表

时间	观察到的事件	观察者的解释和疑问

每一份观察记录应单独装订，与其他观察记录集中放在一起留待下一步分析原始资料所用。

研究者还应该注意观察记录的语言。一方面要注意使用具体的语言，不要使用抽象的、概括性的语言，慎重使用形容词。例如，记录一个场所"拥挤"是不够的，因为不同的人对"拥挤"的理解大相径庭，有人认为座位坐满、多一个人就是拥挤，有人认为如果只是多加一些座位也不能算是拥挤。最好确切地说"在一间有 100 个座位的会场里挤满了近 150 名家长"。另一方面要注意使用通俗易懂、具体细致的学术语言，忌用晦涩难懂的、夸张的语言或网络语言、各种恶搞的文体等。

7.6　观察的反思

在观察结束之后、正式开始分析原始资料之前，研究者最好趁记忆新鲜的时候尽快对所观察到的事物进行反思。观察者在记录时无论是写字还是打字，速度都是有限的，有很多看到的事情、随之产生的疑问和想法来不及全部记录下来。一些宝贵的思路一纵即逝，对于研究工作来说十分可惜。所以，研究者应尽快在观察记录表的最左边一栏记录自己对观察的反思。反思工作一般应按照观察记录的顺序进行，研究者一边阅读记录一边回想曾经发生了什么，有什么细节来不及记录，还有什么遗漏的地方，以及为什么会发生或不会发生某件事情，并提出自己的解释与疑问等。

7.7　观察的准备

与访谈工作一样，研究者必须做好充分的准备才能进行好观察工作。在进入研究现场之前，研究者需要提前主动与现场负责人（如授课教师、会议的主持人、学校的校长等）取得联系，确定时间和地点，防止出现迟到或扑空的情况。但如果因为研究需要，必须进行隐蔽观察则另当别论。在物质准备方面，研究者要准备一份备忘录，其中包含研究的主题、提前拟好的观察的兴趣点等随时可以取用的信息；另外还要准备充足的活页观察记录表和笔。

如果事前取得了研究对象的同意,而且研究者认为有必要进行拍照或录像时,还要准备好相机、录像机等工具。

7.8　观察的人员

同访谈的人员一样,合格的观察人员需要经过学习、培训和大量的实践锻炼。而且,在大型的课题中,负责人要注意培养及合理分配观察人员的具体工作。

教学模块 .·*·*·

(1)简介本次课程内容,强调观察与访谈都是质的研究的重要手段(图7.1)。

(2)讲解观察的作用(图7.2)。

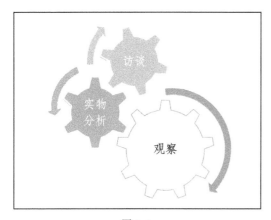

图 7.1　　　　　　　　　　　　　　　　　　　图 7.2

(3)结合实例说明观察的不同类型(图7.3)。

(4)用3分钟完成任务1并进行提问、点评(图7.4)。

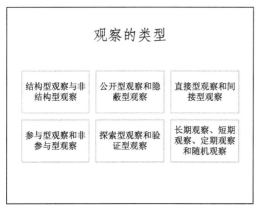

图 7.3　　　　　　　　　　　　　　　　　　　图 7.4

(5)讲解观察的内容(图7.5~图7.7)。

观察的内容

关于环境
活动、事件等所在整体环境是什么样子的？
所在场所的大环境是怎样的？
所在的环境本来是用作什么目的，为什么？
环境中的设施、装饰是什么样子的？

关于观察对象
现场有多少人？他们的角色分别是什么？
他们为什么会出现在这里？
谁是本应在此？谁是意外访客？谁缺席？
他们所表现出来的特点都有哪些？

图 7.5

观察的内容

关于活动、互动
现场发生了什么？活动的顺序是怎样的？
人与人之间是如何组织、互动的？
关于活动、互动的规则应该是怎样的？实际上的规则执行情况如何？
什么时候开始？什么时候结束？持续了多长时间？是常规事件还是突发事件？

关于谈话
谈话发生的背景是什么？
谁先跟谁说话？谁是听众？
谈话的内容是什么？
谈话之外的表情、动作都有哪些？

图 7.6

(6)用 5 分钟完成任务 2，并提问、点评(图 7.8)。

观察的内容

关于不明显因素
非正式事件，突发事件
非语言的交流，肢体动作
人的衣着打扮
应该发生但最终没有发生的事情

关于研究者自身
研究者怎样进入现场的？
研究者具体在现场的哪一个方位？
研究者与研究对象的关系是什么？
研究者在现场说了什么？做了什么？影响有哪些？

图 7.7

任务 2

· 结合自己的小组问题，讨论并列出观察的内容。

图 7.8

(7)讲解观察的聚焦(图 7.9)。

(8)讲解观察的记录(图 7.10)。

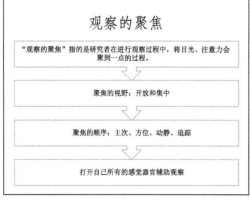

观察的聚焦

"观察的聚焦"指的是研究者在进行观察过程中，将目光、注意力会聚到一点的过程。

聚焦的视野：开放和集中

聚焦的顺序：主次、方位、动静、追踪

打开自己所有的感觉器官辅助观察

图 7.9

观察的记录

时间：
地点：
观察者的身份：
观察的目的：
观察的关注点：

现场简图

时间	观察到的事件	观察者的解释和疑问

· 使用具体的语言，不要使用抽象的、概括性的语言，慎重使用形容词
· 使用通俗易懂、具体细致的学术语言，忌用晦涩难懂的、夸张的语言或网络语言、各种恶搞的文体等

图 7.10

(9)讲解观察的反思(图 7.11)。

(10)讲解观察的准备(图 7.12)。

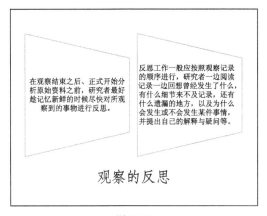

图 7.11　　　　　　　　　　　　　图 7.12

(11)讲解有关观察人员的注意事项(图 7.13)。

(12)用 8～10 分钟完成任务 3 的组内、组间活动(图 7.14)。

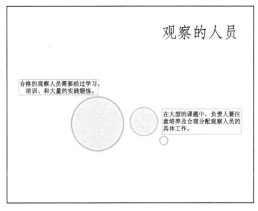

图 7.13　　　　　　　　　　　　　图 7.14

实践模块

例　迟晓娜、曹苗冉、韩思竹、刘启贤同学组成的研究小组围绕着"大学生拖延"的研究主题进行了一系列的观察,其中包括寝室生活和课堂。以下是她们的观察记录。

第一部分

一、时间:2014 年 4 月 2 日晚 20:06～23:00

二、地点:寝室

三、观察者:迟晓娜

四、观察目的:观察一个同学的拖延行为,探索产生拖延的可能原因。

五、观察兴趣点

(一)桌子上摆放物体的整齐程度

1.在书架上有贴着需要完成作业的便利贴。

2．桌面摆放的物体还算整齐，一直在收拾整理衣服。

3．电脑桌面上写着"再不瘦就老了"。

（二）手机、电脑的使用情况

观察的全程只用过电脑没有用过手机。

（三）什么时间在做什么？一件事情做多久？

具体见观察记录表。

（四）行为表情变化

一晚上都处于兴奋的状态，唱歌非常 high，在关灯后说了一句"好烦哦"，然后情绪不再高涨。

（五）与周围人的对话

具体见观察记录表。

六、观察简图

阳台				
衣柜	观察对象	过道	同学 1 同学 2	衣柜
电脑				电脑
电脑	观察者		无人	电脑
衣柜				衣柜

观察寝室描述：

×××寝室是一个四人住寝室，每个人的位置都有一个书桌和衣柜，上面是每个人的木板床。寝室里有阳台和卫生间，由于观察对象主要在自己的位置和阳台活动，所以没有画出卫生间在寝室的位置。

原本观察者所在的位置和图示"无人"的位置，是寝室里其他两位同学的位置，一位晚上外出不在，一位已经搬出去住。观察者选择了一个离观察对象最近，可以随时掌握观察对象活动信息的位置坐下，并带来自己的电脑一边做作业一边观察。由于观察者和观察对象比较熟悉，所以基本不会影响到观察对象的正常活动和反应。其中观察过程中，同学 2 出现与同学 1 一起看电影，对观察对象基本上没有影响。另外，观察者在被观察时间内出过寝室两次，时间较短故不在此标注，下面内容会分析到。

七、观察记录表

时间	观察到的事件	观察者的解释和疑问
20:06	观察者来的时候，观察对象正从阳台回到寝室里，看到同学 1 在玩 ipad 游戏于是被吸引过来，自己也玩起来了	同学 1 的游戏对观察对象来说似乎是有些诱惑的，引起了观察对象的兴趣。于是先把自己要做的事情放一边，坐下来玩游戏，但并没有玩很久。（由于观察者出去了一会儿，没有看到观察对象怎样从玩游戏状态切换到聊 QQ 状态）

续表

时间	观察到的事件	观察者的解释和疑问
20:08	聊 QQ	我观察到电脑桌面上只有一个 QQ 聊天框,其他网页都没有打开。估计观察对象晚上没有打算做其他作业,单单是想和男朋友聊一下天(可能在讨论明天出发去见他的事情)
20:13	在叠衣服,并且把他们放到一个旅行包里,一边收拾衣服,一边兴奋地高歌	观察对象比较喜欢唱歌,一边收拾衣服,一边和我们交谈,一边兴奋地高歌,这心情是有多好呀
20:17	聊 QQ	貌似是男朋友又发来消息了,脸上浮现出小小的甜蜜表情。然后聊了 13 分钟,果然与男朋友的聊天对于观察对象是最重要的事情,此时其他要做的事情都放下了,比较专注呢
20:30	收拾衣服	又接着收拾衣服,观察对象对这次出行要穿的衣服很看重,是不是很在意自己在男朋友心目中的形象呢?(恋爱中的女生……)
20:35	这时候聊天框变成了几个,不单单是和男朋友聊还去班级群里逛了下,然后看到一位同学动态图(一只猫咪想要从一幢楼跳到另一幢楼,结果错估了两幢楼之间的距离,在空中展开四肢,看要掉下去的样子),感慨了好几次这个猫咪太惨了。后面不知道看到什么对话,笑、再笑、大笑	感慨猫咪太惨了,说明观察对象共情能力比较高,可以想象到猫咪掉下去会很痛,比较有同情心。可是后面显然被聊天内容吸引到了,然后笑、再笑、大笑。QQ 就是有这样的"魅力",只要打开了,即使原本想和一个人聊,慢慢的其他聊天框跳出来,就会变成好几个人聊啦,特别是群里总有人说一些比较搞笑的话,让你的聊天时间越来越长。难道拖延是这么出来的吗
20:43	收拾衣服、试衣服	显然 QQ 并没有让我们的观察对象停留很久,明天就要出发了,收拾衣服的事情还是最紧急的事情。然后继续收拾衣服、反复的试衣服和照镜子,爱美之心人皆有之。想必观察对象正在为明天的到来而激动着吧,真的很重视呢。(不过试衣服也太频繁了点,一晚上除了聊天之外全部都花在整理衣服试衣服上了)
20:50	去隔壁寝室照镜子	
20:52	一边唱歌一边收拾衣服	
20:53	去隔壁寝室试衣服、照镜子	
20:55	收拾衣服	
21:00	帮我找资料,在电脑里没有找到,然后去群共享里面下载,总之是很认真的在帮忙	看到观察对象在聊 QQ,我顺便拜托她帮忙找一些资料,她很痛快地帮我找了。帮了我很大的忙(这段不小心参与进去了,就当做是参与性观察吧)。当然我也有个疑问产生了(不是针对该观察对象的),对于"好好先生",朋友请求帮忙得多,不好意思拒绝会不会也是造成拖延的一个原因呢
21:05	拿出一件很漂亮的小裙子,打算改成短一点的衣服(我帮了下忙),观察对象戴上耳机,说"我听不到你们说话了",然后一边听歌一边唱,非常亢奋。之后一直修改衣服	显然改衣服是今晚的重头戏,观察对象非常认真专注地缝衣服(既会做饭又会修衣服),戴上耳机似乎是把自己与外界隔绝了,大概传达的意思是:现在不想分心,我需要认真地修衣服。然后真的是很认真地修了一个多小时,很有耐心
22:20	出去照镜子	大概修好了,粗粗地看下还有没有地方需要修改
22:26	感慨今天晚上不能做操了,继续整理衣服、唱歌,偶尔聊 QQ	似乎觉得衣服还有哪个地方不满意,继续回来修改。那句感慨的话,大概是原计划晚上做操的,现在还需要继续修理衣服,为原计划打破稍有点不舒服吧。 但是这并没有影响她的兴奋心情,接着边唱歌边缝衣服,偶尔聊 QQ

续表

时间	观察到的事件	观察者的解释和疑问
22:55	试衣服,让我们帮忙看有没有问题	因为衣服后面还没修好,继续回来修改
23:00	断电,边整理衣服边感慨好烦哦! 直到我离开的时候(大概23:30)依然在修理衣服	断电了,四周都是黑的。观察对象前面非常兴奋的心情似乎慢慢退去,观察者的估计是整理衣服似乎超过了她预期的时间,改了好几遍还没有好,感觉到烦躁了,另外从一开始就有贴面膜的计划,也还没有做,估计今晚又得晚睡了…… 据以往经验,观察对象是经常熬夜的,也经常会在半夜起来完成作业
观察完之后对观察对象的一段访谈	下午做了什么? 下午照镜子、买鞋子、试鞋子、做饭、打扫卫生、洗衣服。 (插播一句同学1的话:说好的写作业呢?) 本来打算晚上做什么的? 本来到21:00差不多就该贴面膜了(可是一直在整理衣服没做)	一晚上观察下来包括我平时对观察对象的了解,观察对象似乎一直在做事情,一直在忙碌着,然而原定的作业或学习计划往往会因为前面都在做这些次要事情而延后,直到最后一刻。猜测是前面做次要时间被拉长了(这次的观察似乎是因为聊天和没有紧迫感的悠闲的整理衣服和试衣服),而留给原计划的任务时间就被缩短了 当然也可能由于观察对象非常兴奋的心情(情绪唤起水平较高),平时高兴的时候会高歌,这也可能是影响到了计划的执行
观察完之后对同学1的一个小调查	同学1:她这几天要去见男朋友,一个星期以来都这么兴奋。 昨天晚上,同学1问观察对象明天下午有事情吗,观察对象说做作业。(结果一下午和晚上都在各种整理仪表仪容中,处于非常兴奋的状态。) 观察期间,同学1多次提到"说好的作业呢?",观察对象一直否认"我有说过写作业吗?" 其间同学1有让观察对象不要唱歌了,声音太大。 据同学1透露,观察对象下午一直在整理自己的仪容。 同学1的玩笑话"她这几天狂躁犯了",你不该这时候来观察的	同学1是个非常配合的小伙伴,通过和她的对话真相了。原来观察对象计划下午做作业,然而一直在做与作业无关的事情。 关于"狂躁"的说法是开玩笑的,不过虽然这个词有点夸张,但是一定程度上说明了观察对象的情绪唤起水平比较高,这让她一个星期以来都是处于比较兴奋的状态,这种情况下应该很难安下心来学习吧? 所以这里观察者有一个疑问:情绪波动较大的人是否更容易拖延呢

第二部分

一、时间:2014 年 4 月 3 日 15:06~23:00

二、地点:寝室

三、观察者:曹苗冉

四、观察目的:观察一个同学的拖延行为,探索产生拖延的可能原因。

五、观察兴趣点

(一)桌子上摆放物体的整齐程度

1.桌面摆放整齐,整理的很干净,东西摆放的很有条理。

2.书桌分为两部分,一部分放满了书,但很整齐,另一部分放着电脑。

3.电脑桌面有"要么瘦,要么死"的字样。

（二）手机、电脑的使用情况

观察过程中既用手机也用电脑,使用率相当。

（三）什么时间在做什么？ 一件事情做多久？

具体见观察记录表。

（四）行为表情变化

被观察者前期情绪平淡,后期由于手机的原因有些烦躁。

（五）与周围人的对话:具体见观察记录表。

六、观察简图

阳台				
衣柜	观察对象		无人	衣柜
电脑		过道		电脑
电脑	观察者		无人	电脑
衣柜				衣柜

　　观察寝室描述:×××寝室是一个四人住寝室,每个人的位置都有一个书桌和衣柜,上面是每个人的木板床。寝室里有阳台和卫生间,由于观察对象主要在自己的位置和阳台活动,所以没有画出卫生间在寝室的位置。

　　由于观察者和观察对象是一个寝室的,所以观察起来比较方便。由于观察时间以及寝室同学活动习惯的原因(另外两名室友由于上课、晚上锻炼,以及和朋友吃夜宵的原因,一般回来较晚,不在观察时间内),观察过程中只有观察者和观察对象两人。

七、观察记录表

时间	观察到的事件	观察者的解释和疑问
15:00~ 15:07	观察对象午休后起床,进行梳理	观察对象有午睡的习惯,无论发生什么中午都要睡觉,不过时间不会很久。不过观察对象今天似乎睡得比以前要久一点。原因未知
15:10~ 16:30	电脑(换桌面,逛淘宝,看有趣的视频、看新闻轶事、听歌贯穿始终)	观察对象梳理好之后就打开了电脑,最先干的事情就是换桌面(观察对象的桌面每天都要换,她给出的原因是不换难受,可以换心情);观察对象换完桌面就开始逛淘宝,但不知道观察对象的目的是什么;观察对象在看新闻轶事的时候,把自己惊讶以及看到后觉得有趣的地方,推荐给观察者,邀请观察者一起观看。观察对象的这段时间都在电脑旁边,耳朵里始终带着耳机
16:30~ 16:50	打电话	朋友给观察对象打了电话,观察对象坐在书桌边给朋友讲电话,声音轻柔,由于涉及隐私,所以观察者插上了耳机,没有听到电话内容
16:50~ 17:05	在寝室里晃悠	观察对象打完电话后就在寝室里到处转悠,还时不时过来看一下观察者在干什么,并会跟观察者聊一下观察者正在干的事情

续表

时间	观察到的事件	观察者的解释和疑问
17:05~ 17:08	出了寝室	观察者出了寝室,按照以往的经验,由于观察对象的饭点到了,所以观察对象去了隔壁寝室,找一起吃饭的同伴去了
17:08~ 17:26	回到寝室,桌面上放着英文文献	从隔壁寝室回来后,就开始进入学习状态了,在电脑上查阅阅读文献中遇到的不懂的词语。在这个过程中观察对象一直都很认真
17:27~ 17:33	换鞋、上厕所、转悠、拿钱包、走人	观察对象要去吃晚饭了,在等同伴的空隙里来观察者身边转悠,询问晚上是否在寝室,同伴来后就走了
17:33~ 20:10	外出	观察对象外出吃饭的时间。这是观察对象每天都会有的一段时间,外出时间较久,除了吃饭应该还做了别的事情吧
20:10~ 20:50	回寝室,捣鼓手机	回到寝室后,和观察者打了招呼就坐下捣鼓手机了。(后经询问得知,手机出现了意外)
20:50~ 21:27	外出	观察对象出去修手机了。(询问得知)
21:27~ 23:00	用电脑,捣鼓手机,看文献(同时进)	这段时间,观察对象似乎由于手机的原因有些烦躁,一边看文献一边捣鼓手机,心不在焉
23:00	断电,依旧是上述行为	断电了,观察对象开了台灯。比较淡定的进行上述行为。 据以往经验,观察对象是经常熬夜的,一般都是寝室里最晚上床的

第三部分

一、时间:2014.04.01

二、地点:105 教室

三、观察者:韩思竹

四、观察目的:了解被观察者上课的认真程度及其行为表现。

五、观察兴趣点:被观察者上课时在做什么?特别是手机的使用情况、表情的变化等。

六、现场简图

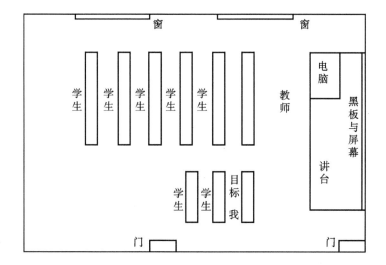

环境描述:教室主要由灰色的课桌椅,透明的玻璃门、窗,以及讲台组成。教室的一边是讲台,高出地面约 20 厘米。讲台的前侧装有台式电脑,墙上有一块绿色的长黑板。屏幕装在靠近前门的黑板上,可以升降,但降下来的时候会挡住半个黑板。学生主要分两拨而坐,仅有少部分学生坐在靠近门的一侧,因为这边的座位较少。每人一张桌子,桌椅移动较为方便,但坐起来不是很舒服。

七、观察记录表

时间	观察到的事件	观察者的解释和疑问
8:06	手里拿着纸张,做出各种形状把它立在桌上,嘴里还说着自己已经想到的方法	这是老师正式上课前的暖身游戏,要求大家想出至少 5 种方法将白纸立在桌上。被观察者貌似很认真地在想更多的方法,感觉很投入
8:22	老师在讲课,被观察者在位置上翻与该课程有关的书籍,时不时地会抬头听一下,看一看 PPT	老师讲得有点无聊了,比较容易走神。偶尔的重音还是能引起大家的注意的。翻书是因为被观察者在准备第二天要说课和模拟上课的内容
8:27	被观察者趴在桌上,下巴靠在书上,右手的手指在手机的表面来回划着	不会是想玩手机了吧,还是真的觉得无聊了呢
8:32	被观察者很认真地看着手机里的图片和文字,但时不时也会抬头看一下。这样的情况持续了二十几分钟	被观察者似乎知道老师不会来管学生,所以是很"明目张胆"地在玩着手机。果然微博的图片更吸引她一点

第四部分

一、时间:2014.04.02

二、地点:女生公寓某寝室

三、观察者:韩思竹

四、观察目的:了解被观察者在寝室中的时间安排情况以及拖延的严重程度。

五、观察兴趣点:被观察者在寝室做哪些事?分别做了多久?特别是电脑的使用情况,桌面的整洁情况,表情的变化,与周围人的对话等。

六、现场简图

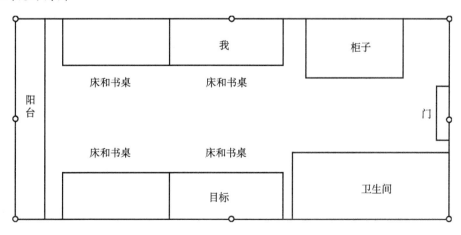

环境描述:寝室主要由 4 张木质书桌、柜子、门、卫生间以及阳台组成。每人的书桌旁各

有一个专用衣柜,分两层;书桌顶部是床,通过梯子可以爬上去,相邻的两张床共用一条铁质梯子。共用柜子分6格,主要塞一些大箱子。在阳台上可以看到校外的小山坡,一般将暂时不用的鞋子放在阳台上,洗过的衣服挂在上面。卫生间挺宽敞的。被观察者的书桌上放有很多书,一堆一堆叠地还是挺整齐的,但电脑旁的东西就有点乱了。

七、观察记录表

时间	观察到的事件	观察者的解释和疑问
13:40	被观察者带着耳机看电脑上播放的韩剧,我叫了一遍被观察者的名字,被观察者没听到。大概看了20分钟	该韩剧的女主角是被观察者最近很喜欢某综艺节目里一对假想夫妇中的妻子,被观察者在看的时候貌似还很忘我的样子
14:56	被观察者手里抱着乌龟玩偶,逛百度贴吧(看视频、评论),时不时地捏一下玩偶,嘴角露出笑容,有时还会发出笑声。大概逛了1个小时	被观察者主要是看网友对这对假想夫妇的分析。被观察者很喜欢这对夫妇,每天都会花大量时间看关于他们的消息。特别是其中的男明星。这对夫妇真的有这么强的吸引力吗
16:03	被观察说有点困、想睡觉,于是就爬上床,在床上坐了一会儿,看了下手机,然后就睡了。大概睡了75分钟	快到吃晚饭的点了,才睡觉……被观察者咋想的呢?(事后得知:被观察者本来打算补充精力晚上好写作业,但是……)
18:00	吃饭回来后,被观察者继续坐在电脑面前逛百度贴吧,并说等下要去做观察。大概逛了2小时	"等下"究竟是多久呢?我怎么觉得有点遥远呐~除此之外,难道没有其他一些事情要做
20:24	被观察者在315寝室一边做观察,一边填《发展对象表》,一边看视频。看到我进来了,很不好意思地笑了,说在写要交的东西。当时在场的其他同学说其之前看了30分钟左右的视频	被观察者要去观察的时候,我说其很可能一边观察一边在玩,结果还真被我说中了。被观察者自身乐在其中,我干嘛还要去干预呢

第五部分

一、时间:2014年4月3日晚20:00~23:18

二、地点:寝室

三、观察者:刘启贤

四、观察目的:观察一个同学的拖延行为,以及如何拖延的,分析拖延的可能原因。

五、观察兴趣点

(一)桌子上摆放物体的整齐程度

1.在书架上有两排是教科书,还有一排是化妆品。

2.桌面摆放着台灯、衣物等,物体十分凌乱,电脑线、耳机线等缠成一团,书籍在桌上堆了很多,被占用的两个桌子(标注为无人)情况类似,物体摆放较为凌乱。

3.电脑显示有玩游戏,还有开网页,浏览贴吧。

(二)手机、电脑的使用情况

观察的全程只用过电脑没有用过手机。

(三)什么时间在做什么? 一件事情做多久

20:00~21:18 玩游戏 1小时18分

21:19～21:36　看网页、浏览贴吧　17分钟

21:37～22:09　与同学讨论作业　32分钟

22:10～22:47　查资料、做PPT　27分钟

22:48～22:56　浏览贴吧　8分钟

22:57～23:09　洗漱　12分钟

23:10～23:18　做PPT　8分钟

（四）行为表情变化

表情似乎没有一直变化，也一直较为平淡（没有任何表情），全程只在同学进来过程中说过话，只在熄灯前离开座位去洗漱。

（五）与周围人的对话

只与同学讨论时进行过对话，对话较多，都是关于如何做作业的，不做特别阐述。

六、观察简图

卫生间	衣柜	电脑	电脑	衣柜	阳台
	观察对象	观察者			
衣柜	衣柜	桌子 无人	桌子 无人	衣柜	

观察寝室描述：

观察寝室为四人间寝室，面积相对较为宽松，有四套标准学生用的桌椅衣柜和床铺，寝室有阳台和卫生间。

目测寝室只有两人居住，另外两人退宿，因而观察对象占用三个桌子，另一人只用一个桌子，两人各自都只占一个床位。

观察者选择坐在最方便观察的位置上，由于观察者和观察对象较为熟悉，而且观察对象忙着玩游戏，观察者有电脑作掩护，观察者对观察对象没有产生任何影响。

七、观察记录表

时间	观察到的事件	观察者的解释和疑问
20:00	开始进行观察，观察对象正在玩游戏	观察者在观察之前，观察对象就已经在玩游戏，该游戏对观察对象的吸引力很大。（游戏为什么对观察者的吸引力如此之大）
21:19	看网页，浏览贴吧	由于网速较慢，游戏无法继续，不清楚在浏览什么贴吧，但网页上显示在查资料

续表

时间	观察到的事件	观察者的解释和疑问
21:37	有其他寝室同学进来,与观察对象进行讨论	观察对象与同学讨论教材编写内容是否合理,如何做PPT,从谈话中得知因为第二天就要用
22:10	同学走后,观察对象继续查资料,以完成PPT	由于同学催促,并且第二天要用,所以观察对象持续一段时间在查资料,在做PPT
22:48	观察对象又浏览了一下之前打开的贴吧	可能是因为贴吧的吸引力比较大,或者有点累,想休息一下下。 (不是明天就要用PPT了吗,为什么观察对象还能如此悠哉的浏览贴吧?)
22:57	观察对象离开座位,去洗漱	由于快要熄灯了,时间也较晚了,所以观察对象去洗漱了
23:10	观察对象洗漱完毕,回来继续做任务	观察对象似乎也意识到必须尽早做完,因而很迅速的洗漱完后,紧接着做任务
23:18	观察者离开,观察对象仍在做PPT	直到观察者离开,观察对象一直都在做PPT(观察对象到底几点才做完任务?因为这个会不会影响到第二天的上课?)

第8章 实物分析

在质的研究中,实物分析是与访谈、观察并列的三种收集原始资料的手段之一。这里所说的"实物"泛指一切与研究问题有关的文件、资料、图片、物品等。一般说来,实物都是由于研究之外的原因被人为制作出来的,甚至在研究开始之前就已经存在。研究者一般独立进行实物的分析工作,在过程中很少受到他人行为的影响。而访谈和观察都是在研究确立以后才发生的,需要研究对象与研究者密切配合才能获取信息。虽然在大部分的质的研究中,研究者主要是通过访谈和观察来收集原始资料的,但实物分析始终因其独特的作用而牢牢地占据着一席之地。接下来本章将从五个方面介绍实物分析的各种作用及具体的操作方法。

8.1 实物分析的作用

同访谈和观察一样,研究者使用实物分析的根本目的是收集原始资料为最终回答研究问题服务。在这个根本目的之下,实物分析的作用可以具体分为以下三个方面。

(1)帮助研究者更好地理解研究现场。质的研究要求研究者必须将研究对象放在一个自然的、真实的日常情境中去理解。对存在于研究现场的实物进行分析则是理解研究现场的特点、本质,其中所蕴涵的文化、传统、约定俗成的规则等的重要途径。例如,当研究者想要研究某一个中专班级的组织形式、班级管理情况时,通过分析贴在教室墙壁上显眼处的班规布告栏、班规的内容、语言、布告栏的装饰,甚至还有附带的班规遵守情况的记分簿,更好地理解了在这里班规对学生日常学习、生活所起的重大作用。

(2)帮助研究者更好地理解研究对象。除了与访谈对象深入交谈、观察他们的日常工作、学习和生活,研究者可以通过分析与研究对象有关的实物来透彻理解其所思所想、所作所为。例如,研究者想要真正理解某教师的教学风格,不但应与其进行深入访谈、长期跟踪观察其课堂,还可以分析其所写的教案、上课用的课件,甚至对学生作业的批改等。另外,对于某些研究者无法通过访谈等手段来获取充足资料的研究对象,实物分析的重要性则更加突出。比如说学前教育的研究者更多地是通过分析幼儿的画作而非依赖聆听他们的语言来理解他们。又如,当研究对象是一位已经故去的教育家,那么访谈和观察都已经不可能了,只能通过分析其留下的著作、文章、传记、日记、信件等进行研究。

(3)辅助访谈和观察,给研究者的论述提供有力的证据。研究者最终形成的论点要由逻辑严密的论据来支撑,而每一条论据都不能缺少确凿的证据。实物分析的结果可以与访谈、观察的结论互为援引,构成完整的证据链。例如,研究者要论述某教师课堂上的小组合作学习是卓有成效的,仅仅提供教师自己的谈话作为证据是非常单薄的,如果研究者又进一步提供了观察的结果、分析了课程结束后学生们所写的学期总结,甚至分析了学生的作业,那么这个证据链就非常牢固、有说服力。而且,这种使用通过不同手段获得的证据来证明同一个观点的技术称为"三角定位(triangulation)",属于质的研究者们常用的一种研究技术。

8.2　"实物"的种类

在研究的根本目的引导下,质的研究者可以收集各式各样的实物来进行分析。一般说来,"实物"可以被分为以下四类:

(1)文字材料。以包含各种文字为特征的材料,包括印刷品(如,通知通告、档案、证书)和非印刷品(如,教师教案、学生作业)。

(2)影音材料。以包含影像、声音为特征的材料,包括照片、音频、视频、CD、DVD 碟片、录像带等。

(3)实体物品。除了文字材料和影音材料之外的人工制品。小到如学生的画作、手工作品;大到如教具、教室里的桌椅,甚至学校的建筑等。

(4)虚拟物品。以网络为载体的物品。如学校的网站、班级的博客、教师的微博、班级聊天的 QQ 群等。

需要注意的是,不要混淆实物分析中的"实物"和文献综述中的"文献"。在有些情况下两者确实有相像的地方,但根本区别在于,"实物"是服务于研究者分析研究对象及研究现场的,属于研究的原始资料;而"文献"是服务于研究者回顾前人研究,定位自己的研究在整个学科、领域中的地位的,属于文献资料。举个例子来说明,一位研究者在用质的研究方法研究我国著名的幼儿教育家陈鹤琴,那么在这个研究中,陈鹤琴所著的书籍、文章等就属于实物分析中的"实物",而其他教育研究者所写的有关陈鹤琴的书、文章等属于文献综述中的"文献"。研究者通过分析陈鹤琴的著作可以理解其思想,更好地回答研究问题;同时也必须通过分析、回顾、整理、归纳其他人近年来对陈鹤琴的研究情况,寻找自己研究的突破点、创新之处等。

8.3　"实物"的收集

这里所说的"收集"不是据为己有的意思,而指质的研究者在一定时间内对于实物的读、看、听、了解,为分析所做的准备。对实物的收集要根据其特点来进行。对于一些公开的实物(如图书馆里关于学校的档案、班级的博客、学校体育馆的建筑等),研究者可以直接进行查阅、浏览、观察等。对于属于及涉及研究对象个人的实物,研究者必须严格贯彻知情同意的原则,取得研究对象的同意、寻求他们的帮助。如果是学校通知、家长会的邀请函之类的实物,研究者可以要求一份原件;如果是像教师教案、学生作业等实物,研究者可以询问是否能够复印、拍照或借阅一段时间;如果研究者要对课堂及学校活动进行拍照、录像,也须取得负责人允许后方可操作。

8.4　实物分析的引导问题

实物分析重在"分析",而所谓"分析"主要是指研究者用文字记录下对于某件实物的理解。研究者对实物的分析可以根据回答研究问题的需要自行拟一个纲要,而新手研究者可以参考下面的实物分析的引导问题进行分析。

实物分析的引导问题示例
❑ 为什么要收集这件实物?
❑ 研究者是怎样取得这件实物的?
❑ 这件实物可以怎样提供给研究者关于回答研究问题的信息?
❑ 这件实物属于哪种类型? 实物的来源是正式的、官方的,还是非正式的、个人的? 实物的来源可靠吗?
❑ 这件实物是由哪些人制作的? 制作的目的是什么?
❑ 实物是如何制作的? 在什么情况下制作的?
❑ 实物是如何被使用的? 哪些人使用了? 为什么使用? 使用的结果、影响是什么?
❑ 实物的历史、背后的故事有哪些?
❑ 实物的内容是什么? 实物的特点是什么?
❑ 这件实物是完整的,还是仅有一部分? 是原始的,还是替代品?
❑ 实物的优点和缺陷是什么?
❑ 实物是如何受到制作人和使用人所处环境的影响的? 在环境影响下,实物体现出什么特点?
❑ 制作者是如何看待这件实物的?
❑ 使用者是如何看待这件实物的?
❑ 从实物中分析得出的信息与从其他渠道得到的信息是否能够互相验证? 如果有出入,问题出在哪里?

8.5　实物分析的局限

实物分析的局限也是学者们热议的焦点,有两个方面特别需要引起研究者的重视。第一,大部分的实物不是由于研究的目的而被制作、生产、建造出来的,与访谈和观察直接产生研究需要的材料截然不同。从研究的角度来看,很多实物都只能提供一些片段、碎片状的信息。所以,研究者要特别小心判断分析某件实物对于研究究竟有无用处,用处大不大,做到宁缺毋滥。第二,实物所传达信息的准确性问题也容易引人诟病。有些年代久远的材料会有许多遗漏、有些文字材料的表述中有很大的偏见根本不符合事实、有些实物只展现了光鲜的一面并不具有代表性(例如,教师只向研究者提供了少数优秀学生的作品,实际上不能代表大部分学生的水平)、有些实物隐含的价值观是错误的(例如,关于学校活动的视频中只展示了优秀的教师、先进的班集体的表现,忽视其他参与者),等等。以上两点考验着质的研究者们的研究水平和责任心。为了取得读者的理解和同行学者的承认,研究者必须不断提高自己的鉴别能力和分析水平,并且始终牢记自己所肩负的保障研究质量的重大责任。

教学模块 ·.*·.

(1)简介本次课内容,强调实物分析在质的研究中的地位(图 8.1)。

（2）讲解实物分析的三种作用（图 8.2）。

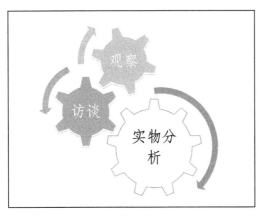

图 8.1

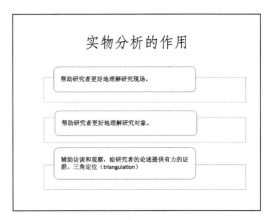

图 8.2

（3）讲解实物的种类，并举例说明（图 8.3）。

（4）辨析"实物"与"文献"的区别（图 8.4）。

图 8.3

不要混淆实物分析中的"实物"
和文献综述中的"文献"

图 8.4

（5）说明如何收集实物（图 8.5）。

（6）讲解实物分析的引导问题（图 8.6）。

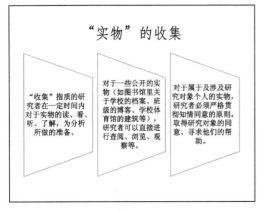

图 8.5

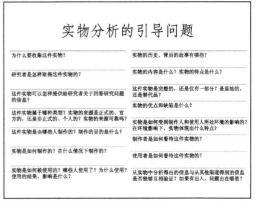

图 8.6

　　(7)讲解实物分析的局限(图 8.7)。

　　(8)布置小组各自完成任务,用时 8～12 分钟,然后进行提问及点评(图 8.8)。

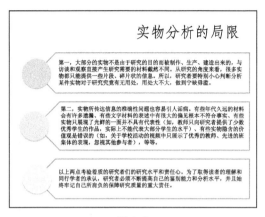

图 8.7　　　　　　　　　　　　　　　　　　　　图 8.8

实践模块

　　例　以下是由陈殿兵、赵雷洪、杨新晓三位教育学研究者使用实物分析所做的一个研究的研究报告。针对的实物是来自美国不同大学的 12 件教学大纲。

大学学生课业评价理念及实践:美国教学大纲的启示
On Course Assessment Value and Practices: Lessons from American College Course Syllabus

陈殿兵　　赵雷洪　　杨新晓

[摘要]　美国大学的教学大纲是美国大学教师进行学生课堂评价的重要依据,体现了对学生课堂评价的基本理念和实践过程。每份教学大纲都是由授课教师亲自制定、在授课实践的基础上反复修改而成,强烈地体现了课程要求、课堂评价,及教师的个人风格,可以说是一门课程纲领性的文件。本文作者通过对美国 5 所大学教学大纲的分析和研究,试图获得和总结出美国教学大纲中关于学生课业评价的理念和具体的评价实践操作总体要求、原则及过程,以期对中国正在进行的学生课堂评价提供借鉴。

[关键词]　学生课业评价;教学大纲;美国;比较教育

Abstract: At American university, instructorspractice students' course assessment by the requirements listed in the course syllabus, which is promulgated and implemented throughout the course. Course syllabus reflects the values and mission of the college course assessment and are the guiding documents of course teaching. In this manuscript, the authors used document-mining method to explore and summarize the values, practices, and requirements of course assessment reflected in 12 course syllabuses from five American Universities. Through analysis, the authors made recommendations to the current Chinese assessment reform at university level.

Key Words: College student course assessment; Syllabus; America; Comparison Education.

一、问题提出

教学大纲是教学和学生课业评价的指导文件。它以纲要的形式明确规定本课程在专业教学计划中的地位和作用,以及课程的教学目的和任务、知识技能的范围和深度、教学内容体系结构以及教学进度和教学法的基本要求,是教学工作的主要依据,也是检查、评价学生学业成绩和评估教师教学质量的重要准则。学生的课堂评价就是依据教学大纲,对学生的学习状况进行评定和检测的有效手段。教师在进行教学大纲设计时,就应当考虑到学生课业的评价问题。因此,研究教学大纲可以得知教师对学生课业评价的理念以及其实践过程。

他山之石,可以攻玉。美国大学的教学大纲是美国大学教师进行学生课堂评价的重要依据,体现了对学生课堂评价的基本理念和实践过程。每份教学大纲都是由授课教师亲自制定、在授课实践的基础上反复修改而成,强烈地体现了课程要求、课堂评价,以及教师的个人风格,可以说是一门课程纲领性的文件。本文作者通过对美国5所大学教学大纲的分析和研究,试图获得和总结出美国教学大纲中关于学生课业评价的理念和具体的评价实践操作总体要求、原则及过程,以期对中国正在进行的学生课堂评价提供借鉴。

二、研究设计

(一) 样本选择

根据研究资料的可获得性和样本的代表性,我们以收集与研究的5所美国大学12教学大纲(文科和理科;网络课程和实体课程)作为研究样本(表8.1)。从表8.1中可以看出,本次研究的样本体现了多元性和层次性:样本中的教学大纲有来自私立大学,也有公立大学;有来自研究型大学,也有来自教学型大学;有本科层次的教学大纲,也有研究生层次的教学大纲;有文科专业的教学大纲,也有理科专业的教学大纲。

表 8.1　五所样本大学的信息概览

样本号	学校名称	学校性质	大纲选择	地理位置
1	哈佛大学	私立	文、理	美国东部
2	爱荷华大学	公立	文、理	美国北部
3	明尼苏达州立大学	公立	文、理、网络	美国北部
4	怀俄明大学	公立	文、理、网络	美国中西部
5	纽约雪城大学	私立	文、理	美国东部

(二) 研究方法

本次研究采用实物分析的研究方法。实物研究法是指研究者通过收集与研究对象相关的实物资料(例如教学大纲),然后将其当做研究的证据加以分析,以获得相关信息的一种定性研究方法。在本研究中,笔者主要通过对教学大纲这一实物进行分析和研究来解读美国大学对学生课业评价的内容、原则和具体操作方法。

(三)研究者的资质

本研究的研究者中,有两位在美国不同的大学接受过为期5年左右的教育。在美国接受教育过程中,曾参与过帮助美国大学生学习的相关项目,曾经研究过相应的评价体系,这些经历结合美国大学的教学大纲样本,可以为读者呈现出美国教学大纲的评价体系结构。同时,本研究中的第一作者在中国高校工作多年,并任职于教务部门,从事和力推教育评价的研究与具体实践工作,对中国的教学大纲和评价体系有着自己的解读。因此,这个研究小团队具备了从事该研究的相关资质。

三、美国教学大纲中课业评价的构成部分

(一)评价标准

美国大学的评价标准虽然有不同的名字,有的称为评分标准(grading standards),有的称为评价(evaluation),但是其总体原则却有很多相似之处。

首先,都采用等级级制,并且对每一级的标准进行了规定和解释,只是等级展示的方式和要求略有不同。例如,来自爱荷华大学的教学大纲采用条款式解释:A 表明学生在该课程的学习中表现优异,甚至是超出了考核设定的标准,说明学生完全掌握了该课程的知识和技能体系(90%~100%);B 表明学生在该课程中的表现超出考核设定的标准,但是整体表现未能达到优异(89%~80%);C 表明学生在该课程中的表现达到了考核设定的标准(79%~70%);D 或 F 表明学生的表现没有达到考核标准,即 D(69%~60%)、F(<60%)。来自纽约雪城大学的数学教学大纲的要求略有不同,总体考核标准如下:最终成绩由 6 部分组成:第一次考试,占 15%;第二次考试,占 20%;第三次考试,占 20%;三次课后作业,占 20%;研究性文章一篇,占 15%;课堂展示,占 10%。最终的成绩也是 8 级制度,A=93,A₋=90,B₊=87,B=83,B₋=80,C₊=77,C=75,F<75。样本中怀俄明大学的教学大纲则是以表格的形式展示,具体内容和标准见表 8.2 和表 8.3:

表 8.2 评价内容

评价内容	分值权重
课堂参与	25
课后作业(5 次,每次 20 分)	100
研究报告书(5 部分)	250
课堂展示	25
期末考试	200
总计	600

表 8.3 评价等级

所占比重	该等级的最低要求	等级标注	最终等级
90%~100%	540	优秀	A
80%~89%	480	良好	B
70%~79%	420	一般	C
60%~69%	360	较差	D
0~59%	0	不及格	F

其次,从样本中的网络课程教学大纲(以怀俄明大学和明州州立大学为例)来看,网络课程由于其授课方式的不同,教学大纲的内容和评价等级也有略微的差别。例如,对课堂参与

的考评转化为网上讨论(threaded discussion)的次数和质量的考评。具体来说,大纲中有如下的规定:学生每周至少要参与课堂讨论 3 次,不参与或者很少参与网上讨论将会影响学生最终成绩;简单地评论别人的讨论如"观点非常好"、"不错"等评论不能算是有效的高质量的参与。

再次,美国大学课业评价标准中的红线:学术诚信。样本中的教学大纲显示,虽然名称不同,但是都要求学生在作业的完成中要遵循学术诚信原则(academic honesty/academic integrity)。该原则可是说是课业评价的红线,一旦违反,学生不仅面临本门课程的除名,同时还面临着其他的来自大学层面的惩罚。例如,怀俄明大学数学教学大纲的学术诚信是这样陈述的:学生在任何作业中如果违反学术诚信原则,将通不过该门课程考核。怀俄明大学是建立在诚实、尊敬和信任的基础之上。怀俄明大学学生及其所在社区的成员都应遵循原则并要求其他人员遵循该原则。对任何违反该原则的行为和个人持零容忍的态度。老师和学生应当向相关部门报告任何违反学术诚信原则的行为。有关学术诚信原则的其他信息请参见 http://uwadmnweb. uwyo. edu/legal/universityregulations. htm。而来自纽约雪城大学管理学院的教学大纲表明,学生不仅要了解学术诚信原则,还要以书面的形式写下诚信书:雪城大学的学术诚信包括诚实、诚信和尊重他人成果三个方面,是该大学赖以生存的原则之一。管理学院要求所有进入该院学习的学生阅读、了解并遵守这一原则,并签署诚信书。该诚信书可以在管理学院 215 和 315 办公室领取。所有学生都要签署,并在签署之后递交到本科生项目部。有关该原则的具体信息,学生可以查阅:academicintegrity. syr. edu。任何违反该原则的行为,将无一例外地导致学生该门课程的考核自动归零。同时,对来自明尼苏达州立大学的教学大纲的解读,也可以帮助我们了解网络课程学术诚信原则的规定。网络课程和网络的运用加大了违反学术诚信原则的机会。但是,任何学术不端和学术不诚信的行为将被追究责任并予以惩处。学生可以参阅学校网站来进一步了解相应的规定。

(二) 评价内容

学生在开学前一周甚至更早都会在自己学校的邮箱里收到一份来自于任课教师的教学大纲,该大纲包含了所有的考核内容。从教学大纲来看,美国教师对于学生的考评包含以下几个内容:第一,出勤率(attendance);第二,参与度(participation),第三,小测验与考试(quizzes and tests);第四,课后作业(Assignments)。对于考察的内容都有准确的描述,以及学生要取得相应学分和评价水平、结果的要求。

1. 出勤率要求

从收集的教学大纲来看,每份教学大纲都对出勤率做出了要求,但是对出勤率的具体要求呈现出两种方式。一种是原则性的、总体要求,另一种是具体地要求。

原则性的要求一般就是要求学生按时到课,认真听讲。比如,学生要按时上课,不能无故缺席(怀俄明大学)。再如,旷课将会影响该门课程的最终成绩(明尼苏达州立大学规定);而来自爱荷华大学的大纲中的原则性体现在,如果任课老师认为学生旷课的次数已经影响到学生的系统学习,那么不管学生的课后作业得多少分,学生最终都会挂科;学生如果旷课达到一定次数,将会自动失去通过本课程考核的机会(纽约雪城大学)。

而具体的要求不仅规定了学生要按时上课,还具体说明了迟到和缺席的惩罚措施。例如,本门课程要求学生按时上课,积极参与课堂讨论。学生无故旷课 2 次,其学业考评将降等;无故缺席 4 次,将被除名。来自纽约雪城大学的教学大纲显示,学生会有两次缺课且不受惩罚的机会,超过两次,每次将扣除分数并且扣分情况会依次递增。同时,学生一旦无故旷课,任课教师不会提供任何与课堂内容相关的帮助。例如,怀俄明大学的教学大纲里就这样表明:作为学生,如果没能出现在课堂,又不能出具正当理由的证明,那么请不要联系任课教师,任课教师也不会提供任何已经上过课的相关资料。

由于美国的网络课程很多,所以网络课程也有相应"出勤率"的规定,例如,"教学法"课程要求学生按时参与网络学习的时间是每周 3 小时左右。

2. 课堂要求

教学大纲中有关课堂的要求体现在课堂纪律和课堂参与两个方面。课堂纪律的要求即对大学生的课堂纪律做出要求。对课堂纪律的要求也是遵循着统一性和具体性即每份教学大纲在作出统一性要求之外,还有一些具体的描述来进一步作出说明和解释。来自纽约雪城大学的大纲中统一要求是学生应当积极参与到课堂的讨论和课堂活动中。而怀俄明大学的数学课的教学大纲对破坏课堂纪律进行了具体的描述:课堂上随意交谈、玩手机、睡觉、听音乐或者做课后作业的行为是不礼貌和破坏课堂纪律的行为。

除了课堂纪律,教学大纲还会对学生的课堂参与度(participation)做出要求:来自哈佛大学教学大纲的样本不仅要求学生参与课堂讨论而且明确指出,课堂讨论的发言必须是有质量的,反映了学生课后阅读材料、对所学知识和技能的理解及反思。例如:课堂参与是指学生基于阅读和听讲而进行的高质量的互动活动。令人满意的课堂参与应该是源于学生的阅读、反思或对教学内容理解,并且该参与可以对学生个人或小组学习提供借鉴或可以帮助小组成员进一步理解所学内容。

3. 小测验与考试

美国大学里,本科生的教学大纲中都有小测验、期中、期末考试的规定,并且根据课程本身性质的不同,其展示方式不同。例如,学科是理科性质的,其测验与考试一般是以考试的形式出现,而文科性质学科的测验和考试则侧重于每周的学习反思(weekly reflective journals)、小论文、读书笔记等。例如,理科性质的学科会这样来规定:每周五上课的时候进行小测验,小测验的内容涵盖周一和周三上课时所学和所讨论的内容。每次的小测验由三个问题组成。期中和期末考试也会明确考试的时间、内容和考试方式。而文科性质的学科有这样的规定:学生每周要上交学习反思,对过去这一周学过的、讨论过的和读过的材料进行反思,记录自己本门课的学习和思考经历。

4. 课后作业

课后作业是学生考评成绩的重要组成部分,所以美国教学大纲中对于课后作业有着非常详细的说明。一般课后作业从作业的内容要求到作业评价标准、再到作业的上交时间都有明确的规定。例如,来自明尼苏达州立大学的教学大纲是这样来规范课后作业的:首先,课后作业的完成是表明学生对所学知识点和课堂讨论内容的掌握程度,学生必须按时保质保量的完成。其次,上交的作业必须按照美国心理协会公布的写作标准来完成。再次,每一次课后作业都有相应的标准,学生可以按照标准对照,然后完成作业。最后,网络课程也会有相应的期中、期末考试的规定。例如,明尼苏达州立大学的教学大纲中这样显示:期中考试和期末考试分别将在 3 月的第一周和 5 月的第一周举行,当地学生需要到教室参加考试,而远程终端的学生的考试参见学校的网页规定。

(三) 评价主体及评价过程

从 12 份教学大纲的研究中我们发现,教师是大学评价的主体。教师是教学大纲的制定者、执行者和修改者,并且保留了修改大纲的权力。大纲中关于评价标准的内容、标准和过程一般都是授课教师根据相应的标准和教学目标制定的,评价标准清晰,同时每位教师在教学大纲最后的部分都阐明了教师对大纲的解释权和修改权力,其他任何人都不能解释或修改,保证教师的上课权利和评价权利不受外来权力的干涉。

1. 帮助学生熟悉评价标准——保证学生的知情权和选择权

美国大学在上课之前或第一次上课的时候,学生手里都会有一份所选课程的教学大纲。从大纲中,学生会知道所选课程的评价内容、方式、标准等。而且,美国大学的第一堂课,教师会带领学生从头到尾解读教学大纲的评价体系,让学生知道应该读哪些书,应该准备哪些材料,如何表现才能通过该门课程或在该门课程中拿到相应的学分。这是学生的知情权。学生可以在了解该教师的评价标准后做出选择,可以退选相应的课程。

2. 评价过程—形成性评价和终结性评价相结合的原则

从对样本的评价内容和评价标准的分析,不难看出,美国大学里对学生课堂和学业成绩的考评是采用形成性评价和终结性评价相结合的原则[1]。评价是从各种资源(包括作业、日常表现、交谈和讨论、展示、研究和测试)中获取信息的过程。例如,教学大纲中在规定的时间和地点对于知识点掌握和技能掌握的课堂测验和期中、期末考试都属于终结性评价;而教学环节中,学生的课堂的参与和课后作业等考核学生是否掌握了新的知识、技能和观念的考核,则属于形成性评价。

四、美国大学教学大纲课业评价体现的原则

(一) 评价引领教学,而不是同步或滞后于教学

美国大学的教学大纲是引领教学的。在教学大纲中,教师设定了考核的内容、方式以及标准,在教学的过程中严格按照教学大纲中的评价标准进行学生学业的考核。教学大纲中的评价标准引领着整个教学,而不是同步或滞后于教学。同时,教学大纲又不是一成不变的,教师在教学的过程中,根据学生的特点会对教学大纲做出相应的调整,以更好地促进学生的发展。有的教授甚至在教学大纲里设置不同的标准(Plan A and Plan B)供学生选择,以满足学生对于课程知识和掌握程度的不同要求。

(二) 任课教师是评价的绝对主体

教师是评价标准的制定者、实施者和守卫者,这是大纲中关于评价主体的一个显著的特点和原则。美国的教师对自己授课和学术的研究探讨遵循着学术自由的原则。这一原则在评价方面表现在教师对评价标准的制定权、实施权和守卫权。一方面,教师根据课程标准制定评价内容、过程、评价标准、评价手段和依据,该过程不受任何外来因素的干扰;另一方面,教师对自己的评价方式和结果负有全责:要保证评价的客观、公正,同时要随时有义务举报违反学术诚信原则的学生和教工。

(三)权责明确透明、奖惩有理有据

教师在教学大纲里将自己所教授的课程对学生评价内容、过程和结果清清楚楚地标明,

并在第一次上课之前发给学生,让学生阅读,同时在第一次上课的过程中通读教学大纲,让学生拥有对评价方式的知情权。学生在研读考评方式之后,可以做出继续或退出该门课程的选择,这样就实现了权责透明、明确;同时,学生在了解评价方式的基础上,指导自己该如何作为和表现,才能达到这门课中不同等级考核标准的要求,从而对自己的表现做出预判。

五、反思与启示

(一)大学课业评价标准的设立、引入与透明制度

研究表明[2],目前中国大学课堂效率低下的原因之一是教师在课堂教学过程中对告知学生明确的教学目标不够重视,学生对要学什么和学到什么程度比较模糊。简而言之,就是大学课业的评价标准在师生之间没有实现良好的沟通。而学生作为评价系统中的利益攸关者,理应具有知情权。但是,目前高校的课业评价存在以下几个问题:首先,绝大多数教师没有设定课业评价标准,评价存在自由性。其次,绝大多数学生对教师的评价内容和标准不清楚、不知情。再次,评价标准执行不严肃,在评价过程中往往出现评价松动的现象。这些现象直接削弱了教学的有效性,不利于良好学风和教风的构建,更不符合素质教育理念在高校中的诉求。因此,必须建立健全大学课业标准的设立、引入与透明机制。一方面,要求教师在制定教学大纲时,必须对评价内容、标准、评价等级及要求做出明确说明;另一方面,要将相应的评价信息有效地传递给学生,让学生拥有知情权,并对自己该如何行为做出预判。最后,评价执行要严肃、规范。标准一旦制定、公布,教师必须严肃认真,杜绝人情分和求情分,抵制外来因素的干扰。

(二)大学课业评价方式的多元性

大学课业评价方式的多元性取向可以激发学生的学习兴趣和科学探索的积极性,增强大学生课堂的参与度,从而增加课堂的互动性,有利于提高学生的思考能力和动手解决实际问题的能力[3,4]。从美国的教学大纲中对评价方式的规定和我国具体评价实践来看,大学课业评价方式都比较单一,目前高校学生的课业评价方式和取向都需要改革。我们认为课业评价方式要实现四要四不要:即要多元化课业评价手段,而不要传统的单一的闭卷考试手段;要重视学生能力的发展,而不要局限于对学生知识再认和再现的考评;要重视评价的反馈性功能,而不要单一的终结性评价功能;要重视学生学习的过程性评价,而不要"结果论"的价值取向。

如何实现大学课业的评价方式多元性取向和评价方式的"四要四不要"原则呢?我们认为,首先,教师要提高个人的理论素养和教学素养,思考改革评价方式的新方法、新思路。其次,课堂教学环节和设计环节要有利于教师、学生间的互动交流和探讨。再次,教师研究知识点的性质,采取讨论、游戏、辩论赛、情景剧、读后感、调查报告等不同手段来实现考核内容的多元化,从而实现考核的多元化。

(三)大学课业评价标准的导向性和可预测性

大学课业评价标准的设计是对教学理念和教学质量标准的明确化[5],而明确化的表现之一就是课业标准的导向性和可预测性。美国教学大纲的这一特点值得我们借鉴。一份导向性和可预测性较强的评价标准一方面可以让学生更加明确自己在学习中应该掌握的技能和知识点,从而增加学习的自主性和主动性;另一方面,毕竟学生除了知识和能力的培养,还

有相应的学位和学历的诉求,学生可以根据评价标准来预判自己在该门课程中的表现,从而做出取舍。

课业评价标准的导向性和可预测性要求具体标准在语言表述上要清晰,易于学生理解,避免语意模糊或有歧义。同时,标准的设定要多考虑学生的诉求,照顾到不同学生的层次和能力水平。

(四)大学课业评价目的

评价的目的是简单地对学习结果进行评价或比较,还是为了促进大学生学习、成长,促进大学生作为人的发展,这是决定大学课堂评价走向的一个关键问题[6]。从美国教学大纲中的评价标准以及对中国高校的研究中不难发现,现行的课业评价标准还是过多地强调学习结果的比较。我们认为,大学课业评价的目的应该促进学生知识和能力的提高、素质的提升,从而实现学生的整体素养的提升。

实现上述大学课业评价目的的评价标准应该从以下几个方面考量。首先,评价内容是否有助于学生对课程内容的理解?其次,评价方式是否提高了学生解决实际问题的能力?再次,评价标准对学生的学习能力和实践能力的要求是否合理?最后,评价标准是否符合促进学生作为"人"的真正发展?

著名的比较教育学家 Kubow 和 Fossum[7]曾经指出,任何比较教育的目的是在深刻了解本国教育历史背景和其他国家的教育背景的前提下,进而对本国教育进行改革。同时,如今是一个人才、科技、信息与资源全球流通和竞争的时代,世界各国都在寻求可以促进本国教育和提升教育质量的优质改革举措,而评价体系的改革与探讨是目前各国研究的重点和热点,因此,本文作者认真地研读和分析了美国教育领域内教学大纲关于学业评价的相关内容,结合中国高校学业评价的具体实践,提出了我们的观点,希望可以为中国高校学生的学业评价改革献计献策,从而促进中国高等教育的发展。

参 考 文 献

[1] Black P. Formative and summative assessments by teachers: Promises and Problems [J]. Classroom Assessment for learning and student development,2014,21:49-97.

[2] 白雅娟.高校课业评价中加大平时成绩权重的价值与困境浅析[J].陕西教育,2014,4:47-48.

[3] 姚利民.大学有效教学特征之研究[J].现代大学教育,2001,4:42-44.

[4] Borich G D. Effective teaching methods [M]. New Jersey:MacMillan,2000.

[5] 王春杨,敖敏.高校课堂教学评价指标体系研究:以学论教视角[J].重庆高教研究,2015,3(2):80-85.

[6] 龚孝华.变:学校教育评价观探索之旅 [M].北京:教育科学出版社,2007.

[7] Kubow P K, Fossum P R. Comparative education:Exploring Issues in international context [M]. New Jersey:Pearson Education,Inc.,2007.

第9章 处理原始资料

前面三章讲解了质的研究中的三大研究手段:访谈、观察和实物分析。这三种手段的共同之处在于都是为了回答研究问题而获取原始资料。本章将探讨如何处理原始资料,如何将访谈翻译稿、观察记录和实物分析的文字转化成为简洁、系统、清晰、有力的,可以服务于研究者最终研究报告和观点的证据。

9.1 开始处理原始资料的时机

处理原始资料具体的步骤之前,必须澄清一个重要的问题——研究者应该从什么时候开始处理原始资料? 这个问题对量的研究者来说是不言而喻的,无论是发放问卷还是进行实验,都必须等到收集原始资料的过程结束,并且所有的资料都到手之后才能开始处理的过程。但质的研究的本质是理解人而不是验证假设,这一点决定了质的研究的过程和研究步骤的顺序安排必须更加灵活。问卷和实验设计一旦开始发放、实施就很难再改,但访谈、观察和实物分析的方案则可以按照研究的需要随时进行调整、改变,甚至完全地转向。更确切地说,大多数质的研究者是认可甚至期待着这种改变的,这也是质的研究本身明显的特征之一。质的研究的这种灵活变化的特征要求研究者必须尽早开始处理原始资料,在第一份访谈稿、观察记录或实物分析完成之后就可以开始处理的过程。

尽早处理原始资料有以下几点原因或者说可以提供以下几点优势:可以帮助研究者加深对研究对象的理解。在访谈结束后尽早进行访谈稿的翻译和处理,在观察结束后立即进行观察记录的补充和反思,不但可以趁研究者记忆及感受新鲜的时候加深对研究对象的理解,更可以帮助研究者回过头去完善访谈问题及观察计划,更好地研究下一个访谈对象、下一个观察现场。尽早处理原始资料可以帮助研究者在下一次访谈和观察之前删除一些已经从研究对象处获得明确答复的问题,节约时间、提高效率。质的研究不同于量的研究,不追求研究结果的普遍性而是追求其深度。如果在一所学校进行访谈时,前面两三位访谈对象已经清楚地解释了学校的一些常规、情况等,就没有必要在接下来的访谈中继续问同样的问题,可以换个角度问一些别的问题。当然,研究者也可以通过处理资料发现一些应该问但是没有问的问题,和应该观察但是忽略掉的兴趣点,在接下来的一次访谈、观察中及时进行补充,进一步提高原始资料的质量。

另外,处理原始资料是一项复杂、繁琐的工作,编码、建立类属等更是需要研究者长时间思考的过程。从这个意义上讲,面对一两份资料要比面对一堆资料更有利于研究者下手,而且可以为研究者延长思考的时间和空间。可以想象一下,如果从拿到第一份访谈翻译稿、观察记录或实物分析就开始提取核心词,尝试进行编码的话,那么到第二份、第三份,研究者的思路会越来越清晰,也会主动出击去寻找一些想要发现但尚未发现的点;如果收集了十几份资料再开始处理的话,一则工作量大,另外由于研究已经进行了一段时间,剩余的可供调整的时间和空间就很小了。总而言之,有必要再次强调,质的研究者一定要尽早开始处理原始资料。

接下来,本章将展示处理原始资料的六步法。研究者,尤其是新手研究者可以取一两份原始资料做练习,参考教学模块的练习提示和实践模块的例子掌握处理原始资料的技能。

9.2 处理原始资料的六步法

第一步:命名

处理原始资料的第一步是给资料命名,目的是为了研究者方便快捷地查找到需要的信息,而且避免发生遗失、混淆、大海捞针等情况。如果我们手头只有一份访谈翻译稿、一份观察记录、一份实物分析,那么信息量并不大,命名的意义也体现不出来;而当我们手头上有十几份,甚至几十份原始资料的话,清楚的名称、合理的标签就成了我们的最佳帮手。

命名的内容包括给每一份资料起一个名称以及根据资料的内容和特点建立一些标签。名称的选择从简单的"F01"(意为访谈稿第 1 份)、"G15-10"(意为 15 份观察记录当中的第 10 份)、"S2"(意为第 2 份实物分析),到复杂的"访谈 8-1 A 小 张"(意为是访谈翻译稿 8 份当中的第一份,系在 A 小学采访张姓的教师所得)"观察 9-3 B 中 高三 2"(意为是 9 份观察记录中的第三份,在 B 中高三 2 班进行的观察)等。名称的选择没有特别的标准,只要研究者认为方便实用即可。标签可以是关于每一份原始资料的内容和特点的简单描述,研究者提取标签的目的是为了更快捷地找寻到信息。例如,就一份访谈稿研究者可以提取出如下标签:①5 月 9 日周六,②外院咖啡厅,③心理系大二,④小组合作,⑤学习动力,⑥工作意向,⑦友情。①是访谈的时间,②是访谈发生的地点,③是访谈对象的专业和年级,而④⑤⑥⑦是访谈中重点谈到的内容。研究者最好在翻译完访谈稿之后立即建立标签,待以后需要寻找信息时只要一看标签就可以立即回想起访谈稿的内容了。同样,标签的建立也是以研究者自用方便为准,没有特定的标准。

研究者最好将每一份原始资料都保留一份纸质稿和一份电子稿。纸质稿放在案头供随时翻阅,电子稿储存在电脑中以备不虞。对于纸质稿,研究者可以用记号笔或彩色笔等将名称和标签写在资料开头等醒目的地方,也可以写在一些彩色的不干胶贴上,再贴在对应的资料上,既美观又方便。对于电子稿,研究者除了可以将名称和标签记录在每一份资料当中,最好另外建一个 Excel 表格文件将所有资料的名称和标签都记录在一起方便查找。

第二步:细化

处理原始资料的第二步是细化,也就是说将第一次获得的原始资料进行查漏补缺的再加工。一般说来,研究者在初步进行原始资料获取时,时间都是有限的,难免会因为工作的仓促有所遗漏。没有经过细化的原始资料就如同缺少血肉的骨架一样,很难为研究者提供丰富的、完整的信息。为了提高原始资料的质量,研究者必须尽早进行细化工作。所谓细化工作指的是研究者使用不同颜色的笔(如果纸质稿文字是黑色的话,推荐使用蓝色的笔进行细化,效果明显且不刺眼),在每一份纸质的原始资料上标注没来得及记录的细节、研究者对资料的思考、重新分析时发现访谈对象的言外之意、观察时发现了但没有来得及记录下来的现象,等等。细化工作本身并不复杂,但是却是一项需要耗费大量时间的工作,研究者必须专门拿出一定时间来集中精力、心无旁骛地进行。而且,为了保障细化的准确性,研究者越早开始工作越好。

第三步:粹取

这里的粹取指的是从文本中粹取精华的意思。当完成了细化工作之后,研究者需要进行粹取工作,具体内容就是将文字的中心意思提炼出来,用2~8个字进行概括。粹取工作类似于上语文课时所做的提炼、概括文章中心思想,只不过提炼中心思想是针对整个文章,这里的粹取则是对一段一段的文字进行提炼。下面通过两个例子来说明。

访 谈 稿 例

……

我(访谈者):然后,就是你有一次提到了就是说希望自己进入一种慢慢沉淀的状态嘛,然后,嗯,那你觉得自己是为什么,就是,进入不了那样一种状态呢?

H(访谈对象):可能,这和环境有很大的关系吧。就,我希望自己去慢慢地积累,但是现实真的很紧迫。因为像我的话,我就希望在今年12月的那个师范生专场招聘会上,我是希望直接在那里找到工作的。因为越到后面压力越大,那你很难控制自己的情绪。而且,但是你,因为提前招过来,就是,他要求都是蛮高的,所以,我就无法,就是说去沉淀,我反而会追求一些浮躁,就是,很,很功利地去追求一些东西,就沉不下来。我觉得最主要的就是这个原因。

……

访谈稿例中的访谈对象向研究者描述了自己因为现实压力放弃了逐步积累的正确学习方式,不得不选择功利地追求结果的状态。当研究者阅读这一段落时会发现其中包含了极为丰富的信息,如,访谈对象对于自己选择所找的原因、语气中流露出压力很大的感受、承认自己为了功利而追求的窘迫,等等。但是在粹取的这一步中,只需要简单概括最主要的意思就可以了。因此,“就业压力”四个字就可以作为从这一段落中提取出的核心词。如果进行完整地解释,其实是“就业压力导致研究对象选择功利的追求,放弃积累的过程”。为了下一步的编码工作,在这一环节中只能粹取和留用最简洁的核心词,所以研究者就不必写出完整的解释了。

观察记录例

时间	观察到的事件	观察者的解释和疑问
22:00	开始进行观察,观察对象正在玩游戏	观察者在观察之前,观察对象就已经在玩游戏,该游戏对观察对象的吸引力很大。(游戏为什么对观察者的吸引力如此之大)
21:19	看网页,浏览贴吧	由于网速较慢,游戏无法继续,不清楚在浏览什么贴吧,但网页上显示在查资料
21:37	有其他寝室同学进来,与观察对象进行讨论	观察对象与同学讨论教材编写内容是否合理,如何做PPT,从谈话中得知因为第二天就要用
22:10	同学走后,观察对象继续查资料,以完成PPT	由于同学催促,并且第二天要用,所以观察对象持续一段时间在查资料,在做PPT

时间	观察到的事件	观察者的解释和疑问
22:48	观察对象又浏览了一下之前打开的贴吧	可能是因为贴吧的吸引力比较大,或者有点累,想休息一下下。(不是明天就是用 PPT 了么,为什么观察对象还能如此悠哉的浏览贴吧?)
22:57	观察对象离开座位,去洗漱	由于快要熄灯了,时间也较晚了,所以观察对象去洗漱了
23:00	熄灯时间	房间里面照明用的大灯统一熄灭了,但墙上的插座还是有电的,可以接如灯和电脑
23:10	观察对象洗漱完毕,回来继续做任务	观察对象似乎也意识到必须尽早做完,因而很迅速的洗漱完后,紧接着做任务
23:18	观察者离开,观察对象仍在做 PPT	直到观察者离开,观察对象一直都在做 PPT(观察对象到底几点才做完任务?因为这个会不会影响到第二天的上课?)

在观察记录的例子中包含的信息也相当丰富,记录了研究对象长达三个多小时的活动。通过阅读分析,可以粹取出以下核心词:游戏、网页、贴吧、熄灯后赶作业。前面三个是关于研究对象拖延的原因,最后一个是关于研究对象如何完成自己分内任务的简单概括。

研究者在进行粹取这一步的工作时需要注意:第一,具体怎样进行粹取、怎样归纳核心词是没有特定标准的,研究者需要自己把握,根据具体的文本情况进行调整。粹取工作及核心词的质量决定着下一步编码工作的成败,谨慎起见,新手研究者应在教师指导下完成,然后通过反复练习提高水平。第二,粹取工作要紧紧围绕研究问题、研究主题来进行。比如说,观察记录所属的研究是关于师范生的拖延问题的,那么粹取时必须从与此有关的信息中提取核心词,无论其他的信息多么丰富、有趣,研究者都必须忽略。

第四步:编码

编码可以说是处理原始资料六步法的核心,因其一头连接着原始文本、核心词,另一头连接着类属,起着承上启下、关联贯通的作用。接下来通过一个例子来说明如何进行编码。

例　在一个研究学前教育阶段家庭教育问题的项目中,研究者通过访谈、观察的方式收集到了大量原始资料。经过粹取后得到如下核心词:"上绘画班""买电子琴""上条件好的幼儿园""学英语""上实验班""提前上学""成绩不好""学会撒谎""受欺负""学习压力""经常与孩子聊天""让孩子自己选择未来""参加体育活动""适当家务劳动""注重营养""打扮朴素"。面对如此大量又散落的核心词,研究者需要对它们进行分门别类,并给每一类起一个特别的名字。这里所说的每一类的名字一般由 2～6 个字构成,就是所说的编码了。对上述例子进行整理、归纳后得到如下 5 个编码,括号中是每一个编码所对应的核心词:

(1)"物质条件"(买电子琴;上条件好的幼儿园)。

(2)"精神支持"(受欺负;学习压力;经常与孩子聊天;让孩子自己选择未来)。

(3)"智力发育"(上绘画班;上实验班;学英语;提前上学;成绩不好)。

(4)"身体发育"(参加体育活动;适当家务劳动;注重营养)。

(5)"道德品质"(学会撒谎;打扮朴素)。

同粹取工作一样,编码体现的是研究者围绕研究目的进行分析、整理、归纳的能力,需要在实践中反复练习才能最终得到理想的效果。

第五步:归类

当编码工作完成之后,研究者进入第五步的归类,这也是最后一步的提炼工作。所谓归类,指的是研究者根据上一步中制定的编码建立更高一级的类属,然后将众多编码归于每一个类别当中。请看下面的例子。在一个关于外语文化教育的研究中,研究者得到的编码有9个:理由、指导、科技、教师、比较、级别、动力、资源、纲要。将编码加以分析、合并,形成新的四大类属:

(1)原因和动机(理由、动力)。

(2)分级指导(指导、比较、级别)。

(3)科技与资源(科技、资源)。

(4)教师发展及领域规范(教师、纲要)。

第五步归类与第四步编码的工作方式是非常相似的。但是类属是比编码更高一级的总结、凝练,研究报告中的结果部分往往都是按照研究者建立的类属来报告的。如果研究者要处理的原始资料特别多,比如说在一个团队合作的大项目中,第一次提炼所得出的编码非常多(一般多于 10 个),那就必须再进行一次对编码的提炼,反复进行,直到能够建立适当数目(一般少于 5 个)的类属为止。

第六步:架构

在最后一步,研究者需要用图表的形式整理前五步的工作,架构自己原始材料体系。可以参考表 9.1 的模板和实践环节中的例子,根据自己的实际情况进行架构。

表 9.1　质的研究原始资料架构模板

文本举例	核心词	编码	类属

总之,处理原始资料是一个复杂、艰巨的工作过程,也是质的研究中的关键部分,既是对前期原始资料收集工作的延伸,也是接下来完成最终研究报告的基础。质的研究者在此时应展示出足够的耐心和细心,认真对待每一份原始资料,反复锤炼每一个核心词、编码及类属,追求最佳的处理效果。

教学模块 .·*⋆*.

(1)讲解为什么要尽早开始处理原始资料(图 9.1)。

(2)简介处理原始资料的六步(图 9.2)。

质的研究者一定要尽早开始处理原始资料

可以帮助研究者加深对研究对象的理解

可以帮助研究者在下一次访谈和观察之前删除一些已经从研究对象处获得明确答复的问题

可以通过处理资料发现一些应该问但是没有问的问题，和应该观察但是忽略掉的兴趣点

可以为研究者延长思考的时间和空间

图 9.1

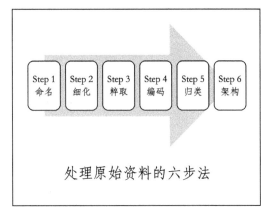

处理原始资料的六步法

图 9.2

（3）结合例子讲解如何给原始资料命名（图 9.3）。

（4）用 5 分钟做练习（图 9.4）。

第一步：命名

- 命名的内容包括给每一份资料起一个名称以及根据资料的内容和特点建立一些标签。
- 名称的选择从简单的"F01"（意为访谈稿第1份）、"G15-10"（意为15份观察记录当中的第10份）、"S2"（意为第2份实物分析），到复杂的"访谈8-1A小张"（意为是访谈翻译稿8份当中的第一份，系在A小学采访张姓姓的老师所得）"观察9-3B中高三2"（意为是9份观察记录中的第三份，在B中高三2班进行的观察）等。
- 标签可以是关于每一份原始资料的内容和特点的简单描述，研究者要提取标签的目的是为了更快捷地找寻到信息。例如，就一份访谈稿研究者可以提取出如下标签：①5月9日周六，②外院咖啡厅，③心理系大二，④小组合作，⑤学习动力，⑥工作意向，⑦友情。①是访谈的时间，②是访谈发生的地点，③是访谈对象的专业和年级，而④⑤⑥⑦是访谈中重点谈到的内容。

图 9.3

任务1

- 给自己小组迄今为止收集到的所有资料命名。

图 9.4

（5）讲解如何进行细化（图 9.5）。

（6）用 6～8 分钟完成任务 2，教师可在小组讨论时间进行轮流指导（图 9.6）。

第二步：细化

- 将第一次获得的原始资料进行查漏补缺的再加工。
- 所谓细化工作指的是研究者使用不同颜色的笔（如果纸质稿文字是黑色的话，推荐使用蓝色的笔进行细化，效果明显且不刺眼），在每一份纸质的原始资料上标注没来得及记录的细节、研究者对资料的思考、重新分析时发现访谈对象的言外之意、观察时发现了但没有来得及记录下来的现象，等等。

图 9.5

任务2

- 任意抽取一份原始资料，小组成员一起讨论如何进行细化。

图 9.6

(7)结合访谈稿的例子解释如何粹取核心词(图 9.7)。

(8)结合观察记录的例子解释如何粹取核心词(图 9.8)。

第三步：粹取

访谈稿例

……

我（访谈者）：然后，就是你有一次提到了就是说希望自己进入一种慢慢沉淀的状态嘛，然后，嗯，那你觉得自己是为什么，就是，进入不了那样一种状态呢?

H（访谈对象）：可能，这和环境有很大的关系吧。就，我希望自己去慢慢地积累，但是现实真的是很紧迫。因为像我的话，我就希望在今年 12 月的那个师范生专场招聘会上，我是希望直接在那里找到工作的。因为越到后面压力越大，那你很难控制自己的情绪。而且，但是你，因为提前招过来，就是，他要求都是蛮高的，所以，我就无法，就是说去沉淀，我反而会追求一些浮躁，就是，很，很功利地去追求一些东西，就沉不下来。我觉得最主要的就是这个原因。

……

图 9.7

观察记录例

时间	观察到的事件	观察者的解释和疑问
20:00	观察开始进行观察，观察对象正在玩游戏	观察者在观察之前，观察对象就已经在玩游戏，该游戏对观察对象的吸引力很大。(游戏为什么对观察者的吸引力如此之大)
21:19	看网页，浏览贴吧	由于网速较慢，游戏无法继续，不清楚在浏览什么贴吧，但网页上显示在查资料
21:37	有其他寝室同学进来，与观察对象进行讨论	观察对象与同学讨论教材编写内容是否合理，如何做 PPT，从谈话中得知因为第二天就要用
22:10	同学走后，观察对象继续查资料，以完成 PPT	由于同学催促，并且第二天要用，所以观察对象持续一段时间在查资料，在做 PPT
22:48	观察对象又浏览了一下之前打开的贴吧	可能是因为贴吧的吸引力比较大，或者有点累，想休息一下下。（不是明天就要用 PPT 了么，为什么观察对象还能如此悠哉的浏览贴吧？）
22:57	观察对象离开座位，去洗漱	由于快要熄灯了，时间也较晚了，所以观察对象去洗漱了
23:00	熄灯时间	房间里面照明用的大灯统一熄灭了，但墙上的插座还是有电的，可以接台灯和电脑
23:10	观察对象洗漱完毕，回来继续做任务	观察对象似乎也意识到必须尽早做完，因而很迅速的洗漱完后，紧接着做任务
23:18	观察者离开，观察对象仍在做 PPT	直到观察者离开，观察对象一直都在做 PPT（观察对象到底几点才做完任务？因为这个会不会影响到第二天的上课？）

图 9.8

(9)用 5 分钟做练习(图 9.9)。

(10)根据例子讲解如何编码(图 9.10)。

任务3

- 在细化好的资料基础上试着粹取几个核心词。

图 9.9

第四步：编码

- 例：在一个研究学前教育阶段家庭教育问题的项目中，研究者通过访谈、观察的方式收集到了大量原始资料。经过粹取后得到如下核心词："上绘画班""买电子琴""上条件好的幼儿园""学英语""上实验班"
- "提前上学""成绩不好""学会撒谎"
- "受欺负""学习压力""经常与孩子聊
- 天""让孩子自己选择未来""参加体育活动""适当家务劳动""注重营养""打扮朴素"。

(1)"物质条件"（买电子琴；上条件好的幼儿园）。

(2)"精神支持"（受欺负；学习压力；经常与孩子聊天；让孩子自己选择未来）。

(3)"智力发育"（上绘画班；上实验班；学英语；提前上学；成绩不好）。

(4)"身体发育"（参加体育活动；适当家务劳动；注重营养）。

(5)"道德品质"（学会撒谎；打扮朴素）。

图 9.10

(11)用 6～8 分钟完成任务 4(图 9.11)。

(12)讲解如何归类(图 9.12)。

任务4

- 在萃取出来的核心词基础上试着建立简单的几个编码。

图 9.11

第五步：归类

- 在一个关于外语文化教育的研究中，研究者得到的编码有9个：理由、指导、科技、教师、比较、级别、动力、资源、纲要。将编码加以分析、合并，形成新的四大类属：

(1) 原因和动机（理由、动力）。

(2) 分级指导（指导、比较、级别）。

(3) 科技与资源（科技、资源）。

(4) 教师发展及领域规范（教师、纲要）。

图 9.12

(13)讲解如何架构,并解释模板(图9.13)。

(14)解释例子(图9.14)。

图 9.13　　　　　　　　　　　　　　　　　　图 9.14

(15)由于课堂时间有限,剩下的工作需要以课后作业的形式完成(图9.15)。

作业

• 按照处理原始资料六步法的要求,小组成员分工处理所有的资料,然后进行内部交换、检查。

• 每小组按照模板架构一份完整的原始资料表格并上交。

图 9.15

实践模块

例1　表9.2是陈佳男、陈佳彬、陈皓骞、陈芊、迪丽努尔同学从各自所收集的原始资料中提取的核心词。

表 9.2　第 5 小组原始资料核心词提取汇总表

资料名称	核心词
陈佳彬——观察 1	迟到现象;缺乏互动;板书不清;学生积极性不高
陈佳彬——观察 2	平时作业;出勤率;要努力;加分
陈佳彬——访谈 1	注重过程;作弊;平时积累;功利主义;乐趣;要有压力;要读书;自制力;课程设置;教师对学生的态度
陈佳彬——回访 1	作弊;实施;教学方式;收获;抄袭;教师师范技能;上课积极性;评价方式;创新少;动手多;功利主义;引发思考;改革阻力;主副课

续表

资料名称	核心词
陈佳彬——回访2	功利主义;期末范围;作弊;迷茫;上课目的;选课偏好;小班化教学;教学过程;分享
陈佳男——观察1	出勤率;师生互动;教学方式;课程安排;知识偏好;课堂氛围
陈佳男——访谈1	平时分界定;小组合作;平时积累;学习压力
陈佳男——访谈2	学习压力;通识课程;平时积累;平时作业;小组合作;适应;专业课;上课风格
陈佳男——访谈3	评价方式;评价比例;学科;积极性;自我约束力;学习类型;主动性;考试公平
陈佳男——回访1	教师对改革的态度;平时分;情感分;不公平;比重;教师师范技能;平时考核;抄袭;压力
陈芊——观察1	出勤率;迟到;加分;教学风格;课堂氛围
陈芊——访谈1	时间安排;痛苦;矛盾;教师对改革的态度;平时考核;期末考试;情感分;不公平;师范技能训练;学习内容;考研
陈芊——访谈2	平时考核;评价重点;迟到;教学过程;期末成绩;评价目的;知识水平;学习观;考核方式改革;期末考试;教师对上课的态度;知识探索;学习过程;学习目的;教学内容;教师师范技能;教学方式
迪丽努尔——访谈	自我要求;学生对新考核方式的态度;教学成果;作业形式;出勤率;认真;师范技能;就业率;实施效果;公平公正;平时成绩;作业量;专业课;通识课;成绩最重要;抄袭;缺乏沟通
陈皓骞——访谈1	作业量;小班化;小组合作;考核内容;教师对考核的态度;课程设置;分数观
陈皓骞——访谈2	考核比例;分数观;社会压力;心理矛盾;兴趣;能力;学习观

　　例 2　表 9.3 是迟晓娜、曹苗冉、韩思竹、刘启贤同学在完成所有的原始资料处理工作后所架构的图表。

表 9.3　原始资料整理架构表

文本举例	核心词	编码	类属
(1)我有一点做事情喜欢去追求完美,有一点这种性格; (2)我需要前段准备投入,进入的时间有一点长,然后进去之后就是说我想,有点完美主义的那种	追求完美	人格因素	拖延成因
(1)我觉得我自己就是……不跟自己比,老爱跟别人比,看看别人在做什么,然后自己还是那个(老样子)…… (2)我总有种这样的感觉,别人都不在做课题的时候,你一个人在做会觉得很奇怪…… (3)好像是个轮回,觉得自己没有做计划,赶不上别人,就不去努力……	参照他人		
(1)我制定计划都是列点,我最近可能有哪些事情要做,但是我不会给它一个时间期限,比如说我要在什么什么之前把它做完这个是没有的; (2)就是很具体的没有,就是大概粗略的,比如先做这个,再做这个,后做这个,就是没有规定这个在什么时间做完; (3)计划表没有规定什么时候完成,只是提醒用的	计划表没有限制时间	行为因素	
(1)一二年级的时候开始,赶作业赶到很晚; (2)我容易拖,从小到大已经形成了习惯; (3)经常熬夜做作业; (4)我一般都是快要那个要上场了那个时候才会去准备一下; (5)我一般会没到最后一刻就不那啥的那种	不良习惯		

续表

文本举例	核心词	编码	类属
(1)自控能力不是特别强； (2)我一看电影就不行了，可能会管不住自己； (3)游戏有很大的吸引力，导致无法学习； (4)小说很有吸引力，所以必须看完才能静下心来学习； (5)收不住啊；一方面是意志力不够坚定； (6)就是感觉一进去就收不回来的状态，心里想着，哎，稍微看一会儿就好了，但是看完这个就还想看那个，还想看那个…… (7)在听歌的时候就会把我带过去；虽然之前老是会考虑要去干那事儿，但是一打开电脑吧，就被各种各样带过去了； (8)原来起点是那件事，但是终点往往就跑偏了； (9)一开始，好像带了 ipad 在那玩，在那刷微博。但是我不知道为什么，就是我看这个没什么兴趣哦，但是我一定要把它看完	自我监控力差	情绪与意志因素	拖延成因
(1)情绪低落的时候，吃东西、发呆、整理衣服……工作效率不高；情绪高涨的时候，唱歌、洗衣服和别人聊天……太 high 也不会工作；适当压力又比较冷静、理智的时候，正式规划工作就有效率了； (2)心情好的时候，就会提前完成； (3)心情不好的时候就会不想做事情	情绪影响任务进程		
这就是借口	为拖延找借口	认知因素	
可能就是本身觉得它很困难，比较麻烦……其实做的话也还好，我也不知道当时为什么没有做……	主观夸大任务难度		
(1)有的老师布置的作业就可能会在其他作业里面插进来，还有如果遇到放假的话，有可能同学约出去玩呀，会把时间给占掉； (2)不停地有电话短信干扰，还有同学请求帮忙，干扰了做作业； (3)我跟那个女同学，如果不那么在一起玩哦，就能静下心来	他人干扰	环境因素	
几乎没有（压力）的，好像她们就是在睡睡觉	周围环境无压力		
(1)玩手机、看小说、浏览网页、逛贴吧、玩游戏、社交网络、朋友、打电话； (2)另一方面是外面的诱惑太大了； (3)可能会被在网页啊各种，打断了就； (4)我发现一个东西对考研很（有负面作用），新浪微博，我就一直刷一直刷	外在诱惑		

续表

文本举例	核心词	编码	类属
(1)不擅长的事情容易拖后,文笔不好,写数学我是无所谓,写东西时候就会很烦躁很烦躁,对于老师让交那些写论文的作业,人家一个小时写完,我可能要花半天; (2)上个学期大部分都是论文,但我不怎么擅长写一些东西,就会拖; (3)然后这个工作强度自己估计了一下,也比较大,那拖延体现的就不是很明显 (4)我在期末的时候,就是事情特别多的时候,我就会拖到最后。(数量)	任务难度 任务数量	任务性质	拖延成因
(1)有些时候就是你比较感兴趣的东西,然后你就会不会说要拖到那么后去做嘛; (2)那有一些就是感觉不是很想去做的那种,那就会拖到那么后才去做; (3)主要我不喜欢人力(资源管理);如果是心理咨询的话,我肯定会提前好多好多时间来看	对任务的喜好程度		
上个学期大部分都是论文的形式,我都是提前准备,因为我觉得论文这种东西你到期末再写就真的是写不出来的,这个学期基本都是考试,比方说问题解决,奥数什么的,都是考试,我就没有提前准备	任务形式		
考研的话,我觉得可能还没逼自己到那种非常急的程度吧	任务时限		
没有给我造成特别……恶劣或者是什么特别恶劣……其实已经有一些自己能够看到有些不好的、不良影响了,但是还没有就是说能够严重到让我决心马上去改变	拖延未带来不良后果	反馈因素	
(1)可能是因为没有网络的影响了吧,断网后工作效率要高些,要专注一些,断网后客观的条件就很单一了; (2)在熄灯后,才开始认真做作业	断网后开始工作	行为表现	拖延表现
(1)自己最大的缺点就是安排不太好,就是没有提前的计划; (2)我从来没有安排,也不是没有安排,我上学期是有安排的,但这个学期就没有安排	没有计划		
(1)原本计划下午做作业,没有做; (2)然后但是这项表格,在第二个星期的时候,我就,我就已经把它胎死腹中了; (3)平时可能给自己安排一些工作啊,但是逛贴吧就老是把工作往后推往后推; (4)然后就是看贴吧的时候,心里就会想,我看完这个就一定要去工作了;然后接着看下面的,看完这个我一定要一定要去工作了,直到断网了	不能很好地实施计划		
我觉得自己真的是那种……事情一直挂在嘴上,但又不好好去做……	言行不一		

文本举例	核心词	编码	类属
(1)因为我很久就已经处于一种比较松弛的状态了,我设想一下,如果考研的话,那大家都会很累或者一天的时间全部都在学习; (2)我老想有个准备阶段,但这个准备阶段就一直拖后拖后,也可以不想它(缓冲期),那种; (3)我觉得逛贴吧的时候好像会给自己带来一种愉悦感,就是有一种很开心的感觉	及时行乐	行为表现	拖延表现
(1)一边聊 QQ,一边整理邮箱,一边整理 Word(效率低下); (2)我就注意力会分散; (3)一边捣鼓手机,一边看文献	注意力分散		
(1)因为一开始的时候,时间安排是比较充足的,一开想做的就会做得很好,后来做着做着,就发现自己时间不够了,就是时间利用率不高; (2)熄灯前只有十几分钟是用来做作业的; (3)时间利用得不是很好啦;我觉得我的效率很低; (4)(最近时间利用得)好像也不怎么样;	时间利用率低		
但是过个三四五天,又会那样(拖延)了	问题周期性出现		
(1)比如说一件事情,我不想做,但是我会天天想,只要有空闲的时间就去想,然后还是不去做; (2)觉得自己作业很多,总会想着要去完成它,但是又把时间花在娱乐上	主观感觉自己很忙	主观感受	
(1)交作业离期限时间还很充裕,观察对象认为作业可以在最后期限前完成,所以就先做其他事; (2)反正还有时间嘛,然后还有几天几天,到那天再说,就这样;	前期感觉时间很充分		
(1)有压力的时候,也就变成动力了,所以时间利用率的情况在后期,就比较,恩,感觉比较有动力,之前实际那比较多的时候,动力就比较少,就导致完成的情况也不是很好; (2)及时做没有效率,有压力才有效率	拖到最后时间利用率高	积极影响	拖延影响
(1)肯定也会有点懊悔,说自己看电影耽误时间(自责),然后可能心情很烦躁; (2)就是,感受就是,你把事情放到最后一天,很有紧迫感; (3)就是拖到最后一天嘛,肯定有那种焦虑呀,烦躁,也会有反省,有一点下次不能再这样做了,后来还有就是,有压力嘛; (4)很焦虑很着急; (5)当意识到完成事情的时间有些紧张时,会觉得焦虑;就是焦虑,真的是焦虑。然后就是……额,我有时候会……额……就是砸床,那种; (6)好像需要调节一下心情,但是往往看到最后的时候,超过那个时间的时候,焦虑比较多,但那时候越焦虑越不容易出来的状态; (7)就是想到作业的时候会很焦虑嘛	拖延会带来负面情绪/行为	消极影响	

续表

文本举例	核心词	编码	类属
(1)通常熬夜会熬到几点？算个平均数的话一点到两点之间吧； (2)有(不合理习惯)，就是熬夜做作业嘛，三四点才睡觉，第二天早上还有课，(轻笑)就睡那么一会会，所以说拖延很痛苦	不良作息习惯	消极影响	拖延影响
(1)拖延不是一种好东西； (2)我还对拖延持反对意见的； (3)我觉得那肯定是提前完成好一点； (4)我不觉得拖拉会给人造成好的结果，它不是一个好的习惯； (5)其实我知道这样不好，有时候一天会……	主观认为拖延不好		对拖延的看法与行为转变
(1)就计划，计划也是有的，就是说如果真的有那些事情比较多了，然后就会找个本子，把要做的事情都写下来；或者就是强制自己到图书馆之类的，大概就是这样； (2)以前平常就是一有时间就刷嘛，可能现在就是……手头上可能有一些事情，就一定要把这个事情做完了再去碰手机，但是我还是在刷，没有去禁止它； (3)其实我发现哦，当时想改变的决心挺大的，但是还是没有什么改变	尝试改变		
你之前不是说做完就给自己一点奖励嘛，但我发现我把奖励都用了，还没什么结果(笑)，不是做完一件事情，然后就干嘛干嘛。但是我回来哦，因为比较贪吃，一边做一边吃，还没做完就把奖励吃完了，吃完了就睡一觉(笑)，也没有学习……	改变的效果不佳		

例 3　表 9.4 抽掉了例 2 中的文本部分，这样可以更清楚地了解原始资料的架构情况。

表 9.4　原始资料整理架构简表

核心词	编码	类属
追求完美	人格因素	
参照他人		
计划表没有限制时间	行为因素	
不良习惯		
自我监控力差	情绪与意志因素	
情绪影响任务进程		
为拖延找借口	认知因素	
主观夸大任务难度		
他人干扰	环境因素	拖延成因
周围环境无压力		
外在诱惑		
任务难度	任务性质	
任务数量		
对任务的喜好程度		
任务形式		
任务时限		
拖延未带来不良后果	反馈因素	

续表

核心词	编码	类属
断网后开始工作	行为表现	拖延表现
没有计划		
不能很好地实施计划		
言行不一		
及时行乐		
注意力分散		
时间利用率低		
问题周期性出现		
主观感觉自己很忙	主观感受	
前期感觉时间很充分		
拖到最后时间利用率高	积极影响	拖延影响
拖延会带来负面情绪/行为	消极影响	
不良作息习惯		
主观认为拖延不好	对拖延的看法与行为转变	对拖延的看法与行为转变
尝试改变		
改变的效果不佳		

第10章 从开题报告到研究报告

理论模块 ·*·*·

开题报告(research proposal)与研究报告(final report)是质的研究者就自己的研究需要上交、公开的两份重要文件,两者有许多相似之处但又不尽相同。可以简单地将开题报告理解为在做研究之前,研究者所写的一份关于怎么做研究的打算,是以一种"将来时"的口吻来叙述的文件;而研究报告则是在完成研究之后,研究者所做的一份关于研究是怎么被完成的、得到了哪些结果等的情况汇报,是以一种"完成时"的语气来报告的文件。

10.1 开题报告与研究报告的格式

开题报告与研究报告在现实中有许多变式。比如说学位论文的开题报告、科研项目的申请书等的本质都是开题报告;而学位论文、项目结题报告、学术期刊上发表的科研论文等,实质上都是研究报告。一般来说,每个学校、机构、期刊都会给学生、申请人、投稿人提供一些固定格式的模板,我们在写作之前务必要搞清楚要求再下手。无论具体的模板如何变化,其本质是不变的。所以,本章将展示并说明开题报告和研究报告基本的格式、内容、注意事项等,以不变应万变。

请先仔细观察表10.1,看看开题报告与研究报告都是由几部分组成的? 分别是哪几部分? 两者有哪些相似之处和不同之处? 并思考为什么会产生这样的相似与不同?

表 10.1 开题报告与研究报告的基本格式

开题报告的基本格式	研究报告的基本格式
题目	题目、概要、关键词
一、介绍	一、介绍
（一）研究的背景和目的	（一）研究的背景和目的
（二）文献综述	（二）文献综述
（三）理论框架与研究者自述	（三）理论框架与研究者自述
（四）研究的意义	（四）研究的意义
（五）研究问题	（五）研究问题
二、研究方法	二、研究方法
（一）研究对象及抽样方法	（一）研究对象及抽样方法
（二）研究现场	（二）研究现场
（三）研究者的角色	（三）研究者的角色
（四）收集原始资料的方法	（四）收集原始资料的方法
（五）处理资料的方式	（五）处理资料的方式
（六）伦理道德问题	（六）伦理道德问题

开题报告的基本格式	研究报告的基本格式
三、时间规划	三、结果
四、预算方案	四、讨论
参考文献	参考文献
附件	附件
A 知情同意信	A 知情同意信
B 访谈问题	B 访谈问题
C 观察记录表	C 观察记录表

从表 10.1 中可以清楚地看出,开题报告与研究报告都由六大部分组成,题目、介绍、研究方法部分和后面的参考文献、附件部分是一样的。区别在于,研究报告的题目之后需要有概要和关键词;另外,开题报告的第三、第四部分与研究报告的完全不同。很明显,开题报告的重点落在研究者打算怎样做上面,而研究报告的重点是汇报已经做了什么。在现实中,开题报告一般会呈现出一种"头重脚轻"的特点,其介绍和研究方法部分是叙述的重点。而研究报告的结果部分一般会成为其中字数最多的一部分,其他各部分则比重相当,重点分布较为均匀。

10.2　开题报告的内容与注意事项

开题报告的内容与注意事项见表 10.2。

表 10.2　开题报告的内容与注意事项

题目		主副标题一般控制在 20 个字以内。对新手研究者来说,题目宜小不宜大、宜精准不宜粗放、宜平实不宜虚浮
一、介绍	(一)研究的背景和目的	很多研究者喜欢以解释什么原因推动自己进行此项研究为开头,研究的灵感可能来自于一次同同学和老师的讨论,或对某个热点教育问题的好奇心,或是来自于自己学习或教学工作中的一个现实问题等。接下来研究者应该描述此项研究所发生的背景,通常的作法是强调自己的研究与以前发表过的研究之间的联系,对于前人的贡献做一段简短的回顾,目的在于使读者明白自己研究的源与流。 研究者需要清楚地介绍研究的目的是什么,让读者相信研究者有充分的理由非要做这个研究不可。研究者需要使研究的重点集中在实际的事物或问题上,不能太宽泛或太狭窄。 开头几段的文字质量直接决定了读者会不会继续读下去,因此研究者必须做到字斟句酌、反复打磨
	(二)文献综述	对于相关的文献进行梳理、分析。关于这个问题,什么是已知的知识、什么可以和自己的研究问题相联系、自己的研究问题如何为整个领域的发展做贡献等【具体内容参考第 4 章】
	(三)理论框架与研究者自述	这一部分是关于理论框架和研究者自身背景与研究问题的关系的。在质的研究中,研究者作为研究工具,应清楚地向读者解释自己在什么样的理论指导下认识世界、认识问题的,也必须正视自己对于所研究的问题的感情,避免因个人感情对研究结果产生偏差。研究者应该回答,我的理论框架是由哪些理论组成的,我是从何种角度出发来看问题的,我为什么对这个问题感兴趣,以及什么样的个人知识、经历、背景把我带到了这个问题上,等等【理论框架部分可参考第 4 章】

续表

一、介绍	(四)研究的意义	该研究的意义、重要性在哪里？研究者需要说明研究的结果将怎样增加人们对事物的认知，或解答一个长久以来困扰人们的问题，或对某理论有所贡献，对某项具体工作有帮助，等等
	(五)研究问题	简单明了地列出该研究的研究问题都有哪些。一般的研究只回答 2~3 个研究问题
二、研究方法	(一)研究对象及抽样方法	描述理想的研究群体的特征，以及选择研究对象的标准。在前行探索的基础上说说到哪里抽样、如何抽样、样本的大小预计有几个人【关于抽样参见第 5 章】
	(二)研究现场	在前行探索的基础上，详细描述研究场所，以及选择这个现场的原因
	(三)研究者的角色	研究者怎样进入研究现场的、与研究对象的关系是怎样的、如何形成这种关系的
	(四)收集原始资料的方法	说明研究者如何使用观察、访谈、实物分析来收集原始资料。例如，打算进行几次访谈、访谈的形式是什么、每次访谈持续多长时间，需不需要做回访等。具体说明研究者如何使用录音、录像或其他手段记录研究资料【具体内容见第 6~8 章】
	(五)处理资料的方式	说明将采用什么样的方式来处理所获取的原始资料【具体内容参考第 9 章】
	(六)伦理道德问题	说明研究者如何贯彻知情同意原则、如何保护研究对象的身份信息，以及对研究资料人如何进行保密等研究相关的伦理道德问题【参见第 5 章】
三、时间规划		详细说明研究持续的时间，可以以月、周为单位，列出每一时间段内打算完成的具体工作、负责人等
四、预算方案		造表说明研究总共需要多少科研资金，哪些部分需要多少具体的数额
参考文献		严格按照国家标准列出所有文中引用过的文献
附件	A 知情同意信 B 访谈问题 C 观察记录表	拟好给研究对象的知情同意信，列出访谈中要问的若干问题，造好观察中将使用的记录表，统一附在文后

10.3　研究报告的内容及注意事项

研究报告的内容及注意事项见表 10.3。

表 10.3　研究报告的内容及注意事项

题目、概要、关键词	研究报告一般会沿用开题报告中的题目，当然经过整个研究过程的洗礼之后，对题目进行适当的修改也是可以的。概要的任务是在文章的一开头对整个研究进行概括。一般来说，概要都会在 150 字之内包含以下信息：(1)研究的目标是什么；(2)研究对象是哪些人；(3)研究对象在研究中做了什么；(4)研究的一些重要发现是什么。研究报告的概要就在于用非常简短的问题向读者提供研究的相关信息。一段合格的概要必须指出研究者为什么要进行研究，研究者是怎样回答研究问题的，研究者最终发现了什么。概要之中尽量不要包含任何专业词汇，这样对此领域比较陌生的读者也可以通过概要对研究有一定的了解。 　　就研究的主要内容和特点提取 3~5 个关键词，目的是更好地帮助读者了解文章的内容

一、介绍	（一）研究的背景和目的	一般沿用开题报告中所写的内容，可以做适当的修改
	（二）文献综述	同开题报告要求一致。
	（三）理论框架与研究者自述	同开题报告要求一致。
	（四）研究的意义	同开题报告要求一致。
	（五）研究问题	同开题报告要求一致。
二、研究方法	（一）研究对象及抽样方法	基本上沿用开题报告中所写的内容。如果实际情况与开题报告有出入，以报告实际情况为准
	（二）研究现场	同开题报告要求一致。
	（三）研究者的角色	同开题报告要求一致。
	（四）收集原始资料的方法	同开题报告要求一致。
	（五）处理资料的方式	同开题报告要求一致。最好附上研究者处理完原始资料所架构的图表，向读者展示从文本实例到核心词、编码、类属的关系
	（六）伦理道德问题	同开题报告要求一致。
三、结果		这一部分往往是一篇报告里最长的一部分，研究者应将自己从研究中得到的与研究问题相关的结果做分门别类的展示。一般按照研究者所建立的类属关系进行汇报。在这一部分，研究者应直接引用访谈中研究对象所说的话的精华来佐证自己的论述，可以考虑附上一些图表来增加对读者的吸引力
四、讨论		相比结果部分，讨论部分是对于研究结果就事论事般的解释。讨论部分的任务在于回答研究问题。研究者在这一部分需要说明，从研究中得到的资料说明了什么。讨论部分还应该包含研究者对于此次研究的局限性和不足之处的简略讨论，以及对未来研究的建议
参考文献		这一部分需要包含所有研究报告中引用过的文献。很多有经验的学者在阅读一篇论文时，首先看的部分就是参考文献，以此明确这篇论文是在什么样的理论影响下出现的
附件	A 知情同意信 B 访谈问题 C 观察记录表	附上研究者在实际收集原始资料的过程中所使用的知情同意信、访谈问题和观察记录表等

10.4 立论——开题报告与研究报告的核心

如果抛开开题报告与研究报告的外在格式，专注其内在逻辑时，我们会发现研究报告的核心其实就是立论，换句话说，就是作者如何向读者说明自己的观点、如何用论据支撑自己的观点，以及如何用证据证明自己的论据。新手研究者们经常犯的一个错误就是，急于向读者证明自己对这个领域有很多了解，于是就会将所有在文献收集过程中、研究资料收集过程中获得的信息都一股脑地放在研究报告中。当导师或编辑对这一堆文字说不的时候，会听到来自作者的一连串的委屈和抱怨。问题在于,报告不应该按照研究者所收集的资料的种类来组织,否则就会称各类百科全书为非常好的研究报告了。新手研究者要绝对避免把自己的报告写成如字典、词典里的词条一样的文字。研究报告不是说明文,更不能变成如百度百科一样的大量信息的集结体。必须牢记,开题报告和研究报告永远是围绕着研究问题来展开的。无论发现的文献或收集的研究结果多么有趣,如果与研究问题无关,那么就没有理由放到研究报告中去。

　　一篇报告的内在逻辑应该是:作者提出研究问题(research question(s))、作者用论点(claim(s))回答研究问题、作者用论据(reason(s))支持论点、作者用找到的证据(evidence(s))证明论点。拨开一切外在的格式、要求、文字的修饰等,所应该看到的就是如图 10.1 所示的一个关系。

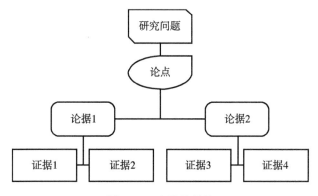

图 10.1　立论的结构

　　研究问题下面的论点可以多于一个,同样,论据与论据之下的证据也往往是复数。接下来通过一个例子来继续理解这种关系:

　　例　电视上的暴力对于儿童来说到底有什么影响呢?本研究发现电视上的暴力对儿童有害。首先,儿童暴露于大量的电视暴力之下会使他们接受这种扭曲的价值观。专家 Golden 在 2004 年的研究中表明了这一观点。其次,大量的电视暴力会使儿童难于区别幻想与事实。本研究的研究者通过一系列实验证明了这一点。学者 Smith(2008)的研究也证明了这一点。

　　上面的例子是一个非常简略的立论,一共包含 7 句话。第 1 句是研究问题(research questions),"电视上的暴力对于儿童来说到底有什么影响呢?"研究问题以疑问句的形式存在,作为整个立论的核心,研究者所做的一切努力,包括查阅文献和实际研究都是为了回答研究问题。第 2 句话,"本研究发现电视上的暴力对儿童有害"是作者的论点(claim)。可以将论点理解成用来回答研究问题的一个句子、一个陈述句、一种断言等。某事物是什么或不是什么,是真是假,是这种或那种情况等。接下来第 3 句"首先,儿童暴露于大量的电视暴力之下会使他们接受这种扭曲的价值观"和第 5 句"其次,大量的电视暴力会使儿童难于区别幻想与事实"属于论据(reasons)。论据是作者用来支持论点的句子,通常需要多条论据来支持一个论点。论据实际上就是作者用自己的话说出的一种解释、一种说明。没有论据支持的论点是无稽之谈,而没有证据的论据只能算是纸上谈兵。从上面的例子中可以看出,第 4 句是第 3 句的证据,而第 6 句和第 7 句则是第 5 句的证据。研究报告中所谓的证据

(evidence)，就是用来证明论据的实际事物。如果说论据是就事论事、阐释说理，只能存在于纸面上，那么证据必须是可以用感官看到、听到、触到、尝到的。比如说第 4 句"专家 Golden 在 2004 年的研究中表明了这一观点"和第 7 句"学者 Smith（2008）的研究也证明了这一点"就是存在于文献之中可以被人看到的。而第 6 句"本研究的研究者通过一系列实验证明了这一点"所指的实验，也是在现实中发生过，可以有文字、影像记录的事物。这个例子充分说明了立论的内在逻辑。读者需要看到的是研究者如何回答自己的研究问题，而研究者需要用自己的语言说出论点和论据，还要用来自于文献和实际研究中获得的信息来支撑。总而言之，一篇合格的开题报告或研究报告会留下研究者深刻的、清晰的立论痕迹。

教学模块

（1）简介本次课程内容，引出开题报告与研究报告两个概念（图 10.2）。

（2）布置任务 1（图 10.3）。

• 开题报告：在做研究之前，研究者所写的一份关于怎么做研究的打算，是以一种"将来时"的口吻来叙述的文件　• 研究报告：在完成研究之后，研究者所做的一份关于研究是怎么被完成的、得到了哪些结果等的情况汇报，是以一种"完成时"的语气来报告的文件	**任务1**　• 请大家先仔细观察下面的表格，看看开题报告与研究报告都是由几部分组成的？分别是哪几部分？两者有哪些相似之处和不同之处？并思考为什么会产生这样的相似与不同？

图 10.2　　　　　　　　　　　　图 10.3

（3）完成任务 1。提问后教师进行讲解（图 10.4）。

（4）讲解如何撰写开题报告（图 10.5）。

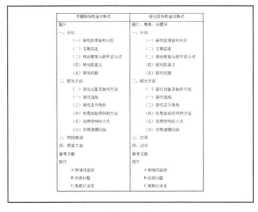

图 10.4

图 10.5

（5）用 10～12 分钟完成任务 2，教师提问、点评（图 10.6）。

（6）讲解如何撰写研究报告（图 10.7）。

任务2

- 根据自己小组现有的研究问题及已经收集到的资料,参照刚才老师讲过的开题报告结构,集体讨论,草拟自己的开题报告。
- 注意向老师反馈,对哪些部分存在疑问。

图 10.6

题目、概要、关键词
一、介绍
(一) 研究的背景和目的
(二) 文献综述
(三) 理论框架与研究者自述
(四) 研究的意义
(五) 研究问题
二、研究方法
(一) 研究对象及抽样方法
(二) 研究现场
(三) 研究者的角色
(四) 收集原始资料的方法
(五) 处理资料的方式
(六) 伦理道德问题
三、结果
四、讨论
参考文献
附件
A 知情同意信
B 访谈问题
C 观察记录表

如何撰写 研究报告?

图 10.7

(7)讲解立论(图 10.8)。

(8)对照例子继续讲解立论(图 10.9)。

立论——开题报告与研究报告的核心

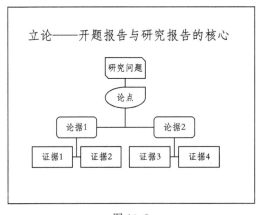

图 10.8

立论——开题报告与研究报告的核心

例:[1]电视上的暴力对于儿童来说到底有什么影响呢?[2]本研究发现电视上的暴力对儿童有害。[3]首先,儿童暴露于大量的电视暴力之下会使他们接受这种扭曲的价值观。[4]专家Golden在2004年的研究中表明了这一观点。[5]其次,大量的电视暴力会使儿童难于区别幻想与事实。[6]本研究的研究者通过一系列实验证明了这一点。[7]学者Smith(2008)的研究也证明了这一点。

图 10.9

(9)教师应在课前布置学生到数据库中搜索两三篇与自己研究相关的期刊文章,带到课堂上供小组讨论。用 15~20 分钟完成任务 3(图 10.10)。

任务3

- 每组阅读、讨论与自己小组研究问题有关的几篇期刊文章。对照前面所讲的研究报告的结构以及立论,思考应该怎样完成自己将来的研究报告。

图 10.10

实践模块 ·*****

例1　下面的开题报告是由小学教育专业的郑林萝同学根据学校的毕业论文开题报告要求完成的。请对照本章中关于开题报告的内容,看看里面包含哪些部分,缺少哪些部分。

小学生餐桌礼仪研究——以金华市某小学为例

一、介绍

进入21世纪,我国逐步走入了国际化和全球化,国与国的差异开始反映在文化内涵、文明礼仪等层面。近年来,为培养高素质、全面的人才,我国开始着力加强基础教育和素质教育的改革并取得了一定的成效。随着改革开放的深入、市场经济的发展,我国的社会氛围和校园文化受到了功利主义、个人主义、享乐主义、工具主义等思想的影响,即使是小学校园也出现了浪费食物、自私自利等不良好的现象。随着现代生活节奏的加快,父母与孩子之间交流的时间越来越少,很多家庭忽视了对孩子的餐桌礼仪教育,学校也承担了一定的餐桌礼仪教育的条件和平台。

时代对学生成才成人的衡量标准已经将文明礼仪、素质气质等内容发展进来。在更加开放、更加复杂的人际交往中,礼仪越发显得重要,对小学生校园生活来说,餐桌上的交流也占据了很多的时间和空间资源,餐桌礼仪的培养情况将影响祖国的花朵的人际交往和礼仪生成,甚而影响此后的人生阶段。

教育部于2011年1月22日印发《中小学文明礼仪教育指导纲要》(简称《纲要》),对小学至高中不同阶段文明礼仪教育内容做出了具体规定,其中《纲要》提到小学阶段要掌握相关的餐桌礼仪。

目前,对礼仪教育的研究比较常见,却很少深入到餐桌礼仪的研究,而且研究对象的年龄阶段尚不全面,停留在餐桌礼仪内容介绍的以及国与国餐桌礼仪比较的层面上,本研究将指定小学阶段的餐桌礼仪,具有一定的理论意义,丰富餐桌礼仪教育的研究。

理清本研究中小学生餐桌礼仪概念的内涵和外延,通过观察研究,把小学生餐桌礼仪现状的真实情况反映出来并形成报告,借鉴其他国家餐桌礼仪教育的经验,结合我国的实际情况提出相应的策略,若被采纳,将对小学学校改变小学生餐桌礼仪教育现状有实践价值,而且对于其他领域的借鉴和学习有经验之谈。

二、文献综述

梳理小学生礼仪教育理论发展的脉络,不难发现,自有人类文明史以来,无论是国内还是国外,都有大量关于礼仪和礼仪教育的理论思想。从国内情况看,我国拥有丰富的礼仪文化和礼仪教育资源,从《周礼》《仪礼》《礼记》到几千年来历朝历代学者对其进行的注、笺、疏,乃至近现代以来数以千计、万计的礼仪著作,其中蕴含大量关于青少年礼仪教育的思想。

经期刊文献的搜索,以"餐桌礼仪"为题名关键词搜索出来的论文只有46篇,其中很多是单纯介绍餐桌礼仪习俗和各国的餐桌文化的,很少有和教育进行理论论述的,而且在学校餐桌礼仪教育领域,比较多的研究对象为幼儿园的学生。以"餐桌教育"为题名搜到16篇文章,现在将有关餐桌礼仪的有关研究内容进行综述:

第一,关于餐桌礼仪概念及餐桌礼仪教育的功能、目标定位问题的研究情况。

有研究者提出:餐桌礼仪就是指人们在就餐时应该遵守的基本的行为要求。幼儿进行餐桌礼仪教育,不是在吃饭时间对孩子进行知识灌输或训斥,而是家长通过自己的言行举止,让孩子在潜移默化中受到良好就餐习惯的熏陶。有教育专家也强调,家长在餐桌上的言行,对孩子身心所产生的影响甚至比学校的功课还要深刻。

有研究者提出餐桌德育价值表现为:鼓励孩子自己进餐,培养独立的品质;给孩子一双勤劳的手,培养热爱劳动的品质;从点滴做起,培养孩子节约的美德;持之以恒,培养孩子的文明礼仪;从身边事做起,培养孩子环境卫生意识。

傅媛蕾认为礼仪教育既是幼儿身心和谐发展的需要,也是社会不断进步的要求。幼儿就餐礼仪教育成为幼儿礼仪教育中一个不可缺少的重要部分,这也使得幼儿就餐礼仪教育成为幼儿园教学活动中的一个组成部分,并且随着社会的发展扮演着越来越重要的角色。礼仪乃为风度,它直接关系到人的前途和命运,完全能够充电人生、引导人生。我们应该知道社交礼仪关系到每一个人的形象塑造和人格展示,视而不见、置之不理都是最为轻率的人际交往态度;反之,善于发现和运用社交礼仪的每一个细节,才能顺应人与人交往的基本要求,才能给自己提供难能可贵的良机。

第二,关于餐桌礼仪教育的内容、问题的研究情况。

有研究者认为学生餐桌礼仪应包括以下内容:①饭前要洗手;②就餐姿势端正;③口内有食物,应避免说话;④吃饭时不乱跑,不直接用手抓食物;⑤咳嗽、打喷嚏朝向无人的一边;⑥自己不愿吃的菜不能放在别人的碗里,喜欢的食物和大家一起分享,不能占为己有;⑦不挑食,不剩饭;⑧饭后要用纸巾擦嘴、洗手漱口。刘楷主张餐桌教育的内容有进餐礼仪、进餐习惯和环保意识三个方面。

余英和王小琴总结小学生餐桌礼仪的表现有以下几个方面。表现一:孩子要吃什么,基本上都满足,更有甚者一顿饭因孩子要吃什么而改变,大人们也只好跟着吃了。表现二:孩子在家吃霸王餐,在外面坐霸王席。比如把自己喜欢吃的菜放在自己面前,或是霸道得不让别人吃,让大人们难堪不已。表现三:坐相不雅,脚、手在板凳或桌子上不规矩,乱敲碗筷等。表现四:吃相不文明,好吃的菜挟一碗,包嘴大嚼,筷子、勺子一起拿着去舀汤等。表现五:对桌上的长辈没有礼貌等。

第三,关于加强餐桌礼仪教育的实施途径与策略问题的研究情况。

王燕,徐国芬主张在对近 500 名幼儿家庭做的用餐情况调查中发现,如今孩子用餐过程中较为普遍和典型的现象是:没有食欲、挑食、浪费粮食、进餐习惯差、不爱护餐具、不注意清洁卫生等。加强幼儿餐桌礼仪教育策略有:在情境创设中融合餐桌礼仪;在日常教学中渗透餐桌礼仪;在榜样示范下强化餐桌礼仪;在家园合作中巩固餐桌礼仪。

余英和王小琴提出学校应该对学生进行专门的餐桌礼仪教育:把餐桌礼仪教育纳入到《品德与生活》《品德与社会》中去,因餐桌礼仪是整个礼仪中的一个重要方面,又是一个人言行举止表现的一面镜子;实际演示操作,按方桌或圆桌演示杯、碗、筷的摆放,西餐中的刀、叉也要涉及;讲授挟菜,舀汤的规矩。挟菜时,筷子要干净,要看好,不要在菜盘中乱翻或胡乱翻一阵后又到其他盘子去挟菜;舀汤时应用勺子,而且要把筷子放下再去舀;吃相要文明,做到细嚼慢咽,不要狼吞虎咽;席桌上,尽量少说话,说话时,嘴不要对着席桌;对席桌上的人要讲文明礼貌;为了扩大教育效果,引起共鸣,以学生在日常生活中餐桌上的种种表现为题材,编成小品、相声等文艺节目在班上、学校,最好是到社会上去演出宣传,以加深、加强对学生的教育,同时让社会、家长高度重视,使学校、家庭、社会三位一体对学生进行餐桌礼仪教育。

三、研究的内容及可行性分析

(一)研究的内容

(1)确定餐桌礼仪的观察内容。

本环节主要是根据小学生餐桌礼仪的操作定义编制观察记录表与访谈问题,主要包括饭前是否洗手、就餐姿势是否端正、是否挑食、是否爱护餐具等就餐情况。

(2)对收集到的小学生餐桌礼仪的现状信息进行整理和分析,找出小学生餐桌礼仪表现的不好和好的方面,并进行相应的个案分析与教育价值分析。

本环节主要是数据的回收和整理。在具体调研之前,要了解到被调研的学校的基本情况,比如有多少学生,学生的家庭背景(家长的学历、职业等都将影响日常生活与孩子在餐桌上的沟通文化)、多少学生留校进午餐等信息。

(3)了解所调查的学校和教师在小学生餐桌礼仪教育方面的工作开展情况,找出现状背后的积极和消极因素。

(4)对于改善小学生餐桌礼仪教育现状提出建议。探讨小学生餐桌礼仪教育途径和方法,比如说加强学校餐桌教育的意识、教师中午进餐轮班制、主题班会、小学生进餐礼仪培训等。

(二)可行性分析

作为小学教育专业的学生,教育见习和教育实习是很好的深入课堂、观察学生、选取研究对象的机会。这些课程为此次的研究提供了便利。在以后的研究中,我可以到实习的学校继续进行食堂观察、个别访谈等研究工作。同时,我的家教工作为我深入研究提供了很好的平台。当然,国内外研究现状是我本次研究的理论基础。

四、研究方法

(一)文献研究法

在研究调查之前,通过数据库和网络查阅了一系列有关学生礼仪教育与餐桌礼仪的资料,了解了该领域的研究现状和成果,获得了大量有效、可靠的信息,为我们的调查和论文的顺利撰写提供了保证。

(二)观察法

本次调查研究,我观察的对象是浦江县浦阳第一小学学生。浦江第一小学创建于1905年,是一所百年名校。学校坐落于美丽的仙华山下,现有班级30个,学生1675名,教职工69名。学校按浙江省Ⅰ类学校标准建造,占地面积40002平方米(约60亩),总建筑面积15850平方米,总投资2722万元。校内有图书馆、电脑室、语音室、实验室、手工室、体育馆、塑胶运动场,每个教室都配备电脑多媒体系统等一流教学硬件设施。学校师资力量雄厚。学校采用以精细化管理为主线、以科研兴校为主导、以课程改革为主题、以师生发展为主体、以童话特色为主创的办学思路,以学校百年文化为底蕴,弘扬神笔马良"勤奋、善良、勇敢、智慧"的精神,追寻教育真谛,全面提升办学品位,努力把学校办成人民满意、社会放心、轻负高质、对外开放的窗口名校。由此我们可以推断,该校学生的就餐氛围比较好。之所以选择观察这所学校的小学生,首先,我们在那所学校见习,观察研究比较方便;其次,这所学校作为浦江第一小学,有一定的代表性。

在查找大量文献的基础上,结合以往去小学见习时所观察到的小学生餐桌礼仪的情况,我设计了观察表格(观察表格见附录 1)。我将选择该小学一到六年级各一个班的第二组的学生来进行观察,预计观察对象为 60 名学生。作为一名实习老师,一整天都与学生待在一起,包括吃饭时间,因此我可以直接进入食堂(如果在教室吃饭就进入教室)观察,而不会显得突兀,引起学生的好奇或者反感,实习老师这个身份可以使观察结果更具真实性。为了使观察结果更具真实性,我会对每组观察三次。

(三)访谈法

虽然本研究是以观察法为主,但许多事情不能只看表面,许多原因也是观察不到的。为了弥补观察法的不足,我将针对观察时有疑惑的问题采取进一步的访谈(学生访谈提纲见附录 2)。我将在所观察的班级每班随机抽取 2~3 名学生,访谈学生共计 15 人,询问有关餐桌礼仪的问题,深入了解小学生餐桌礼仪的现状与影响因素。

另外,为了使访谈结果更具全面性,我也将对老师采取个案访谈(教师访谈提纲见附录 3)。访谈对象是我所观察的班级的班主任或者午饭期间进行管理的教师,结合他们班的就餐情况,向老师请教有关学生餐桌礼仪的问题,从教师的角度研究小学生餐桌礼仪的现状与影响因素。

(四)案例分析法

在观察与访谈过程中,肯定会遇到具有代表性的学生餐桌礼仪情况,对于这种情况,我们无法直接分析出原因,这就需要对其进行追踪调查与案例分析,深入研究其现象发生的原因,并提出改正建议。

五、论文的进度安排

2013 年 7 月~8 月 15 日:收集文献资料,讨论确定研究思路;

2013 年 8 月 16 日~9 月 10 日:分析资料,设计并完成观察表和访谈题目;

2013 年 9 月 11 日~11 月 10 日:利用观察表格观察学生;根据访谈题目,访谈学生和老师;

2013 年 11 月 11 日~12 月 15 日:整合观察访谈结果,获取有用信息;

2013 年 12 月 16 日~2014 年 1 月 15 日:对观察和访谈到的具有代表性的就餐现象进行案例分析;

2014 年 1 月 16 日~2 月 15 日:结合文献和资料,初步撰写论文;

2014 年 2 月 16 日~3 月 15 日:接受老师指导,修改论文初稿;

2014 年 3 月 16 日~4 月 15 日:接受老师指导,再次修改论文;

2014 年 4 月 16 日~2014 年 6 月:确定最终论文。

参 考 文 献

陈时见. 2009. 教育研究方法. 北京:高等教育出版社.

傅媛蕾. 2010. 幼儿园对幼儿进行就餐礼仪教育的意义及方法. 价值工程,(35):176-177.

贾冬琴,朱成梅. 2009. 幼儿餐桌礼仪案例解析. 现代教育科学(小学教师),(03):118-121.

蒋建微. 2010. 餐桌上的"德育"教育. 健康生活,(11):60-61.

马琴. 2009. 浅谈对小学生礼仪教育的途径. 新课程(小学版),(05):44.

秦俊峰,谢晓南.2005.国外的礼仪教育.中国民族报,(04)4-5.

王燕,徐国芬.2009.幼儿餐桌礼仪教育的实施策略.现代教育科学(小学教师),(03):117.

向雪梅.2008.运用评价体系,抓好养成教育.学校党建与思想教育(下半月),(04):54.

杨兴国.2009.日本幼儿礼仪教育及启示.教育导刊(幼儿教育),(10):61-62.

叶建朋.2005.小学生礼仪教育初探.华中师范大学硕士学位论文.

徐顺英.2009.浅谈日本的餐桌礼仪.中国校外教育,(S5):191-216.

张文娟.2009.浅析中西方餐桌礼仪存在差异的原因.现代商业,(04):283.

周红豆,吴迪.2011.商务礼仪及其课程设计研究文献综述.现代商贸工业,(06):213-214.

附录 1

小学生餐桌礼仪的调查研究之观察表

观察学校：　　　　　　　　　　　　　　观察班级：

观察总人数：　　　　　　　　　　　　　观察人：

观察地点分析：		
时间	观察到的事件	观察者的解释和疑问

附录 2

小学生餐桌礼仪的调查研究之访谈提纲(学生)

同学,你好! 我们是实习老师,正在做一项研究,是有关小学生餐桌礼仪方面的,希望你能给我们提供一些有用的信息。回答问题时请不要有什么顾虑,我们对此次访谈的内容会绝对保密,请你放心! 希望你能与我们合作,谢谢!

1.你觉得在吃饭时怎么做才算表现好呢?

2.你觉得在吃饭时怎么做就算表现不好呢?

3.你身边同学有挑食现象吗? 如果有,是挑什么食物呢?

4.你想要通过自己的努力让自己吃饭时表现好一些吗?

5.你的爸爸妈妈在吃饭时做得好吗? 好/不好在哪里?

6.在吃饭的过程中,你会帮助你父母做些什么?(整理饭桌、洗碗?)

7.在吃饭时,听到老师表扬表现好的学生,你会怎么做?(会不会也跟着做好?)

8.你吃饭时表现得好坏跟你离老师的远近有没有关系呢?

9.你会学习你同学吃饭时的表现吗?(家长、老师)

10.你觉得哪些因素会影响你吃饭时的表现呢?

11.你觉得自己在吃饭时还有哪些方面需要改进?

12.如果你身边有同学在你吃饭的时候大声讲话,你会有什么感受?

附录 3

小学生餐桌礼仪的调查研究之访谈提纲

老师,您好! 我是浙江师范大学的学生,也是我们学校的实习老师,我正在做一项研究,是有关小学生餐桌礼仪方面的,希望您能给我提供一些有用的信息。收集资料的目的纯粹是为了科学研究,您的真实想法会对这一领域的研究有很大帮助。回答问题时请不要有什么顾虑,我对此次访谈的内容会绝对保密,请您放心! 希望您能与我合作,谢谢!

1.您觉得关注小学生的餐桌礼仪有实际意义吗? 能分析一下具体原因吗?

2.您之前有没有主动观察过你们班或者其他班学生的餐桌礼仪呢?

3.小学生有哪些好的进餐行为表现?

4.小学生有哪些不好的进餐行为表现?

5.小学生自身是否有注意餐桌礼仪的思想和行为?

6.学校是否开展了学生餐桌礼仪教育活动? 如果有,是以怎样的形式开展的?

7.您或者其他老师对学校开展的餐桌礼仪教育活动持什么样的态度?

8.您对加强小学生餐桌礼仪教育有何建议?(实施环境分析)

例 2　下面的研究报告是由陈皓骞、陈佳彬、陈佳男、陈芊、迪丽努尔·吾买尔同学通过一个学期的研究所完成的。请对照本章所讲的研究报告的结构和内容阅读,并注意她们是怎样立论的。

新课程考核方式影响学生学习态度的调查研究
——以浙江师范大学生化学院为例

陈皓骞　陈佳彬　陈佳男　陈　芊　迪丽努尔·吾买尔

摘要:本文旨在通过基本质的研究方法收集大学生对新课程考核方式的反馈信息,反思新课程考核方式的实施对大学生学习态度的影响。目前许多大学生普遍存在着学习动机功利化、学习情绪低落等情况。本研究根据高校课程考核方式改革的需要,研究新课程考核方式下大学生学习的现状,分析相关影响因素,并整理、提炼出端正大学生学习态度的五点建议。
关键词:大学生;考核方式;教学评价;学习态度

一、介　　绍

浙江师范大学在 2014 年第二学期首次教学工作会议中出台了新课程考核方式,由原先的平时成绩占课程成绩的比例不超过 40％变为不少于 50％。在该项改革的推进下,研究者作为改革面向的主体,真切感受到课程考核方式改革在学习压力的提高及平时作业的增加等方面带来的一系列影响。作为形成性评价的一种形式,课程考核方式改革有助于了解教学的效果,了解学生学习的情况及所存在的问题或缺陷,从而引导教学向前发展或促使教学更为完善。研究表明,形成性评价对提高中职学生英语学习态度积极性(曹建春,2008)、增强独立学院大学生自信和激发英语学习兴趣(孙琼,2010)以及激发高职学生积极的情感态度,增强学习动机(詹丽芹,2011)均有促进作用。形成性评价的应用使学生愿意花更多时间在平时的学习过程中而非以往的考前突击应付、更注重培养和使用适合自己的学习策略(韦丽秋,欧阳护华,2012)。

虽然国内关于形成性评价和学习态度的研究已取得一定成果,但由于研究主题和领域相对分散,导致目前的研究还不够系统。在研究对象上,绝大部分研究以大学生为研究对象,针对中小学生的研究较少。在研究内容上,以英语教学和传统课堂为主,针对不同学科、不同平台的比较研究较少。在研究方法上,目前研究主要采用问卷法进行数理统计分析,以及通过设计形成性评价方案的实施评估形成性评价的效果,虽然多数研究中也辅助采用了访谈法、观察法等一系列基本质的研究方法手段,但在结果呈现上并不深入。

本研究从浙江师范大学生化学院入手,采用基本质的研究方法,旨在通过收集学生对新课程考核方式的反馈信息,为浙江师范大学课堂教育教学改革的进一步实施提供第一手资料;同时,深入了解新课程考核方式给学生学习和生活上带来的变化并探究其背后的原因,帮助学生更好地认识自我,促进其健康发展。本研究的研究问题有三个:①浙江师范大学新课程考核方式实施后学生学习态度是怎样的? ②新课程考核方式的实施能否提高学生的学习效率和学习质量? ③学生对新课程考核方式的真实看法是什么?

二、研 究 方 法

(一)抽样

本次研究采用目的性抽样的方法,以 5 名浙江师范大学生化学院全日制本科学生为对象。因生化学院长久以来实践课程较多,大量的实验报告、平时作业本就让学生觉得学业压力较大,新课程考核方式实施后,课程作业的加重使该学院的学生抱怨增多。在研究者与生化学院学生的日常交流过程中得知许多生化学院学生因考核方式的改变,学习态度也有明显改变,能为我们的研究提供丰富信息。

(二)研究现场

本研究进行的大环境——浙江师范大学是一所以教师教育为主的多科性省属重点高校,重视对课程教育教学的改革。本次研究的访谈分别在浙江师范大学桃源食堂二楼、北门外的美然蛋糕店、某教学楼休息厅进行,这几处地点均设有单独的座椅,室内光线明亮但不刺眼,有饮品售卖或饮用水供应,便于访谈顺利进行,同时也是研究对象较为熟悉的场所。此外,针对研究对象专业课的课堂观察分别在浙江师范大学 16 幢教学楼的四个教室进行,这四个教室中有能容纳 160 人的大阶梯教室,也有平时上课的普通教室。

(三)研究对象

研究对象一小静(化名)是一名大一科学教育(师范)专业的女生,今年 19 岁,笑起来很甜美,性格开朗,与同学们关系都比较好,平时对待学习也比较认真,自我约束力较高,但同时因为在大学里参与较多的活动导致其精力有所分散。

研究对象二小月(化名)今年 22 岁,是一名性格开朗的化学(师范)专业大三女生。她长相清秀,个子较矮,热爱与人分享观点,希望从课堂中获得乐趣。由于路程的关系,相比于图书馆,她更倾向于待在寝室里。

研究对象三小许(化名)是一名性格阳光的生物科学(师范)专业大二女生。她今年 20 岁,一头利落干练的短发令人印象深刻,她对待学习生活积极向上,有一颗充满热情的责任心,虽然一直在竞争激烈的初阳学院学习,但仍能在紧张学习之余保持自己对大自然的兴趣,追求自己想要的那份生活的意义。

研究对象四小松(化名)是一名大三生物科学(师范)专业的女生。她今年 22 岁,一副黑框眼镜架在鼻梁上,眉眼细长,看上去比较内向腼腆,实则非常聪明独立,总有许多新奇的想法,为人坦诚直率,动手能力强,目前正埋头于毕业设计和跨专业考研复习中。

与之前的四位女生相比,研究对象五阿布(化名)则是一名大二生物科学(师范)专业的维吾尔族男生。他今年 20 岁,性格比较外向,愿意主动与人交流,虽然对自己的专业不太感兴趣,但对待学习还是比较认真,尤其喜欢上实验课。

(四)研究者自述

本次研究中我们总共有五位研究者,均为浙江师范大学应用心理学(师范)专业的大三女生。其中有两位是浙江上虞人,她们从初中就开始经历新课改的浪潮,对于目前的新课程考核方式也能很快适应;来自四川的这位研究者在小学、初中都接受过小班化教学,认为新课程考核方式在加重了学习负担的同时也提高了自己学习的积极性;另外两位来自新疆维吾尔自治区的研究者在开学初对于新课程考核方式所带来的学业负担感到有些不适应。我们均有参与支教和科研活动的经验,并对教学评价有着较为浓厚的兴趣。

(五)研究程序

本次研究采用基本质的研究方法。研究者首先通过小组内部讨论和组间交叉讨论的方式拟定了初访提纲(见附录 1),初访采用非标准化访谈,着重与研究对象建立良好的关系,并收集了 5 名访谈对象对新考核方式的感受、态度,以及目前的与理想的学习态度对比资料。

研究者进一步延伸了收集信息的渠道,对每个访谈对象对应的专业课课堂采用观察的手段,试图去看到、体验事件的发生和发展,以及变化过程。前后就师生互动程度、教师对平时作业实际操作、教师在课堂中对新课程考核方式的真实态度几个方面进行两次课堂观察。

研究者经过近两个月的资料收集,对相应的课堂观察记录与访谈稿进行匹配整理,之后进行了第二次问题的收集,确定了回访提纲(见附录 2),对访谈对象进行了回访,回访采用标准化访谈,收集了 5 名访谈对象对新考核方式、教师教学的评价,以及自身学习观、分数观等方面的重要资料。

(六)数据、资料分析方法

在本次研究中,我们总共对 11 份访谈稿和 7 份观察记录进行了分析。首先,我们给每一份资料命名,例如"访谈 09N"是指第九份访谈,"N"则表示某一研究者的代号。在命名好的资料的基础上,反复阅读原始资料并对每一份资料进行细化。在细化过的资料基础上,提取访谈得到的核心词、所观察现象的特点等,并进行概括总结,如"功利主义""作弊风气"等。对概括后的核心词进行整理,得到如下十个编码。将第一次的十个编码加以提炼,最终形成四大分类:学生学习;教师教学;学校监管;影响因素。表 10.4 用直观的方式表现了编码整理的过程。

表 10.4　编码整理过程

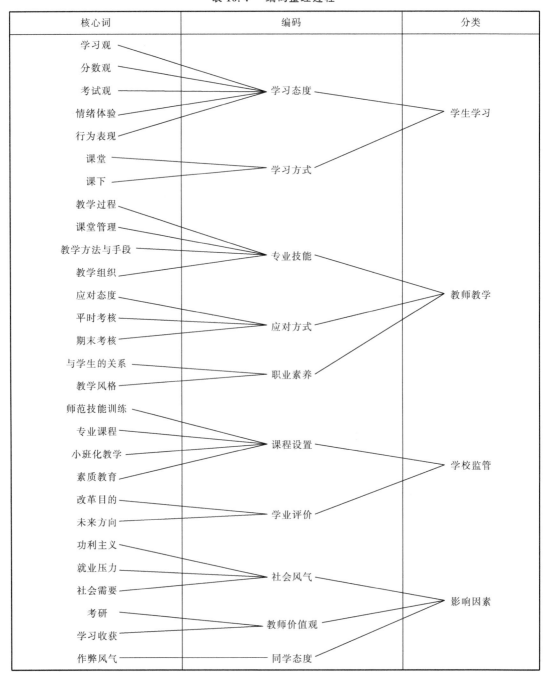

三、结　果

经过针对性地对大量原始资料进行筛选和整理,从新课程考核方式实施后的现状与影响因素两方面来展现新课程考核方式给师生带来的影响,以及学生对其的真实看法。

(一)现状

从考核方式、学生学习两个层面阐明新课程考核方式实施后,浙江师范大学生化学院师生的整体风貌。

1.考核方式

新的课程考核方式规定颁布后,教师的应对态度各有不同,在平时考核和期末考核的操作上也存在较大差异。专业课教师普遍倾向于用点到、课堂提问、布置课后作业等手段来进行平时考核;通识课教师则更多地采用学生出勤率、上交期中论文作为平时考核的依据。想要跨专业考研的小松很是不满这样的方式。

小松:这个通识课呢,老师都说以前不是这样子上的,就是因为这个改革出来之后,……以前就只有这个考试嘛,但现在就多了个论文,然后我老师还……以前不点名的,现在还点点名当当你的平时成绩这样子。

这种点名的方式让小松没办法轻松逃课去为考研复习,因此她感到很苦恼。相比于小松的苦恼,部分受访者倾向于理智地认为用出勤率、课堂回答问题的积极性、课后作业完成情况等作为平时考核的依据并不能真正地反映学生的平时表现。

小静:老师根据学生课后就是对一些课堂问题的反馈和询问可以体现出你这个学生对这门课的重视和学习情况。我觉得这个也是有一定弊端的,就是老师的这个自己的情感在这个里面。

小月:我觉得一个学业,不是说关键你出勤率有多好。虽然我不翘课,但是说你上课不听的话,那我没有学到东西,那纯粹是说在浪费时间。

其实不只学生,教师们也在思考这个问题。因为已经习惯了先前的考核方式,面对突然的课程考核方式改革,某些教师无从下手,不得已才将点到强行算作平时考核的临时依据。不少教师最明显的改变就是在课堂上会有意识地提及新考核方式,相比于原来,他们确实运用了一些手段加大平时考核的力度,但是也有教师明确地向学生表示期末考试还是更重要,而教师的这种态度也影响了学生对待考核的态度。正因如此,有受访者认为许多教师依旧在沿用原来的考核方式,即使有改变也不大,只是形式上的敷衍,换汤不换药,而真正改变的教师则少之又少。许多教师忙于科研,新考核方式的出现在评分和算分上都在消耗教师的时间。小松由于在课堂上明确听到自己老师的态度,对此深有体会。

小松:除了个别老师,好像其他老师都是那种为了评价才去,为了方便自己要去评价这个东西,才去搞这种(翘课扣分)……我们老师说了你期末考得不好,你期末考个二三十分,平时再好你也及不了格……因为我们老师明确表示了还是期末考试更重要。

在生化学院的专业课程中,实验课所占比例极大,而实验课的评价方式则是固定的期末实验报告。对于采用实验报告算作期末考试的做法,小松认为完全不科学,希望教师能在教学过程中多花一些心思去关注学生,不要只依靠最后的结果去评价。

小松：实验课完全是靠实验报告嘛，一直都是如此……因为实验课很多是分小组嘛，一个小组里也会有人偷懒啊，有人做得很好做得很辛苦啊这种东西，但是后来下来偷懒的那个人写得更好，他就得更高的分，这种事情是非常不公平的。它的成绩直接反映的是你实验报告写的字数，说真的，真的是字数。你单单凭最后的一个实验报告，字迹的整洁，然后书写字数的多少来给分的话，我觉得这完全是不科学的。……老师很多时候把前面的东西讲完之后，老师没事情做了嘛，就可以看看大家怎么样的嘛，没必要非要最后来，那样方便是方便，但真的对，比如说动手能力强的啊，要在实验室做到很久啊，就是很认真的那种学生真的很不公平的。

不少受访者也表示完全不知道教师是否会像其所说的一样进行考核，因为他们经常对自己的期末成绩感到惊讶，甚至有学生发现期末考试的成绩才是自己最后的成绩。在谈到目前教师在教学过程中存在的问题时，受访者表示许多教师只注重科研，对教育学知识了解不多，上课时存在纯属念PPT的现象，缺乏相应的教师技能，学生也没有获得思维上的启发，对于维吾尔族的同学，教师更是缺乏与他们的沟通交流。

2. 学生学习

所有的受访者都表示自己更向往过程性积累的学习方式，希望能在大学中积累知识，并慢慢地提升自己，但是受环境限制、自制力不强等因素的影响，能坚持下来的寥寥无几。新课程考核方式实施后，该种状况稍微有所改善。平时成绩比重的增强使得受访者对过程性学习更加重视，抱有的侥幸心理较以前小了很多，也更愿意付出努力。小许是大家眼中的勤奋女生，当谈到自己的学习情况时，她也肯定了平时考核的作用。

小许：我是那种刚开始会比较有斗志，然后中间慢慢松懈，对过程的考核，就比较会让我警醒一点，就平时也会注意一些，不会说到最后才临时抱佛脚吧。

像小许这种情况的受访者不在少数，虽然他们均表示新考核方式对平时学习有一定的促进作用，但随之带来的压力却令他们感到烦躁。在这样的压力环境下，一些学生想要偷懒的心思便暴露了出来。平时成绩和期末成绩的挂钩使大家把平时作业的正确率看得更加重要，抄袭、校对答案让老师看不到学生学习中的问题所在。对于不支持抄袭作业的小月而言，这样的行为是对自己不负责任的表现。

小月：其实是因为大家都有答案。……有些人会直接抄。……我觉得自己写的过程其实就是你上课没听，但是你写的过程其实是一种自学的过程，你会忽然就很多知识点就有点茅塞顿开的那种感觉。抄作业的话，其实是对自己一种不负责的表现呢，因为你抄作业，你只是为了敷衍老师，对你自己没有任何益处。

正如抄袭作业提高正确率，借此少花力气提高自己的平时成绩一样，大部分受访者表示分数对他们来讲十分重要，优异的成绩不仅是对自己学习的一种肯定，更是以后工作的敲门砖。主科由于体现专业知识和技能、所占学分多等特点而备受学生们的重视。唯一的新疆男生阿布显得比其他女生更加注重成绩。

阿布：我当然关心成绩，不然我怎么能毕得了业，当然注重主科的成绩多一点，恩恩，反正成绩是最重要的。

相比于积累成绩较慢的平时考核,作为传统考核形式中一锤定音的期末考试,新考核方式的实施并没有完全改变它在学生们心目中的地位。大家觉得它很重要,但是在某种程度上,难以消除的考试不公平现象让学生们担忧。

小许:虽然说它的比例下降了,但我们已经根深蒂固了觉得期末考试是件重要的事情。

小静:我觉得相比于高中的那些考试来说,大学的考试真的好水啊,然后就是,基本上就是有很多同学上课基本上就不怎么听,然后课下的作业也不怎么做,但是在最后的冲刺的话,……最后的成绩还是能够达到,就是一定的水平,我觉得就是,其实还是蛮不公平的。

为了在期末考试中取得良好的成绩,不少学生更是采取了作弊这样一种违规手段。"考前划范围"是大学中比较常见的现象,一方面这些范围让同学们明白课程的重难点所在,另一方面也为考试打小抄这一现象提供了便利。传统印象中只有"坏学生"作弊的观念被打破,有受访者表示,许多平时的学霸在考试过程中也不惜作弊来获得更高的分数。更有受访者声称在她参加过的所有大学考试中,没有一场无人作弊。其范围之广以及方式之夸张,不禁让人担忧。小月就处于一种纠结之中。

小月:从我个人角度来说,我的私心下来说,我还是希望他给的嘛,但是,就是,从客观一点的角度,我觉得他不应该给。……很多人就会拿着老师的范围直接做小抄,这给他们作弊带来了很多的方便。……我觉得很夸张的,他们会直接拿着手机在那里抄。

虽然新考核方式的实施确实让学生们注重学习的过程和积累,但是在真正调动起学生学习的积极主动性方面并没有发挥太大的作用,受访者普遍反映只是加重了学业负担。

(二)影响因素

新课程考核方式的实施并没有真正激起大学生的学习热情,是什么影响了大学生学习态度的改善?本研究主要从社会风气、教师价值观、同学态度这三个层面来展开阐述。

1. 社会风气

在提到许多大学生向往过程性学习,却面临采取经常突击性学习方式的矛盾时,受访者表示功利化的社会风气让她们难以静下心来。在世俗功利冲蚀下,社会浮躁之风愈盛,在大学与社会的对话中,大学处于弱势,多年来学生被评价的标准只有一个,那就是考试分数,在这样的大环境下,学生沦为了考试的奴隶。尽管不少高校大力推进课程改革、学生学业评价改革,提倡素质教育,想要培养出更多创新性人才,但功利主义就像一条难以挣脱的锁链,目前的大学教育仍没有摆脱它的羁绊,学生们更多的还是为了将来谋生而学习。对此,小月谈到了一些社会现象。

小月:现在社会上就是,各种招聘条件的使然哦,因为他们会要求一些校优或者省优,或者是就是,学校的,就是那种种类,就比如说国家重点和省重点的那种差别……也就是说他们第一眼看到你的就是你的成绩,他就是说,你要,你这样一个门槛,你如果没有那个要求,你连门槛都进不去。

令人十分在意的是,当前的功利教育制度已经使得学生品德和学业分离,例如现状部分提到的"学霸也作弊"的现象,到底是什么让学生即使昧着良知也要追求那所谓的"高分"?

小许的回答令人深思。

小许：很重要期末考试对我们！就成绩对我们来说很重要。我觉得期末考试反映出来的成绩不是评价自己吧，是为了适应社会！就是社会需要不是自己需要。

目前，社会上不乏以有钱、当官、出名作为"成功"教育的标准，以名校、名牌、名利作为"成绩"教育的取向，在这样"功利主义"的环境下，学生被逼着读书，被逼着做全才，就算有兴趣爱好也会在应试和就业压力下全被抹杀，久而久之也忘记了学习的本质和意义。小月对此也表达了自己的看法，认为现在的大学生往往急功近利，忽略了学习过程。

小月：因为现在我觉得大学生比较功利，就会去追求所谓的奖学金。有些学生就是，学习上他有一个功利性在，就忽略了那种学习的那种过程……

社会的浮躁助长了功利化教育的气焰，在当前教育体制下，大学生感到压抑和焦虑，这种感觉使他们越来越静不下心学习。只顾埋头修学分挣绩点而没有将知识转化为能力；一心找饭碗而使自己成为普通食客；在社会功利心驱使下大学生难以跳出疯狂竞争的"囚徒困境"。

2. 教师价值观

教师是学生健康成长的指导者和引路人。在学生学习的过程中，教师的价值取向影响着学生的学习态度。小松的老师从大一开始就鼓动他们去考研，在谈到做科研的话题时，她也强调"跟着什么样的老师很重要"，并且最看重"从老师那边学到东西"。此外，教师丰富的人生经历也能吸引学生注意，起到榜样作用。小月就认为课堂上的收获能影响她的学习态度。

小松：所有教我们的老师都叫我们去考研，因为教我们的老师都是做科研的呀……如果你能真正地从老师那边学到东西，你就不会去放弃这门课还是会认真去对待这门课。

小月：老师除了讲一些知识性的东西，还会讲一些他的人生经历，那我就觉得很有趣。然后，有时候会认真去听，然后，或者说，我们有一门课是化学史嘛，他会讲一些老师或者科学家身上的闪光点，那我觉得就很值得我们学习。

教学是教师与学生互相促进的过程，教师的教学水平和授课方法固然会对学生的学习态度造成很大的影响。同时，教师的师德和对学生的关注程度也是学生十分在意的方面。小松就讲述了两位给她印象深刻的老师，一位是热心肠、即使只上过三次课也能记住学生名字的老师，小松认为他是真正关心学生的好老师，对待这门课的作业也认真起来，实验课也不再缺席了；另一位老师则是因为采取了"学生翘课就扣二十分"的平时考核方式而让小松觉得荒唐可笑。

小松：我觉得他非常在意学生的那个学习，因为像我今天上去补交作业的时候，他说你下午一定要记得去上实验课，以前我们老师就是属于那种他不会管你的，你要来的话就给你成绩。你不来的话就算了，但这个老师他会特意叮嘱你去你要学习，所以我觉得他是很负责的。

小松：我印象比较深的一个老师嘛，"这个同学没来，扣他二十分啊，大家说好不好？"大家都说好，因为大家都来了就他没来嘛，大家都说好，然后就这样子了。

教师的处事态度、做人原则、治学态度无不反映出个人的价值观,而正处于成长、发展中的大学生也具有很强的可塑性和极强的开发潜质,教师的一言一行、一举一动都会清楚地印刻在学生脑中,他们会对自己崇敬的教师进行有意识、无意识地模仿,这对其学习态度、价值观的形成和改变有潜移默化的影响。同样,教师的不良言行也容易给学生留下坏印象,且很有可能阻碍"未来教师"师德品质的培养。

3. 同学态度

部分受访者表示自己的学习态度与同学的学习态度有一定相关,这种相关尤其体现在考试作弊上,且由于同学的引导作用,大一到大三的作弊现象呈现增长趋势。高中学校对学生管理严格,在作弊方面审查较为严格,被抓作弊者处以警告或者处分使得高中生基本处于诚信考试的状态。大一新生对考试作弊的认知和情感基本停留在高中时期,较少同学会刻意作弊。而到了大三,作弊成风让痛恨作弊行为的小月很是反感,在她的眼中,学校对作弊行为的容忍以及监考老师对作弊行为的视而不见更是助长了学生作弊的风气。其他学生为了追求"公平",自身也难以抵挡高分的诱惑,接二连三地踏入作弊的深渊。

四、讨　　论

(一)讨论与分析

学习态度指学生对学习及其学习情境所表现出的一种较稳定的心理倾向(李颖,2008),由学习者的认知水平、情绪体验和行为倾向三部分组成。根据对生化课堂的观察以及对生化学生的访谈发现,在新课程考核方式的推动下,大学生学习态度有所改善,主要表现在行为上更加努力。但大学生学习态度现状仍不容乐观,在认知上他们不能完全认识到学习重在过程,在情绪体验上感到厌烦、苦恼。认真对待课堂,在学习中体会乐趣的学生固然存在,但是抄袭作业、考试作弊、面对学习愁眉苦脸的学生也不在少数。

看似冲击力较强的新课程考核方式似乎并没有预想的那样对学生的学习态度产生大的影响。一般而言,学习态度的改变非一朝一夕就能成功。在长期学习生活中,若个体对某学习对象形成了一贯的态度,要改变它很不容易,即使由于某种外力作用产生巨大改变因素,它仍会多次还原到先前的学习态度(张清理,2006)。新课程考核方式正面临这样一种境地,期末考试作为传统的考核形式,在学生和老师心目中的形象根深蒂固,虽然期末考试所占比例降低,但师生在适应的过程中出现了很多不良反应。有些老师依然强调期末考试的重要性,明确指出若期末考试成绩不及格,无论平时怎么认真都不及格。部分老师虽然不公开强调这一点,但学生还是难以信任老师会按新课程考核方式的比例打分。在老师的手足无措以及学生怕麻烦的心态下,新课程考核方式难免不落入流于形式、换汤不换药的境地。

虽然学生对新课程考核方式的整体评价较高,与之相对应的过程性学习也是学生们所渴望的,但事实上,更多的学生仍是抱着以分数为重心,以就业为原则的心态在对待学习。从内因与外因辩证统一的哲学观看,事物变化的根本因素不在于事物的外部,而在于事物的内部。新课程考核方式只是推动学生改变学习态度的一个外因,如果学生自身没有认识到学习的重要性,对学习无所谓或者夹带痛苦的情绪,都无法在根本上端正学习态度。

新课程考核方式的实施在实际上还缺乏师生思想上和行动上的支持,如何从内部真正改变学生的学习对象的认识和情绪体验是课程考核方式改革面临的一大难题。

(二)建议

影响大学生学习态度的因素是多方面的,在新课程考核方式实施过程中,教育者应多注重学校管理层面的工作和学生个人层面的情况。

1. 宏观层面

在学习态度的形成过程中,环境与学习者的交互作用会改变学习者的学习态度。在大学环境下,教师的治学态度、课程设置的合理性、学风的好坏都是影响大学生学习态度的重要因素,也是新课程考核方式推行中值得教育者注意的方面。

(1)发挥教师示范作用

学生关于大学的最初感悟往往是从教师身上体会到的,这种感悟对其今后的学习态度乃至人生观都有重要影响,教师的做人原则、处事风格、治学态度都是有效推动考核改革的必要条件,也是促进“未来教师”师德培养的关键因素。在考核改革中,教师对新考核方式的态度通常直接影响学生的学习态度。教师重视考核改革,学生自然也会认真对待考核,教师转变了传统的“一考定成绩”观念,真正地接受了形成性评价,才能促进学生深刻反思自己的学习方式和学习观,反之,教师疏于检查和要求不严也容易导致学生懒散态度的形成。在考核上只为应付学校检查,换汤不换药的做法无益于师生的长远发展。

此外,广大教师平时应积极钻研教法,互相沟通学习,采取多元化的、灵活的教法,应多走入学生当中,了解学生的学习动态,真诚地关心学生,根据学生特点和需要对教学方式进行有的放矢的调整。

(2)不断完善课程体系

对学习内容的认同感是决定大学生学习态度的一个很重要的因素。对比生物科学(师范)和生物技术(非师范)两个专业,除了师范课程,在其他课程设置上几乎无差别,学生对这样的课程设置发出了“真搞不懂这两个专业分开的意义到底在哪?”的疑问,而大三下学期才开始进行的微格课更是让一直埋头于科研甚少接触师范技能训练的生物科学专业学生感到措手不及,面对眼前的师范技能考核以及未来的就业压力透露出明显的焦虑和不安。教育环境的改变对未来教师的培养方式也有了更高的要求。因此,专业课程设置应更加的符合时代潮流,根据专业特点和需求不断完善课程体系。在教学中,教师也更应注重理论和实践的结合,加强学生对学习内容的认同感,不断融入新技术、新知识的同时,重视学生动手能力、正确价值观的培养而非一味的知识灌输。

（3）加强学校管理力度

学校的教学管理水平在很大程度上影响学生的学习态度,一个好的校园风气也会对学生的成长产生潜移默化的影响。学校监管不严会造成作弊泛滥、逃课成风的现象,也会导致任课教师的松懈。学校应与教师一起严抓纪律,坚决杜绝不正之风,正确引导学生对考试分数的认识,并让学生认识到不同课程对个人成长和专业学习的重要性,改变学生仅凭个人喜好来确定学习投入程度的习惯,培养其浓厚的专业兴趣,营造校园内良好的学习氛围。

2. 微观层面

内因是事物发展的源泉,是事物发展的根据,是事物发展的根本原因,决定着事物的性质和发展方向。课程考核方式改革若要在提高学生学习积极性方面发挥良好的作用,须从学生学习动机和意志品质出发,真正推动学生进行改变。

（1）增强学习内部动机

学习内部动机指人们对学习本身的兴趣所引起的动机。具有内部动机的学生享受学习的过程,能在学习活动中获得满足。在就业压力的催使下,部分大学生学习的外部动机日益增强,忽略了学习本身的乐趣,被成绩和名次所累。但寻找人生社会价值并不意味着抹灭学生自身兴趣发展,学生可以结合自己的兴趣进行学习,正确认识学业成败,建立积极的学习期望,重在学到知识与技能,体会在学习过程中发现问题、批判思考、解决问题的快乐。老师也可通过推荐书籍、介绍前沿资讯引发学生的兴趣和热情,并在教学过程中渗透内在收获比外部成绩更重要的思想。

（2）培养学习意志品质

通过访谈发现大学生自制力不强,这实质上是学习意志品质薄弱的表现。良好的意志品质是保证学习活动顺利进行的重要条件,因此,大学生可以从小事做起,锻炼自己的意志品质,在自己做事拖拉时,给予自己积极的心理暗示,鼓励自己克服困难。也可将学习目标细分,逐步实现,体验目标各个击破的成就感和满足感。

（三）研究不足与展望

本次研究虽然取得了一定的成果,但是还存在许多不足的地方:首先,在对于学习态度的评定上,主要通过访谈的形式对研究对象的学习态度进行研究,而在课堂观察以及实物分析上对于研究对象学习态度探索较少。其次,在样本的选取上,本研究主要选取了来自生化学院的 5 名研究对象,其中 4 名都是女生,因此在研究对象上可以有更多的选择。此外,对于研究对象缺乏前后学习态度的对比。在研究过程中,有涉及研究对象学习态度改变的问题,但是并未对其做深入的探索。

在未来的研究中,我们将会更加关注以下几方面的探索:一是对于研究方法的应用,更好地利用观察法和实物分析,得出更有说服力的研究结论;二是增加每个研究对象的数量,选取更有代表性的研究对象;三是对研究对象做一个跟踪调查,得到他们在课程评价方式改革后的学习态度和表现上更详实的资料,以期得到更有针对性的建议。

参 考 文 献

曹建春.2008.形成性评价对中等职业学校学生英语学习影响的研究.首都师范大学硕士学位论文.

陈琦,刘儒德.2007.当代教育心理学.北京:北京师范大学出版社.

詹丽芹.2011.高职英语阅读教学形成性评价研究.中国职业技术教育,(20):7-10.

李颖.2008.大学生学习态度现状分析及干预措施研究.西安工业大学硕士学位论文.

孙琼.2010.独立学院大学英语形成性评价实践.现代教育管理,(8):62-64.

韦丽秋,欧阳护华.2012.形成性评价在课程教学中的应用研究.河池学院学报,(20):106-111.

张清理.2006.学生学习态度和效果相关水平测试试验结果分析研究.华中师范大学硕士学位论文.

附录 1

初 访 提 纲

1. 你最近的学习生活是什么样的?

2. 你有没有意识到老师在平时作业或实验练习安排上有什么变化? 怎样看待这种变化,是否有不适应的情况?

3. 你认为你们专业的平时成绩占考核方式的比例多少会比较合适?

4. 现在的新课程考核方式要求平时成绩的比例不少于50%,如果你是主管教学的领导,你是出于什么理由要改变这个考核方式的呢?

5. 形容一下"期末考试"在你心中的"形象"。(以前/现在/理想)

6. 你是怎么看待这两种学习方式:一种学习是考前冲刺的"小宇宙爆发型";一种是平时很认真累积的"细水流长型"? 你觉得你更倾向于哪一种?

7. 针对一些艺体类专业(如体育、美术、音乐等专业),即使有这种考核方式的改变,他们仍对平时作业不重视,不在乎的态度,你怎么看待?

8. 你对现在的平时作业重视么? 会因科目的不同而态度有所不同么?

9. 现在有门课的老师将取消期末考试,平时成绩占总评价的比例提高到了100%,你的直观感受是什么? 同意这种评价方式吗? 有不同的情况吗?

10. 你们专业老师布置平时作业过程中,是以独立完成的形式多还是以小组合作完成的形式多? 说说你对这两种作业形式的看法。

11. 如果你作为主要负责人要继续课程改革,你会怎么制定?

12. 如果既没有平时成绩的考核,也没有期末考试的考核,没有了学业压力,你会怎么对待学习?

附录 2

回 访 提 纲

1. 你觉得公平公正的考核重要吗? 你觉得之前的考核方式公平吗? 现在的呢?

2. (除了公平性)你觉得以前那样的考核还存在哪些问题? 现在这种你预期会存在哪些问题?

3.你们眼中的学业评价是什么？你觉得点到、学生按时交作业的情况能算到评价里面去吗？

4.新考核方式实施后,你们的老师有明显的改变吗？还是只是换汤不换药,流于形式,应付检查而已？

5.除了点到、随堂测试、专题报告、课程论文之外,你认为还可以采取哪些方式考评？你认为怎样的考核方式是好的方式？

6.你们的考卷(平时和期末)具体是怎样的组成结构？

7.你觉得通过上课,真正获得了什么？你觉得你的老师要传达给你的是什么？

8.你如何看待主科和副科？

9.你怎么看国外和国内的评分方式？在对大学抄袭作业和作弊的现象上,有什么看法？

10.你觉得你们老师最缺乏的是什么？

下篇 方 法 篇

第一篇解释了什么是质的研究,尤其是站在一个质的研究者的角度上,按照其实际操作的顺序讲解了从形成研究问题到报告研究发现的完整研究过程(图 0.1)。

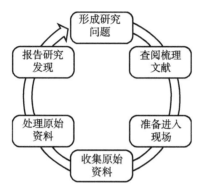

图 0.1 质的研究的基本操作过程

实际上,"质的研究"不仅仅是指一种具体的研究方法,更多的是一类"质性"研究方法的总称。质的研究者在研究实践当中,不仅会说出自己采用了质的研究方法,更经常地说明自己采用的是哪一种具体的质性研究方法,是叙事研究还是现象分析,是扎根理论还是案例研究,等等。从这个角度上讲,也经常将第一篇详细阐述的那种具体的研究方法称为"基本质性研究方法(basic qualitative study)"。

基本质性研究方法是教育学研究者们经常采用的一种研究手段。之所以称其为"基本的"质性研究方法是因为它采用了最简单、最直接的原始资料收集方式——访谈、观察、实物分析,而且遵循了最基本的质的研究的研究过程(图 0.1),最终追求着所有质性研究方法的共同目标——研究人们是怎样理解自己的生活、工作及其所处世界的。可以说,基本质性研究方法是所有各种质性研究方法的基本模型,也是新手研究者学习使用质的研究方法的入门阶梯。

在第一篇的基础上,我们将在第二篇详细介绍五种具体的、独立的、各具特色的,同时也是被教育学研究者们最常使用的五种质性研究方法。从地位上讲,五种研究方法之间是平等的,不存在重要性或是优劣、难易的区别,所以读者可以根据自己兴趣和实际情况,任意选择其中的一种开始进行学习、使用。

在第二篇,为了帮助新手研究者们在学习理论知识之前,对每一种具体的研究方法先有一个直观的了解,在理论模块之前增加了场景模块。每一个场景都描写了一个虚拟的研究,展示了该研究方法在实践中所表现出来的一些特点。另外,考虑到广大新手研究者的接受能力和教育教学的规律,第二篇将不再出现实践部分。我们认为,本书的目的在于向读者解释质的研究的基本情况,为广大新手研究者打开通向质的研究的第一道大门。在这个阶段,只要能够掌握基本质性研究方法的操作方法即可。读者如果对任何一种特定的质性研究方法感兴趣,都应该继续阅读针对具体方法的书籍,选修讲解特定研究方法的课程。

第 11 章　叙 事 研 究

　　场景 1：小蒋是教育学专业的研究生，她在赴某高中实习的时候认识了一位教数学的张老师。张老师已经从事数学教学工作十八年了，在长时间的教学实践中开发了一套专门的数学教学的方式方法，深受学生们的欢迎。张老师因为自己出色的工作被评为特级教师，还曾经就自己的从教和创新经历接受过某教育杂志的专访。小蒋对张老师的经历非常着迷，很想知道张老师是如何看待自己的经历的，为什么能够在平凡的教学岗位上做出如此不平凡的创新的。经过与张老师的几次交流沟通，小蒋开始收集张老师的故事，包括一些已经发表的文字和张老师的个人教学反思记录等。同时，小蒋与张老师约定了做几次长谈的时间，打算全面还原张老师十八年从教和进行数学教学改革的故事。

　　场景 2：王老师和赵老师是从事教师教育工作的研究者，他们对刚毕业的年轻教师们如何适应教师岗位的问题特别有兴趣。由此，王老师和赵老师在某小学找到了六位毕业学校、所教科目都不同的，参加工作两年之内的老师们进行研究。他们先找到六位研究对象做了一个轻松的小座谈，解释自己研究的意图、目的和计划，请研究对象们回顾自己参加工作以来的经历，请研究对象们准备一些以适应教师岗位为主题的、发生在自己身上的小故事。一周之后，王老师和赵老师开始进行一对一的深入访谈，访谈的主要目的就是收集每位研究对象的经历，听他们讲自己的故事，包括各种成功的、失败的、感动的、尴尬的，还有与学生或家长或同事之间发生的故事。为了达到更好的效果，两位研究者还向学校借来了当初研究对象在试用期（一般为半年）结束后写的总结、一些活动的照片、一些上课的录像等材料，帮助刺激研究对象的记忆。在收集了大量的资料之后，两位研究者开始讨论并构建六位研究对象各自的时间线和故事。

11.1　叙事研究的内涵

　　用讲故事的形式来展示、阐述教育问题，用构建生动、具体的故事情景和故事情节来引起人们对教育主题的思考和讨论，是各国教育者采用已久的一种方式。经常见到的所谓"教育叙事""教育小说"等都可以算是教育者将"故事"与"教育"相结合的产物。例如，卢梭的《爱弥儿》、亚米契斯的《爱的教育》等都是属于此类中的、享誉世界的优秀作品。

　　自 20 世纪 90 年代以来，另一种将"故事"与"教育"、与"教育研究"结合起来的"叙事研究"方法在各国教育研究者的努力下得到了确立和发展。在叙事研究中，故事不仅作为教育问题的载体,更是研究者们着力收集的一种"原始资料",内容丰富、形式多样,广泛包括研究对象自述、教师日记、教育者传记、自传、口述历史,甚至以视频、电影等形式出现的影像故事等。作为质的研究大类属下的一种研究方法,叙事研究可以说是研究者通过在一定主题、范围内收集和分析各种形式的故事,以回答特定的研究问题的一种研究方法。

教育叙事研究(narrative analysis)自 20 世纪 90 年代至今发展迅速,有国外具有影响性的研究者如克兰地恩(Clandinin),考内利(Connelly),克多斯威(Creswell),考坦兹(Cortazzi)等;在我国则涌现出一批叙事研究方法的推动者及研究者如丁钢、刘良华、黎家厦、王枬、张希希等。他们的作品或追溯叙事研究的哲学导向、或详述叙事研究的具体操作方法、或结合实际研究的案例解说力图在教育者当中加以普及。但就叙事研究的定义及内涵而言,不同的学者的说法不尽相同,如以下三种定义分别是由我国几位学者提出的:

叙事研究指的是运用或分析叙事材料的研究,叙事材料可以是一些故事,如一次谈话中听到的或阅读文献著作了解的生活故事,也可以是其他方式收集到的材料,如人类学工作者进行田野研究时所作的观察记录或了解到的个人信件。叙事材料可以作为研究对象或研究其他问题的媒介,也可以用来比较不同的群体,了解某一社会现象或一段历史时期,或探索个人发展史。

所谓教育叙事研究,是指在教育背景中包含任何类型叙事素材的分析研究。它藉由影片、传记、图画、对话等刺激,触发当事人进行故事叙说,并以当事人的叙说内容为文本数据进行分析,以期反映出故事叙说者本身重要生活经历及生命主题。

教育叙事研究是研究者通过描述个体教育生活,搜集和讲述个体教育故事,在解构和重构教育叙事材料过程中对个体行为和经验建构获得解释性理解的一种活动。

上述三种定义的侧重点不同、对叙事研究所追求方向的理解各异,但仍然可以看出其共同之处在于"故事""叙事"与"教育"的结合,为教育研究的服务。

11.2　叙事研究的特点

作为质的研究大类属下的一种具体的研究方法,叙事研究及与其并列的基本质性研究,和后面几章将要讲解的现象分析、扎根理论、人种学法、案例研究有着共同的终极追求——研究教育学领域内,教师、学生、家长等对自己工作、学习、生活等方面和对自己所处环境的理解;有着共同的收集原始资料的三种基本手段——访谈、观察、实物分析;也有着十分类似的分析、处理文字资料的程序;而且在所采用的开题报告和研究报告的格式上也无有不同。众多的共同点将叙事研究等各类方法统一归于质的研究之下,而每种方法的独特之处则将它们与其他方法区分出来。

叙事研究具有三大特点:①所依赖的叙事基础;②所寻求的素材性质;③所关注的个人视角。

第一,"叙事"是叙事研究最显著的特征和最本质的基础。叙事(narrative,或 narrate)是一个文学写作用语,可以简单地将其理解为对故事的描述,可以将其作为一个表示动作的动词或是一个描述性、修饰性的形容词。而"故事"则是指一种文学体裁,侧重于事件过程的描述,一般具有明确的人物和情景,特别要具备生动和连贯的情节来引人入胜。

故事也经常包含有一定的寓意,在讲授故事的过程中向听者传达明确或隐含的社会规则、文化传统、价值观念、是非善恶等思想。所有的叙事研究都围绕着叙事来展开,故事是叙事研究所收集的原始资料的基本形式,叙事是研究者根据一定的研究目的请求研究对象配合完成的动作;没有故事,叙事研究者会无从入手,而没有叙事则会使叙事研究丧失存在的意义。

第二,故事是叙事研究者所寻求的特定形式的素材,但并不是所有的故事都符合叙事研究的要求,必须满足以下 5 条标准:

① 故事必须是叙述已经发生过的事情,而非从未发生过的或预设在未来将要发生的事情;

② 故事必须是在现实中发生的,想象的场景中发生的事情则不符合要求;

③ 故事必须是贴近讲述人生活、工作的,任何远离实际、不接地气、耸人听闻的事件都是不合适的;

④ 故事必须具有一定的情节性,常包含有矛盾冲突和高潮,而任何流水账式的记录(如平铺直叙地记录某学校从早到晚的一日常规)都不能算是故事;

⑤ 故事必须强调讲述人本身主动参与创作,积极进行故事的构建或重塑,如果讲述人缺少主动性,只是消极地配合研究者进行一问一答,则丧失了叙事的真意。

其他类型的质性研究中有时也可能涉及故事或叙事性质的素材,但只有叙事研究对于故事和叙事的类型、质量等有如此严格的要求。

第三,叙事研究的视角是关注个人的、注重微观分析的视角。这种视角是由叙事研究的哲学源头——解释学、后现代主义等——所影响形成的。叙事研究抛弃追求普遍适用的宏大叙事、宏观分析,积极追寻适用于有限范围的小叙事,力图在普通的人们的日常工作、生活中提炼意义。这个特点与人种学法追求对某一类人群的宏观分析、关注群体非个体的特征截然相反。叙事研究的关注点是人而非一个组织、单位、某一现象或事件,这个特点将其与现象分析及案例研究区别开来。最后,叙事研究的核心在于通过分析讲述者提供的故事来认识和了解讲述者本人,与追求最终形成适用于广大范围的理论的研究方法——扎根理论也截然不同。

11.3　叙事研究的追求

叙事研究的三大鲜明特点将其与其他质性研究方法区分开来,而且从其特点之中也可以一窥叙事研究这种研究方法本身所追求的精髓。需要说明的是,叙事研究也好,任何其他质性研究方法也好,从来都不是冷冰冰的、没有人情味的公式方程,而总是蕴含着研究者浓浓的人文精神、对教育学研究的不懈追求、看待教育问题独特的视角。可以说,每一种研究方法都有自身特别的追求、精神和灵魂。作为研究者,如果在研究操作过程中只知研究方法的实施步骤,不能充分理解和贯彻其追求的话,就成了“得其形,而不得其神”;很容易将充满人性关怀、关注教育中“人”的质的研究,做成一些披着客观理性、逻辑思维之外衣,有形无神、似是而非的质的研究。

追求之一:叙事研究旨在挖掘看似平常的日常工作、生活中真实发生过的故事,力图在平凡中寻求教育的真意。叙事研究不会刻意地追寻惊天动地的大事件,而多着眼于各种润物细无声的小事。因为叙事研究的设计者和研究者们深信,只有最贴近每个人日常生活的细节、小事、故事,才容易唤起人们的共鸣、触及到人们的内心情感,而从平凡和普通中挖掘出来的真意才容易给读者带来精神上的震撼。尤其是对于广大教师们——这个教育叙事研究的原始资料的最大来源和未来研究报告的最大读者群——来说,叙事研究追求的是:以故事之中的"情"感之,以相应的理论、学说、研究分析结果中的"理"服之。

追求之二:叙事研究旨在将纷繁复杂的问题放到具体的教育情景中去理解、分析。故事是叙事研究所需要的材料的形式,既然是故事就必定包含时间、地点、人物、情节以及充足的细节,所有的构成故事的要素组合在一起也向研究者们提供了一个个饱满、立体的教育情景。举例来说,教师对于学生偏差行为的处理是研究者们关心的一个问题,如果就教师如何对待及处理学生迟到的问题来说,教育情景完全能够解释教师所做的教育决定的恰当与否、有无更好的处理方法,甚至决定了教师行为能够收到的亦或是长效、短效、无效或是消极、积极的结果。对待学生由于疏忽而出现的偶然迟到行为,由于避免上某些课、迟交作业而迟到的行为,或由于养成了拖拖拉拉的习惯屡教屡犯的迟到,教师必得结合具体的情景来处理。若是处理轻微问题时过于严苛,或对严重问题轻拿轻放,都会带来消极的结果。而如果教育情景中包含了文化的因素,情况甚至会更加复杂。例如,在我国,教师无论怎样处理学生迟到的情况都会遵守说理教育不体罚的基本底线,而在阿富汗等国家的文化中,教师采用体罚来惩处犯错的学生则是被广泛接受,甚至鼓励的行为。

教育的问题从来都不同于实验室里发生的科学问题,小到具体的教育情景、大到宏大的社会文化背景,都会深刻地影响着学生的成长和教育的结果。应该说,所有的质性的研究方法在本质上都追求着将问题放置在背景中去理解分析,而叙事研究则是以故事这种特定的形式而开展其追求的。

追求之三:叙事研究旨在通过要求研究对象进行叙事的方式促使研究者和研究对象双方进行教育反思。美国著名的教育学家杜威曾经说过,单纯地经历一件事情这个过程可能会也可能不会带来教育的效果,但是当我们去反思自己的经历的时候,就一定会有所收获。广大教师既是研究者的访谈对象也是研究报告未来的重要读者群体,叙事研究通过请教师们对自己的教育故事进行构建和叙述,客观上引起和促进他们对自己的教育经历进行反思,重新审视自己就某一问题的思想和行为。这种反思与时下流行的"教育叙事"所追求的反思极其类似,都是建立在教师自身的经历上的整理、分析、思考和提炼。但是就反思的层次和与教育理论结合的程度上来说,叙事研究比之教育叙事更进一步。叙事研究的研究者需要在教师叙事的基础上提供理论框架和科学分析的支撑,这样一来,研究结果就能够更有效地反馈、反哺教育实践,同时也为教育理论的进一步发展添砖加瓦。

追求之四:叙事研究旨在追求教育理论与实践的紧密结合,这也是"教育叙事研究"与"教育叙事"的最本质区别。叙事研究属于一种教育研究方法,而教育研究是迄今为止教育者们追求真理的最有效、最可靠的途径。追求真理是所有研究者的最本质的特征,而用获得的真理、研究成果服务实践则是教育研究者的分内职责和根本使命。叙事研究也好,其他教育研究的具体方法也好,都在不懈地追求理论与实践相结合、相促进、相提高的理想境界。

11.4　叙事研究的实施

叙事研究的实施是以基本质性研究(basic qualitative research)的实施过程为蓝本的，遵循从选题到报告的六个基本步骤(见图 0.1)。本书的第一篇使用了 8 章(从第 3 章到第10 章)的篇幅详细解说了研究者应如何进行具体的操作。在此基础上，研究者在实施教育叙事研究时，仍需要根据其自身的内涵、特点和追求，采取一些不同于基本质性研究以及其他任何各种质性研究方法的特殊研究手段和技巧。为了让新手研究者们更好地理解和掌握叙事研究的具体实施特点，我们提炼了七个关键的动词来详细阐释叙事研究的实施。以下七个动词概括了叙事研究实施中的七个特点，指明了叙事研究实施中的七个亮点：

1. 选题

选题是教育叙事研究实施过程中研究者需要考虑和完成的首要任务。研究者需要在教育研究的范围内，根据自己现有的研究水平、结合自己的研究兴趣，选择适合质的研究，特别是适合叙事研究方法的主题开展研究。需要注意的是，并不是所有的教育主题都适合采用叙事研究的方法，研究者应在选题时透彻理解叙事研究的追求，筛除掉那些与叙事研究的本质相悖的主题。

另一方面，研究者要注意，这里所指的选题是指"选择叙事研究的主题"，不能因为叙事研究需要的材料是以故事形式出现的就将选题扭曲成"选故事"。叙事研究需要的故事大多不是现成的，需要通过研究对象与研究者的共同努力来进行构建，因此，研究者在选题阶段能够做的只包括选择主题、确定范围，甚至列出研究问题，但是不可能直接深入到叙事及故事的层面。

2. 抽样

叙事研究的抽样应当建立在研究者的前行探索的基础之上。有效的前行探索将帮助研究者初步确定自己感兴趣的主题，所关注的个人经历可以从哪些人、哪里找得到，是广泛存在于现实的教育领域内还是比较罕见。研究者需要在前行探索之后列出一个潜在的研究对象名单，为抽样提供可能。

叙事研究的抽样是目的抽样，研究者一般根据自己的研究主题确定一个或几个人作为研究对象。在第 5 章中已经讲过如何建立一个"理想中研究对象的标准"来筛选研究对象。除此之外，叙事研究的研究者在抽样的时候还要考虑以哪些人为研究对象会更多、更好地挖掘出有效的故事元素，为最终构成符合研究要求的故事服务。

3. 收集

叙事研究者既需要收集已经成型的完整故事，也需要收集各种用来构建故事的素材。所谓已经成型的完整故事多来自于研究对象所写的笔记、教育叙事、自传等，研究者的收集工作相对简单，在取得研究对象的许可后，往往采用借阅、复印等方式。但在多数情况下，研究者不会那么碰巧地遇到研究对象已经准备好的、又非常符合自己研究主题的故事，必须先收集故事素材。

从研究对象处收集故事素材的关键技术在于如何引起其兴趣，激发其叙事动力，引导其提供更多、更完整的信息。研究者可以采用一些如提前详细告知对方研究意图、展示叙事范例、提供辅助材料(包括各种文本、实物、音像资料)、多次进行回访等各种策略。

4. 检验

叙事研究当中的故事和我们在日常生活中所说的故事不同,确切地说,叙事研究中的故事是一类关于教育的真实故事。因此,研究者有必要检验所收集故事及故事素材的真伪和质量。三角交叉(triangulation)是研究者们常用的一种技术手段,指的是用访谈、观察、实物分析等多种手段,从多方面的来源收集不同形式的资料来保证所获得信息的准确性。例如,研究者在收集关于某班主任处理违纪学生的故事,除了对当事人进行深度访谈之外,研究者还可以收集相关实物(如贴在教室墙上的班规)、跟踪观察该班主任日常的班级管理工作,在最大程度上保证最终所构建故事的质量。

5. 处理

叙事研究者可以采取在第 9 章中所讲的六步法来处理收集到的原始资料。但是与基本质性研究方法不同的是,叙事研究往往要先将收集到的故事素材"加工"成合格的原始资料——故事——之后,才能进行从命名到架构的六步处理程序。所以说,这里的处理不仅指对故事的处理,首先是要包括对故事素材的处理。

叙事研究当中的故事是应在研究者和研究对象双方共同努力下构建形成的。如果研究对象提供了已经成型的故事的话,研究者只需要根据具体的研究目的进行适当程度的裁剪工作。但是在通常情况下,研究对象只能提供一些故事素材或故事碎片,需要研究者花费一定时间进行构建。在构建故事时,研究者要确保故事四要素的完整,包括时间、地点、人物、情节;还要确保故事背景的清晰和准确,包括故事的社会背景、文化背景和历史背景。

6. 报告

与其他各种质性研究方法相比,叙事研究的研究报告的结果部分具有文体自由、风格各异的鲜明特征。在叙事研究的主题之下,研究者可以自由采用各种体裁来进行叙事,无论是小说体、散文体、戏剧体,甚至诗歌体都可以成为故事的载体。叙事研究者还可以大胆采用现实的、批判的、反思的、忏悔的等各种风格来进行叙事。饱含各种文学元素可以说是叙事研究的报告部分最亮眼的特点。

另外,叙事研究者需要在报告研究发现时向读者进行三方面的深入分析:一是要分析讲故事的人——研究对象;二是要分析故事的背景,包括社会、文化和历史背景;三是要分析故事中隐含的教育思想和价值判断。此三方面的分析是确保叙事研究不仅仅停留在"教育叙事"层面,可以最终上升到理论层面的关键一环。

7. 合作

与研究对象开展深入合作、建立亲密关系,是叙事研究实施过程中特别重要的一点。在研究的前期,研究者需要通过前行探索开始建立与研究对象的信任,尽早使其理解自己研究的真正意图。在研究的中期,研究者需要与研究对象进行非常深入的合作才能更好地保证自己所收集的资料更全面、更详尽;而与研究对象的亲密关系则是帮助其放松心情、在宽松的环境中自主、高效地构建故事及提供故事素材的有力保障。在研究的后期,研究者仍需要继续保持与研究对象的良好关系,有利于在任何需要的时候可以方便、自然地获取他们的帮助来检验构建好的故事、提出进一步的意见和建议等。

11.5　低劣的叙事研究

作为一种强大的研究工具和充满吸引力、表现力的研究方法,叙事研究自 20 世纪 90 年代以来已得到越来越多的教育者的认可和使用。然而,在叙事研究蓬勃发展、日益兴盛的今天,也出现了一些粗制滥造、质量低劣的"叙事研究",这些低劣的叙事研究既无助于教育学研究,又无益于叙事研究方法自身的进步和发展。

在 2013 年,学者钟铧指出了三种低劣的叙事研究,在其观点基础上进行了反思和探讨,为研究者提出了一些建议:

(1)虚假的叙事研究。叙事研究离不开叙事和故事,但绝不等同于文学创作。如果研究者由于认识上出现了错误,或因为一些功利方面的原因自行编造故事、肆意夸大或扭曲原始资料,致使研究建立在不真实的信息基础上,那么这样的研究只能算是虚假的叙事研究。为了避免这种虚假叙事研究的出现,研究者一方面要严格遵守学术伦理道德,严格按照研究的要求收集真实可靠的资料,严谨地对待分析处理的过程;另一方面要搞清楚叙事研究中对故事的加工、重构与文学作品中的创作的严格区别。

(2)零叙事研究。并不是所有声称自己是叙事研究的"研究"都能名副其实、实至名归。当一些研究者未能完全领会叙事研究的本质及追求,或缺少具体的操作技巧和资料处理能力时,只一味地罗列所收集到的大量故事素材,未能完成对故事的架构,那么就极容易出现一些碎片状的故事、半成品的叙事,也可以说是零叙事研究。同任何其他研究方法一样,想要用好叙事研究方法,研究者必须经过认真学习、反复练习、积极实践、反思提高的各个阶段。从叙事研究的理论到叙事研究的实际操作,研究者决不可能走捷径、图省事,一蹴而就。

(3)消极的叙事研究。无论叙事研究中的信息如何准确、故事如何精彩动人,如果作为分析者的研究人员在反思方向上发生了错误的话,极容易形成一些消极的叙事研究。消极的叙事研究所造成的最大危害是教育研究者的错误价值导向,对反映出来的教育问题"乱归因、瞎评判",板子打到了错误的人身上,既不能对教育实践有帮助,又不能对教育理论有贡献。当然,很多消极的叙事研究是由于研究者自身的教育理论水平不够、分析问题的能力不高所造成的。这也提醒了所有从事教育研究的人,仅仅熟练掌握具体的研究方法是不够的,那些不断积累的教育理论基础、在教育实践中磨练出的教育智慧、与教师同行深入交流等,也是高质量研究得以生长的土壤。

11.6　叙事研究的局限

如果说上述低劣叙事研究多半是因为研究者自身理解有误、学艺不精等原因造成的话,那么叙事研究的局限则是研究方法与生俱来的一些缺陷和不足。作为研究者,既需要懂得具体研究方法所具有的优势,又需要理解世界上不存在完美的研究方法,所有的研究方法都带有一定的局限性。我们一直强调,是研究问题(有时是研究主题)决定研究方法,而不能先确定研究方法再选择研究问题。因此,在研究者做出最终选择之前,必须要深刻理解研究方法的局限。

叙事研究的局限体现在适应性、规范性、可靠性及科学性四个方面。第一，叙事研究仅仅适宜解决一些关于个体及少数人的经历的研究问题，所适应的范围较窄。研究者应先考虑自己所关注的研究问题适用量的研究还是质的研究，如果确定适用质的研究再继续考虑是否适用叙事研究方法。做到"量体裁衣"而拒绝"削足适履"。

第二，叙事研究最终所收集到的故事的质量很大程度上取决于研究者与研究对象的合作质量，但人与人之间的关系往往是复杂的，如何建立平等、亲密、民主、合作的理想关系是没有具体的规范可以遵循的。另外，叙事研究的结果往往体现着研究者与研究对象双方的反思效果，在实际中，很难达到两者话语权和解释权的平衡。很容易出现研究对象带偏研究者的分析或研究者的解释压倒研究对象的意见等情况。研究者也没有任何规范可以参考以达到理想中的平衡状态。

第三，研究对象在提供故事及故事素材时，往往由于粉饰、掩盖、忧虑后果或记忆模糊等原因无法保证所提供资料的可靠性。而研究者在转述、加工、重构的过程中往往会自觉不自觉地删减或添加情节。这些都严重挑战了叙事研究的信度和效度。

第四，教育叙事与教育叙事研究的相似和联系经常为研究者制造一些错觉，例如，只要对原生态的教育叙事加以提炼就形成了教育叙事研究。混淆两者的区别可以说是许多研究者质疑叙事研究科学性的根本原因之一。实际上，教育叙事与教育叙事研究有着非科学的经验总结与科学的研究行为的本质区别，两者的出发点、目的、追求、实施的步骤都有着巨大的差别。为了避免混淆的产生，强烈建议新手研究者严格遵循学习教育研究方法的基本规律，先学习质的研究的基本理论、理解基本质性研究，然后再学习和掌握叙事研究。

教学模块 ·***

(1)对照图 11.1，讲解什么是"基本质性研究"，以及其实施步骤的基本六步，重点说明其与其他各种质性研究方法的区别与联系。

(2)在展示两个情景之前提出要求，让学生带着问题去阅读、思考(图 11.2)。

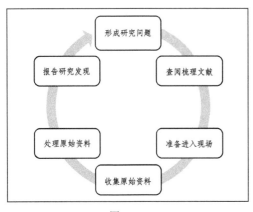

图 11.1

阅读并讨论

接下来要出现的是两个叙事研究的情景描写，请阅读后思考、讨论：

－ 与基本质性研究方法相比，叙事研究有哪些特别的地方？

图 11.2

(3)展示情景 1(图 11.3)。

(4)展示情景 2。留出 8～10 分钟让学生进行小组讨论(图 11.4)。

场景1：小蒋是教育学专业的研究生，她在赴某高中实习的时候认识了一位教数学的张老师。张老师已经从事数学教学工作十八年了，在长时间的教学实践中开发了一套专门的数学教学的方式方法，深受学生们的欢迎。张老师因为自己出色的工作被评为特级教师，还曾经就自己的从教和创新经历接受过某教育杂志的专访。小蒋对张老师的经历非常着迷，很想知道张老师如何看待自己的经历的，为什么能够在平凡的教学岗位上做出如此不平凡的创新。经过与张老师的几次交流沟通，小蒋开始收集张老师的故事，包括一些已经发表的文字和张老师的个人教学反思记录等。同时，小蒋与张老师约定了做几次长谈的时间，打算全面还原张老师十八年从教和进行数学教学改革的故事。

图 11.3

场景2：王老师和赵老师是从事教师教育工作的研究者，他们对刚毕业的年轻教师们如何适应教师岗位的问题特别有兴趣。由此，王老师和赵老师在某小学找到了六位毕业学校、所教科目都不同的，参加工作两年之内的老师们进行研究。他们先找到六位研究对象做了一个轻松的小座谈，解释自己研究的意图、目的和计划，请研究对象们回顾自己参加工作以来的经历，请研究对象们准备一些以适应教师岗位为主题的、发生在自己身上的小故事。一周之后，王老师和赵老师开始进行一对一的深入访谈，访谈的主要目的就是收集每位研究者的经历，听他们讲自己的故事，包括各种成功的、失败的、感动的、尴尬的，还有与学生或家长或同事之间发生的故事。为了达到更好的效果，两位研究者还向学校借来了当初研究对象在试用期（一般为半年）结束后写的总结、一些活动的照片、一些上课的录像等材料，帮助刺激研究对象的记忆。在收集了大量的资料之后，两位研究者开始讨论并构建六位研究对象各自的时间线和故事。

图 11.4

（5）讲解教育叙事与叙事研究的区别，说明叙事研究的定义（图 11.5）。

（6）结合实例讲解叙事研究的三大特点（图 11.6）。

- 用讲故事的形式来展示、阐述教育问题，用构建生动、具体的故事情景和故事情节来引起人们对教育主题的思考和讨论，是各国教育者采用已久的一种方式。我们经常见到的所谓"教育叙事""教育小说"等都可以算是教育者将"故事"与"教育"相结合的产物。（卢梭的《爱弥儿》、亚米契斯的《爱的教育》）
- 自20世纪90年代以来，另一种将"故事"与"教育"、与"教育研究"结合起来的"叙事研究"方法在各国教育研究者的努力下得到了确立和发展。在叙事研究中，研究者不仅作为教育问题的探究者着力收集着一种"原始资料"，内容丰富、形式多样，广泛包括研究对象自述、教师日记、教育者传记、自传、口述历史，甚至以视频、电影等形式出现的影像故事等。作为质的研究大类属下的一种研究，叙事研究可以说是研究者通过在一定主题、范围内收集和分析各形式的故事，以回答特定的研究问题的一种研究方法。

叙事研究的内涵

图 11.5

叙事研究的特点

（1）所依赖的叙事基础；

（2）所寻求的素材性质；

①故事必须是叙述已经发生过的事情，而非从未发生过的或预设在未来将要发生的事情；

②故事必须是在现实中发生的，想象的场景中发生的事情则不符合要求；

③故事必须是贴近讲述人生活、工作的，任何远离实际、不接地气、骇人听闻的事件都是不合适的；

④故事应具有一定的情节性，常包含有矛盾冲突和高潮，而任何流水账式的记录（如平铺直叙地记录某学校从早到晚的一日常规）都不能算是故事；

⑤故事必须强调讲述人本身主动参与创作，积极进行故事的构建或重塑，如果讲述人缺少主动性，只是消极地配合研究者进行一问一答，则丧失了叙事的真意。

（3）所关注的个人视角。

图 11.6

（7）启发学生思考质的研究的追求是什么，尤其是对比与量的研究的不同。讲解叙事研究的三种追求（图 11.7）。

（8）对比前面所讲过的基本质性研究的实施步骤，讲解叙事研究实施中的七个关键动词及含义（图 11.8）。

叙事研究的追求

追求之一：叙事研究旨在挖掘看似平常的日常工作、生活中真实发生过的故事，力图在平凡中寻求教育的真意。

追求之二：叙事研究旨在将纷繁复杂的问题放到具体的教育情景中去理解、分析。

追求之三：叙事研究旨在通过要求研究对象进行叙事的方式促使研究者和研究对象双方进行教育反思。

图 11.7

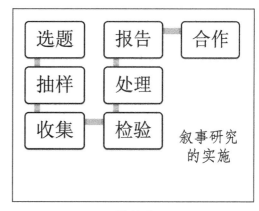

图 11.8

（9）讲解什么是低劣的叙事研究以及造成低劣叙事研究的原因（图11.9）。

（10）举例说明叙事研究的四大局限（图11.10）。

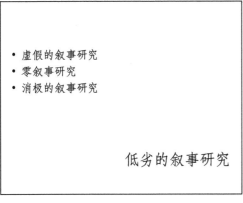

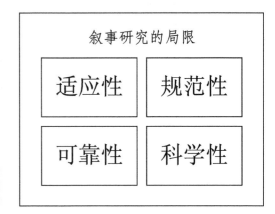

图11.9　　　　　　　　　　　　　　　　　　　　图11.10

　　（11）开展小组讨论，如果自己有适合使用叙事研究方法的研究问题、研究主题的话，会怎样设计一个叙事研究。教师进行提问和点评（图11.11）。

思考并讨论

- 如果让大家自己设计一个叙事研究，会从哪个角度出发？关注哪种教育问题？讲述谁的故事？关注哪些重点？

图11.11

第 12 章 现象分析

　　场景 1:陈老师是某教育研究所的研究人员,在一次赴高中调研的过程中,有一位高中生向陈老师讲述了他受到班主任意想不到的表扬之后,如何信心大增努力学习,从落后生转化为学习积极分子的。陈老师深受这位学生的故事的触动,想要对教师激励做一番研究。陈老师选定了"激励的体验"作为自己研究的主题,精心选择了一些高中生、大学生,还有几个已经大学毕业了的学生作为研究对象。陈老师选择的研究对象们都曾经在高中阶段老师的激励下取得过很大的进步。陈老师首先请求每位研究对象就自己的受到老师激励的体验写一段话,不需要加上评论或反思,只要清楚地描述自己的经历即可。在阅读过每位研究对象的写作样本之后,陈老师设计了一系列的问题,对他们进行了一对一、面对面的访谈。通过这个研究,陈老师想要知道:(在高中阶段)教师激励对学生进步所起的作用是什么,以及学生受到激励之后是如何将其转化为进步的动力的。

　　场景 2:科学教育活动是当前幼儿园教育活动的重要组成部分之一。而且,随着科学技术的飞速进步、与日常生活结合的日渐紧密,科学教育对当代幼儿的发展有着越来越重要的影响。科学教育的目的是培养幼儿的好奇心和求知欲,培养孩子们热爱科学、对自然和身边的事物进行大胆探究的精神。那么在现实的幼儿园教育活动当中,幼儿对科学教育活动的体验是怎样的呢,孩子们是否喜欢和接受这些活动,能否在这些活动的帮助下培养起科学探索的精神呢? 这一系列问题成为了国内外学前教育研究者共同关注的主题。一个由我国某大学教育研究者和美国某大学学前教育专家组成的研究团队就此主题在杭州的一些幼儿园开展了研究。在取得家长和幼儿园方面的许可后,研究团队对幼儿进行了观察和访谈。由于孩子们的语言能力还不十分完善,研究团队把重心放到了对幼儿参与科学教育活动课的观察,辅之以与幼儿共同玩科学探究游戏并进行谈话。研究团队不但想要获得幼儿对现有的科学教育活动的体验,帮助教育者进行改进提高,还期待着将中美两国幼儿的体验进行比较研究。

12.1 现象学——从哲学思潮到教育学研究

　　现象学(phenomenology)是 20 世纪初开始流行于西方的一种哲学思潮。狭义的现象学指的是由德国哲学家胡塞尔(Edmund Husserl,1859—1938)所创立的哲学流派。广义的现象学即现象学运动(phenomenological movement),指的是现象学影响下产生的各种学术思潮、学术活动,以及各种学科领域所运用的现象学原则和方法等。

现象学作为一种哲学思潮可能会让大部分人望而生畏,下面一段话或许会有助于初步了解现象学:

现象就是体验,因此现象学意味着对体验的研究。哲学家已经对实体和现象作了区分:树、房子、狗、灌木丛等存在于世的东西被称为实体,而我们对那些东西的体验则被称为现象。

如果说在第11章中理解了叙事研究要收集和理解的是人们的"故事(stories)"的话,那么在这里可以说,现象分析要收集和理解的就是人们的"体验(experience/life experience)"了。

另外,"回到事情本身(go to the things themselves)"这一短语是现象学研究的最根本准则。崇尚现象学的研究者总是说:如果你想了解某事物,就从你想了解的事物开始研究,而不是借助其他别的什么东西来开始。这种说法似乎是一种正确的废话,但在现实的研究中却经常出现与此原则相悖的情况,许多学者以研究的名义将其感兴趣的现象缩小、分解或是转移了。例如,某研究者原本是想要知道阅读如何提高学生语言能力的,但最终却做了一个相关研究,用问卷让学生报告自己的阅读量,然后研究这个数据与学生语文成绩的关系。在这个事例中,研究者将"阅读"这个事物缩小到学生的"阅读量"这个狭窄的方面,而且将对学生的"语言能力"的衡量转移到了学生的"语文成绩"这个单一指数上去了。事实上,这种情况经常发生在研究者们盲目引进自然科学方法去做教育学研究的时候。

在最近一百年中,现象学作为一种哲学思潮强烈地冲击了包括教育学在内的各种社会科学领域,警醒研究者们思考自己所采用的研究方法是否导致了自己离所感兴趣的事情本身越来越远。终于,教育学研究在现象学思潮的冲刷下孕育出了新的教育研究方法——现象分析。

本书当中的"现象分析(phenomenological research in education)"也经常被其他教育研究者称为"教育现象学""现象学教育学"等。学者王萍曾经将其定义为:

教育现象学是一门以现象学为哲学基础,以现象学方法为方法论,在教育生活世界中追寻教育意义的指向智慧的学问……适用于教育研究的一系列方法,包括对话式访谈、教育学观察、趣闻轶事的改写、词源追溯、主题或意义分析、文本写作等。

而本书之所以采用"现象分析"这个名称,是由于我们想要强调其作为众多的、具体的、质性的研究方法当中的一种这样一个定位,想要强调其在"质的研究"这个大的框架概念下,与叙事研究、扎根理论等研究方法平等的地位。

目前,现象分析作为一种强有力的教育学研究方法的地位已经得到巩固,有越来越多的教育研究者承认并且采用其作为自己研究的研究方法。就现象分析方法论本身来说,也有许多经典的或普及性的作品。国外著名的现象分析方面的专家有:范梅南(Van Manen)、范凯姆(Van Kaam)、派纳(Pinar)等。我国比较著名的研究现象分析的学者有:朱光明、陈向明、王萍、宁虹、高伟等。

12.2　现象分析的实施

1.现象分析实施的一般程序特点

作为质性研究方法中的一种,现象分析的实施基本上还是要遵循第二篇开头提到过的六步基本操作过程(见图Ⅱ)。作为一种独特的研究方法,现象分析在实施的一般程序上也具有不同于其他方法的特点。我们试着用一个例子来诠释范梅南(Van Manen)提供的一种现象分析的基本操作方法和程序。

例 假设某研究者对高校学生入学时参加军训这一体验对其成长的影响感兴趣,意欲采用现象分析的方法进行研究。按照范梅南的提示,可以按照以下程序操作:

(1)转向对一个深深吸引我们并使我们与世界相联系的现象的关注。【军训,在这里就是深深吸引研究者的一个现象。研究者深切关注研究对象——高校学生——是如何体验军训这一现象的。】

(2)调查我们真实经历过的经验而不是我们所抽象的经验。【对于高校学生来说,军训是他们真实经历过的一段经验。】

(3)反思解释现象特点的根本主题。【不同的学生带给研究者对军训经验的不同反思,但不同人的经验和反思中仍然存在着、共享着许多根本的主题(如,体力透支、集体生活、严格要求等)。研究者的工作就是需要提取出这些主题。】

(4)通过写作和改写的艺术方式来描述这一现象。【在整个研究的过程中,研究者坚持写作,根据自己收集到的资料和信息反复修改,目的是达到更准确地、更深刻地描述军训这一现象。】

(5)保持与这一现象的强烈而有目的的教育学关系。【作为教育现象分析,研究始终保持教育指向的目的,即追求能够通过研究军训这一学校军事教育现象,反思教育经历、揭示教育规律、展现教育智慧、达成教育创新。】

(6)通过考虑部分和整体的关系来协调整个研究。【军训现象由许多部分构成,如站军姿、练军体操、整理内务、拉歌比赛等。研究者所收集的研究对象的经验可能是关于任何方面的,重点因人而异落在不同的地方。研究者需要通盘考虑,组合、挑战片段的现象,使之构成合理的整体。】

2. 现象分析的哲学方法论基础

除了了解现象分析实施的一般程序特点,新手研究者有必要理解现象分析的哲学方法论基础。换句话说,现象分析是植根于现象学的,现象学的方法论特点必然影响教育现象分析的实施;想要真正地理解和学会使用现象学方法,研究者不可避免地要返回到其源头上去挖掘、思考。

现象学的哲学属性决定了其对于一般读者来说的晦涩难懂,我们尽量使用通俗易懂的语言向读者们解释下面六个关键词。

(1)悬置:对所要研究的事物的存在(如传统的信念和理论、习惯的思想方法、偏见等)"悬置""加括弧",目的是改换视角、改变对事物的态度。悬置与还原是密不可分的,悬置是进行还原的前提。

(2)还原:胡塞尔(Husserl)认为,要达到本质,要"回到事情本身",还原是唯一的方法。还原是要从个别事实中抽取出一般本质,还原是要剔除各种干扰和杂质得到现象的本质。还原一定紧接悬置,还原是悬置的目的。

(3)直观:用直观来认识事物,坚持对事物的原始体验。直观认识事物是指接受事物的颜色、形状、尺寸,以及自己对事物是否喜爱,如何感受其存在等。现象学中的直观是人们用来把握事物本质的途径。

（4）描述：现象学的描述以第一人称进行，时刻强调所描述的是事物向"我"所呈现、所显示的样子，由此所把握到的也是"我"所体验到的事物的意义。这种描述是主观性的、解释性的，而非第三者立场客观、中立的描述。

（5）反思：现象学的反思是以纯粹意识为对象的反思，指向对现象意义和本质的把握。要求反思者要超脱经验之外，与反思之物保持一定的距离。反思时，悬置再次出现，力图达到"只有站在庐山之外，才能识得庐山的真面目"的效果。

（6）解释：解释是对描述进行分析的一种方法。解释是通过文本来呈现的，而文本自身的呈现对读者就是一种解释。解释的指向、程度、效果等受到解释者自身的生活经验、文化背景、专业知识等因素的影响。

上述对六个词语的描述展示了现象学方法论中的一些关键技术。在接下来对现象分析实施的具体解析中，可以看到这些关键技术及其中所蕴含的哲学思维是如何影响作为教育研究方法之一的现象分析的，如何具体体现在现象分析的选题、资料收集、资料处理，以及文本写作当中的。

3. 现象分析的选题

现象学研究的是体验，那么作为教育学领域内、教育科学研究方法属下的现象分析研究的则是教育体验，有时也经常被称为教育生活体验。现象分析所研究的教育体验是人们（包括儿童、学生、教育者等）在日常的、普通的、习以为常的教育生活中获得的经验。现象分析要做的是理解教育世界的本来面目，是理解每个人都有的或每个人都可能会有的教育经验。

范梅南曾经提出过四种存在于现象分析当中的主题，即"生存的空间（空间性）、生存的感体（实体性）、生存的时间（时间性）、生存的人际关系（相关性或公有性）"。对应范梅南的说法，可以简单地将教育现象分析中可能的选题分为四类：空间体验、时间体验、主体性体验，以及人际关系体验。学者王萍曾经梳理了大量国外已有的现象分析研究，总结了教育现象分析中普遍的选题情况。

（1）空间体验。此类选题研究人们对空间的独特体验，如幼儿对自己"秘密场所"、小学生对在操场上嬉戏、冒险的体验等。

（2）时间体验。此类选题关注人们对时间的体验，如教师对课堂时间把握的体验等。目前，现象分析中关于空间和时间体验的选题相对稀少，这或许与研究者难以捕捉研究对象对空间或时间的体验有关。

（3）主体性体验。这种选题是已有的现象分析中最常见的一种，比例上占所有选题的一半以上。主体性体验强调人的主体性，是关于人对事物的关注、人与事物的关系的体验。主体性体验可以是人对具体事物的体验，如儿童对课程、中学生对电脑、男生对游戏等。主体性体验也可以是人对抽象事物的体验，如幼儿对想象、独生子女对孤独、教育者对师德等。

（4）人际关系体验。具体地说是对教育关系的体验。此类选题约占所有研究的五分之一。对教育关系的体验包括师生关系和亲子关系，如对师生关系中的期待与失望的体验、对单亲家庭中亲子互相支撑的体验等。

现象分析的选题分类可以帮助研究者更好地理解自己准备从事的研究主题，更深一步地思考自己应该如何收集、解构、分析所选定的教育体验。

4. 现象分析的资料收集

作为质性研究方法中的一种,现象分析也使用前面讲过的"三大法宝"——访谈、观察、实物分析来收集原始资料,同时遵循其中的基本规则。受现象学作为其哲学基础的影响,现象分析的资料收集体现出了许多与众不同的特征,尤其需要初学者特别注意(表 12.1)。

表 12.1　现象分析的资料收集手段及操作要点

现象分析的资料收集手段	资料收集的具体操作及注意事项
访谈	■ 一般来说,研究者要按照先确定研究的主题,根据主题筛选研究对象,然后进行访谈的顺序来收集不同研究对象对同一主题的体验。(如,在研究"课堂成就感"的现象分析中,任何经历过课堂成功的学生都可以成为研究对象,甚至一些已经毕业了的学生也可以为研究者提供自己的体验。) ■ 现象分析中的访谈也被称为"悬置反思"的访谈,因其要收集的是研究对象对主题的直接体验。研究者应鼓励研究对象说出自己曾经经历过的体验,以及当时的感受,而非引导研究对象在访谈过程中对体验进行反思。 ■ 为了帮助研究对象更好地回忆自己的体验,提供更加真实、详细的描述,研究者应遵循一定的叙事线索来提问,包括提问事件发生的时间、地点、经过、当时的感受等。 ■ 现象分析中的访谈一般是半开放式的,研究者需要提前就主题准备一定的问题;在访谈过程中要根据访谈对象的情况灵活调整。同时要做好倾听者,不仅听对方的字面意思,更要结合其特点、语气、表情等捕捉对方真正想要表达深层含义。 ■ 现象分析中的访谈也经常与其他资料收集手段互相配合。例如,对于语言表达能力不发达的儿童,研究者采用访谈和观察相配合的方式收集资料。又如,对于高年级的学生或成人,可以先请求其按照特定主题下的体验进行独立的思考和写作,然后根据其提供的写作文本,进行深入的访谈
观察	■ 由于现象分析所要追求的是研究对象的体验,在资料收集中研究者主要依靠访谈及实物分析,观察一般只作为辅助手段,主要应用于对儿童等不能用语言准确、清楚地表达自己体验的研究对象们。 ■ 进行观察时,研究者要深入体验的情景,一方面做一个敏锐的信息捕捉者;但另一方面要与体验的情景保持一定的距离,做好"悬置"
实物分析	■ 现象分析中研究者可以收集分析的"实物"主要包括以下三种: (1)在研究之前已经成型的作品。一旦研究的主题确定下来,研究者可以开始着手收集包含相关体验的各种文字、诗篇、小说、民间故事、小故事、趣闻轶事、个人传记、图片、录像、视频等。只要这些作品可以为研究者提供相应的体验描述,都可以纳入收集和分析的范围内。 (2)在研究开始之后,根据研究的需要产生的作品。在现象分析研究中,研究者经常要求研究对象就某一体验写一段文字,展示曾经发生在自己身上的事情,这种写作的样本可以高效地帮助研究者收集和分析各种体验,常与访谈互相配合进行。(如,在研究"考试失败"体验的现象分析中,可以先请求所有研究对象写下自己记忆深刻的一次考试失败的体验,以及当时的感受。) (3)追溯词源。这种实物属于研究者自己根据研究目的所制作的文本,主要用来探究与主题相关的词语的本意。由于语言是思想、文化、习惯等的载体,追溯词源能够帮助我们理解所研究的体验,也是体现现象学"回到事物本身"原则的重要路径之一。(如,在研究"友爱"体验的现象分析中,追溯"友爱"一词本来的含义。)

5. 现象分析的资料处理

主题抽出或要素提取是现象分析的资料处理的关键技术，意为研究者从收集的各种原始材料中提取关于某体验的、来自不同研究对象的共同主题。这种技术类似于在第9章讲过的处理原始资料六步法里的"粹取"和"归类"，但带有强烈的现象学特色，如"悬置""反思"等。来自美国及荷兰的学者 Barritt、Beekman、Bleeker 和 Mulderij 在他们的著作《教育的现象学研究手册》中提供了一个非常好的例子。接下来将简要地引述和解释他们的例子，来展示研究者应该如何处理现象分析所收集到的原始资料。

例 研究者对"怕黑"的体验展开了现象学研究，请三位研究对象写下了他们对怕黑的体验，并将此三段文字分别编号为Ⅰ、Ⅱ、Ⅲ（由于篇幅原因，原稿省略）。接着，研究者通读每一段文字，并从中提取出若干"怕黑"体验中对研究对象来说的"关键时刻"并将其标号（表12.2）。

表 12.2 "怕黑"体验中抽取的"关键时刻"

第 1 段	第 2 段	第 3 段
Ⅰ-1 我想象着整个回家路上那个最"危险的地方"。我的心思已经不在那里了。	Ⅱ-1 漆黑的街道……对我来说就像是一个张开的大嘴。	Ⅲ-1 黑暗所带来的压抑与不祥之感。
Ⅰ-2 小树林：比原先想象的更黑、更可怕——尽量拣好的地方走。	Ⅱ-2 走在那条街上，我有一种焦虑和不确定感。	Ⅲ-2 身处这种压抑当中。
Ⅰ-3 尽量发出最小的声音。	Ⅱ-3 当我骑过最后一根灯杆和最后一间房子之后，我感觉自己像是被黑暗吞没了……到处都是漆黑一片。	Ⅲ-3 声音……令我们恐惧。
Ⅰ-4 踩在小树枝上——吓得不行。	Ⅱ-4 会有一种莫名的焦虑。	Ⅲ-4 黑暗带给人不确定感。
Ⅰ-5 我蜷缩着。	Ⅱ-5 我急匆匆地穿过那条街道。	Ⅲ-5 个人走黑路的时候更具不祥之感。
Ⅰ-6 向身后和四周仔细地看。	Ⅱ-6 我睁大眼睛，竖起耳朵，努力地辨别每一个声响。	
Ⅰ-7 我在心里告诉自己——这样做用处不大——就像是别人在跟我说话一样。	Ⅱ-7 每当我确定一个声响，就会感到一阵轻松：那是一只小鸟；那是风。	
Ⅰ-8 什么声音？我屏住呼吸，觉得自己好渺小，好紧张，两膝直抖。	Ⅱ-8 我的后背是没长眼睛的。	
	Ⅱ-9 我的背部是容易受到攻击的，但我就是不回头看。	
Ⅰ-9 是一只鸟，一只猫头鹰（不必害怕）。	Ⅱ-10 更加用劲地蹬自行车……保护我的身后。	
Ⅰ-10 发现自己走得越来越快。	Ⅱ-11 我边骑车边保持着警觉。	
Ⅰ-11 睁大眼睛，竖起耳朵。	Ⅱ-12 吓了一跳，两腿发软，那里不是站着一个人吗？	
Ⅰ-12 手心都湿了。	Ⅱ-13 走进……松了一口气……什么都没有。	
Ⅰ-13 绕过灌木丛之后感觉很轻松。	Ⅱ-14 最糟糕的……在这里碰见一个人……怀疑……不怀好意。	
Ⅰ-14 我以为看到了一个人——结果是搞错了（松了口气）。	Ⅱ-15 第一个路灯杆……房子透出了灯光，深深地吸了一口气，浑身释然。放慢了蹬车的频率。	
Ⅰ-15 感觉走了好久——似乎走不到头。	Ⅱ-16 这时回头再看，黑暗正在褪去。	
Ⅰ-16 给我钱我也不会再走一遍	Ⅱ-17 现在如果碰上什么人，我就不会害怕了	

需要注意的是,以上过程不是一蹴而就的,研究者往往要经历过反复的修改才能最终抽出适当的词句。为了达到更好的目标,研究者应该与研究对象密切配合,与他们一起斟酌词句,反复修改,让语言表达更加清晰准确。

接下来,研究者们对从三段文字中抽取的"关键时刻"进行梳理、比较,找出它们的共同的主题。另外,研究者也会碰到"变体",作为主题的不同表述。经过多次的整理,研究者可以列出表 12.3,确定好主题。

表 12.3　"怕黑"体验的主题整理表

体验的共享主题	主题表述	变体
1. 事先的焦虑	I-1;II-2	
2. 黑暗包围着你	I-2;II-1;II-2;II-3;III-2	I-5
3. 不明的声响令人恐惧,确认之后不再那样恐惧——轻松	I-4;I-8;I-9;II-6;II-7;II-9;III-3	
4. 以为看到了某些东西、人,并认为他们不可信任,确认之后不再那样恐惧	I-14;II-12;II-13;II-14	
5. 越走越快,匆匆忙忙	I-10;II-5;II-10	I-15
6. 提高警觉,仔细地听,仔细地看	I-3;I-6;I-11;II-6;II-11	I-7
7. 背后是无法设防的	I-6;II-8;II-9;II-10	II-9
8. 由黑暗回到明亮的场所,回到人群当中之后,不再感到焦虑和不确定,感觉轻松	I-13;I-16;II-15;II-16;II-17	

6. 现象分析的文本写作

在除现象分析之外的质性研究方法中,文本写作只是研究结果的一种呈现,具体要求和注意事项可以参见第 10 章。然而,对现象分析来说,文本写作是研究者必须要掌握的技术之一。范梅南等许多现象分析的学者都曾经在其著作中详细谈论文本写作的要点和注意事项,在此不必赘述,只为新手研究者指出以下三点:①不同于其他质性研究方法,现象分析的文本写作要与原始资料收集和分析的过程同步进行,而不能等到所有的原始资料收集、分析完成后才下手。因为现象分析的文本写作过程也是研究者反思的过程,是贯穿研究始终、是研究不可缺少的组成部分。②现象分析研究的是教育体验,秉承现象学"悬置""还原""反思"等哲学方法论基础和哲学精神,研究者在文本中描述体验时一定要坚持准确的原则。在描述研究对象的体验时不能夹杂研究者意见、看法等。对体验本身的书面描述一定要能够还原研究对象的教育生活体验。当然,作为研究者,在研究报告中必然会报告自己的分析结果和研究发现,在研究报告的讨论部分要提出作为研究者的看法。我们需要做到的是,让读者明明白白地分清,哪些是对教育体验的还原,哪些是研究者自己的东西,切忌混为一谈。③现象分析的文本写作是一个不断思考、不断重写的过程,对研究者的细心和耐心都提出了高的要求。作为还原体验的载体,语言的准确性、语言背后的信息都会影响到读者的判断。在现象分析中没有可以套用的公式或标准答案,只能靠研究者的努力反复修改最终达到一个相对理想的状态。

12.3　现象分析的优势

现象分析是哲学的现象学思潮运用在教育科学研究中的优秀成果,为教育研究开创了一种新的取向,成为了当今多元化的教育研究,尤其是质的研究当中的一种不可或缺的研究方法。这种将哲学思潮运用于教育研究、将哲学方法论基础借鉴到教育研究方法中的思维,大大拓宽了教育学的领域,提升了教育研究者的眼界,开创了追寻教育学真理的新途径。

现象分析秉承了现象学"回到事物本身"的原则,用收集和分析体验、抽取主题等技术手段,在最大程度上捕捉教育生活中人们的真实体验,尽最大努力去还原教育生活的本真。教育学的根本目的是为了下一代,为了所有人更好地成长,教育学研究也必须服务于此目的。从这个角度来看,现象分析是充满教育者情怀的研究方法,是紧贴教育生活实际、追求理解教师和学生等人亲身教育生活体验、在教育情境中理解教育的、充满人性关怀的研究方法。

12.4　现象分析的局限

除了优势之外,现象分析的局限表现得也非常明显。首先,现象分析仅限于研究教育生活中最常见的体验、每个人都有或可能会有的体验,这就排除了其他很多教育研究者感兴趣的选题。其次,很多学者坚持认为,对体验的完全、完整还原是不可能的。体验的还原建立在研究对象的记忆基础之上,但人们的记忆常常不可靠,经常受到各种因素的影响而扭曲。而且在教育学研究中,儿童作为一个重要的研究对象群体,其语言能力的不发达、不能完全表述自己的意思的状况为现象分析造成很大的困难。在传统的教育研究者们眼中,现象分析缺少严格的程序保证,是一种难以保证信效度的研究方法。再次,现象分析的研究结论的适用范围很小,无法脱离其产生的情景。现象分析的研究结论往往是零散的,容易受到研究者自身偏见的影响。最后,现象分析对其研究者的要求很高。研究者要充分理解对平常人来说晦涩难懂的哲学现象学基础、现象学的哲学方法论基础;还要捕捉研究对象体验的高超倾听、理解、解释等能力;还要具有一定的语言能力,既要参透语言背后的隐含含义,又要能写作表意贴切、通俗易懂的文本。总之,新手研究者在选择现象分析这种研究方法的时候,不但要根据自己所选择的主题,还要充分掌握现象分析的基础知识和操作技能,深入思考,谨慎从事。

教学模块 ･***･

(1)在展示两个情景之前提出要求,让学生带着问题去阅读、思考,与已经学过的研究方法作比较(图 12.1)。

(2)展示情景1(图 12.2)。

阅读并讨论

接下来要出现的是两个现象分析的情景描写，请阅读后思考、讨论：

— 与基本质性研究方法及叙事研究相比，现象分析有哪些特别的地方？

图 12.1

场景1：陈老师是某教育研究所的研究人员，在一次赴高中调研的过程中，有一位高中生向陈老师讲述了他受到班主任意想不到的表扬之后，如何信心大增努力学习，从落后生转化为学习积极分子的。陈老师深受这位学生的故事的触动，想要对教师激励做一番研究。陈老师选定了"激励的体验"作为自己研究的主题，精心选择了一些高中生、大学生，还有几个已经大学毕业了的学生作为研究对象。陈老师选择的研究对象们都曾经在高中阶段受老师的激励而取得过很大的进步。陈老师首先请求每位研究对象就自己的受到老师激励的体验写一段话，不需要加上评论或反思，只要清楚地描述自己的经历即可。在阅读过每位研究对象的写作样本之后，陈老师设计了一系列的问题，对他们进行了一对一、面对面的访谈。通过这个研究，陈老师想要知道：（在高中阶段）教师激励对学生进步所起的作用是什么，以及学生受到激励之后是如何将其转化为进步的动力的。

图 12.2

（3）展示情景 2。留出 8～10 分钟让学生进行小组讨论（图 12.3）。

（4）简单讲解现象学的含义（图 12.4）。

场景2：科学教育活动是当前幼儿园教育活动的重要组成部分之一。而且，随着科学技术的飞速进步、与日常生活结合的日渐紧密，科学教育对当代幼儿的发展有着越来越重要的影响。科学教育的目的是培养幼儿们的好奇心和求知欲，培养孩子们热爱科学、对自然和身边的事物进行大胆探究的精神。那么在现实的幼儿园教育活动当中，幼儿对科学教育活动的体验是怎样的呢，孩子们是否喜欢和接受这些活动，能否在这些活动的帮助下培养起科学探索的精神呢？这一系列问题成为了国内外学前教育研究者共同关注的主题。一个由我国某大学教育研究者和美国某大学学前教育专家组成的研究团队就此主题在杭州的一些幼儿园开展了研究。在取得家长和幼儿园方面的许可后，研究人员对幼儿进行了观察和访谈。由于孩子们的语言能力还不十分完善，研究团队把重心放到了对幼儿参与科学教育活动课的观察，辅之以与幼儿共同玩科学探究游戏并进行谈话。研究团队不但想要获得幼儿对现有的科学教育活动的体验，帮助教育者进行改进提高，还期待着将中美两国幼儿的体验进行比较研究。

图 12.3

现象学——从哲学思潮到教育学研究

- 现象学（phenomenology）
- 德国哲学家胡塞尔（Edmund Husserl，1859-1938）
- 现象就是体验，因此现象学意味着对体验的研究。哲学家已经对实体和现象作了区分：树、房子、狗、灌木丛等存在于世的东西被称为实体，而我们对那些东西的体验则被称为现象。

图 12.4

（5）讲述现象学的原则。通过例子说明现有的教育学研究的缺点，以及现象学对教育学研究思路改变的贡献（图 12.5）。

（6）通过例子说明现象分析实施的一般程序特点。（图 12.6，图 12.7）

（7）简单介绍作为现象学方法论特点的六个动词（图 12.8）。

现象学——从哲学思潮到教育学研究

- "回到事情本身（go to the things themselves）"这一短语是现象学研究的最根本准则。崇尚现象学的研究者总是说：如果你想了解某事物，就从你想了解的事物开始研究，而不是借助其他别的什么东西来开始。
- 例如，某研究者原本是想要知道阅读如何提高学生语言能力的，但最终却做了一个相关研究，用问卷让学生报告自己的阅读量，然后研究这个数据与学生语文成绩的关系。在这个事例中，研究者将"阅读"这个事物缩小到学生的"阅读量"这个狭窄的方面，而且将对学生的"语言能力"的衡量转移到了学生的"语文成绩"这个单一指数上去了。事实上，这种情况经常发生在研究者们盲目引进自然科学方法去做教育学研究的时候。

图 12.5

现象分析实施的一般程序特点

例：假设某研究者对高校学生入学参加军训这一体验对其成长的影响感兴趣，意欲采用现象分析的方法进行研究。按照范梅南的提示，可以按照以下程序操作：

（1）转向一个深深吸引我们并使我们与世界相联系的现象的关注。【军训，在这里就是深深吸引研究者的一个现象。研究者深切关注研究对象——高校学生——是如何体验军训这一现象的。】

（2）调查我们真实经历过的经验而不是我们所抽象的经验。【对于高校学生来说，军训是他们真实经历过的一段经验。】

（3）反思解释现象特点的根本主题。【不同的学生带给研究者对军训经验的不同反思，但不同人的经验和反思中仍然存在着、共享着许多根本的主题（如，体力透支、集体生活、严格要求等）。研究者的工作就是需要提取出这些主题。】

图 12.6

现象分析实施的一般程序特点

（4）通过写作和改写的艺术方式来描述这一现象。【在整个研究的过程中，研究者坚持写作，根据自己收集到的资料和信息反复修改，目的是达到更准确地、更深刻地描述军训这一现象。】

（5）保持与这一现象的强烈而有目的的教育学关系。【作为教育现象分析，研究始终保持教育指向的目的，即追求能够通过研究军训这一学校军事教育现象，反思教育经历、揭示教育规律、展现教育智慧、达成教育创新。】

（6）通过考虑部分和整体的关系来协调整个研究。【军训现象由许多部分构成，如站军姿、练操队形、整理内务、拉歌比赛等。研究者所收集的研究对象的经验可能是关于任何方面的，重点因人而异落在不同的地方。研究者需要通盘考虑，组合、挑战片段的现象，使之构成合理的整体。】

图 12.7

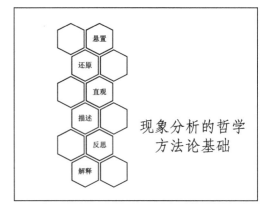

现象分析的哲学方法论基础

图 12.8

（8）从四个方面讲解现象分析可能存在的选题，并鼓励学生结合自己研究兴趣思考（图 12.9）。

（9）讲解现象分析中的访谈，并与已经学过的访谈技术做比较（图 12.10）。

现象分析的选题

（1）主体性体验。这种选题是已有的现象分析中最常见的一种，比例上占所有选题的一半以上。主体性体验强调人的主体性，是关于人对事物的关注、人与事物的关系的体验。主体性体验可以是人对具体事物的体验，如儿童对课程、中学生对电脑、男生对游戏等。主体性体验也可以是人对抽象事物的体验，如幼儿对想象、独生子女对孤独、教育者对师德等。

（2）人际关系体验。具体地说是对教育关系的体验。此类选题的占所有研究的五分之一。对教育关系的体验包括师生关系和亲子关系，如对师生关系中的期待与失望的体验、对单亲家庭亲子互相支撑的体验等。

（3）空间体验。此类选题研究人们对空间的独特体验，如幼儿对自己"秘密场所"、小学生在操场上嬉戏、冒险的体验等。

（4）时间体验。此类选题关注人们对时间的体验，如教师对课堂时间把握的体验等。

图 12.9

现象分析的资料收集——访谈

- 一般来说，研究者要按照先确定研究的主题，根据主题筛选研究对象，然后进行访谈的顺序来收集不同研究对象对同一主题的体验。（如，在研究"课堂成就感"的现象分析中，任何经历过课堂成功的学生都可以成为研究对象，甚至一些已经毕业了的学生也可以为研究者提供自己的体验。）
- 现象分析中的访谈也meager是半开放式的，因主要收集的是研究对象对主题的直接体验。研究者应鼓励研究对象说出自己曾经历过的体验，以及当时的感受，而非引导研究对象在访谈过程中对体验做出反思。
- 为了帮助研究对象更好地回忆自己的体验，提供更加真实、详细的描述，研究者应遵循一定的叙事线索来提问，包括提问事件发生的时间、地点、经过、当时的感受等。
- 现象分析中的访谈一般是多并行进行的，研究者要根据访谈对象的情况灵活调整，同时要做好倾听者，不仅听对方的字面意思，更要结合其神态、语气、表情等捕捉对方真正想要表达深层含义。
- 现象分析中的访谈也能带与其他资料收集手段互为配合。对于语言表达能力不发达的儿童，研究者要采用访谈与观察相配合的方式收集资料。又如，对于高年级的学生或成人，可以先请其按照特定主题下的体验进行独立的思考和写作，然后根据其提供的写作文本，进行深入的访谈。

图 12.10

（10）讲解现象分析中的观察技术（图 12.11）。

（11）讲解现象分析中的实物分析，举例说明研究中三种常见的实物（图 12.12）。

现象分析的资料收集——观察

- 由于现象分析所要追求的是研究对象的体验，在资料收集中研究者主要依靠访谈及实物分析，观察一般只作为辅助手段，主要应用于对儿童等不能用语言准确、清楚地表达自己体验的研究对象们。
- 进行观察时，研究者要深入体验的情景，一方面做一个敏锐的信息捕捉者；但另一方面要与体验的情景保持一定的距离，做好"悬置"。

图 12.11

现象分析的资料收集——实物分析

- 在研究之前已经成型的作品。一旦研究的主题确定下来，研究者可以开始着手收集包含相关体验的各种文字、诗画、小说、民间故事、小故事、趣闻轶事、个人传记、图片、录像、视频等。只要这些作品可以为研究者提供相应的体验描述，都可以纳入收集和分析的范围内。
- 在研究开始之后，根据研究的需要产生的文本。在现象分析研究中，研究者经常要求研究对象就某一体验写一段文字，展示曾经发生在自己身上的事情，这种写作的样本可以高效地帮助研究者收集和分析各种体验，常与访谈互相配合进行。
- 追溯词源。这种实物属于研究者自己根据研究目的所制作的文本，主要用来探究与主题相关的词语的本质。由于语言是思想、文化、习惯等的载体，追溯词源能够帮助我们理解所研究的体验，也是体现现象学"回到事物本身"原则的重要路径之一。

图 12.12

（12）展示图表，讲解如何进行主题提取（图 12.13，图 12.14）。

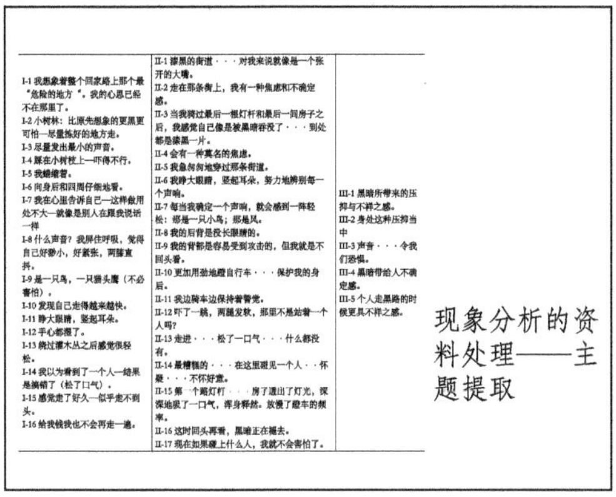

图 12.13

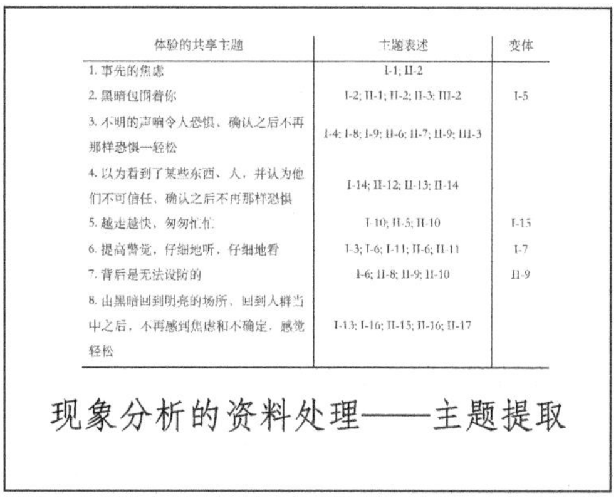

图 12.14

（13）讲解现象分析中文本写作需要注意的事项（图 12.15）。

（14）讲解现象分析的优势与局限（图 12.16）。

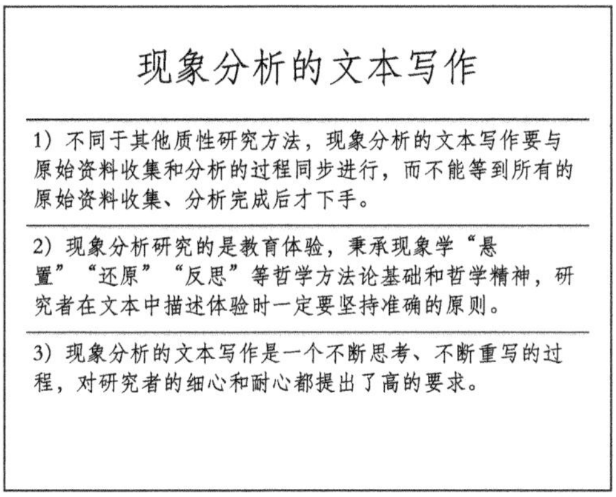

图 12.15

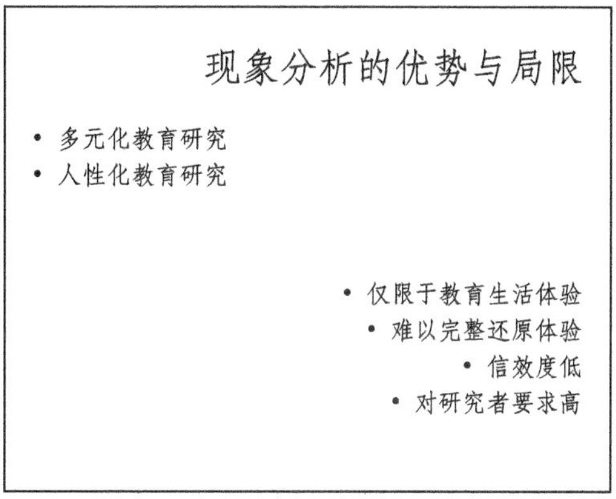

图 12.16

（15）开展小组讨论，如果自己有适合使用现象分析的研究问题、研究主题的话，会怎样设计一个现象分析。教师进行提问和点评（图 12.17）。

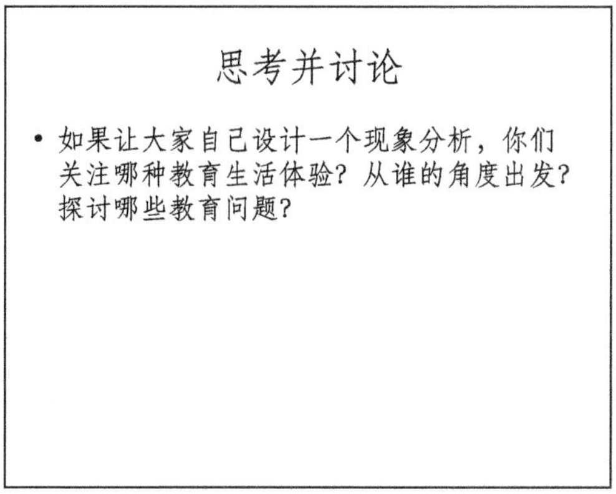

图 12.17

第13章 扎根理论

场景1：田老师是某市教育局教研员，研究特长是初中阶段课程开发。在近年来的工作中，田老师深感压力重大，一方面要迎接国家新一轮的课程改革，要帮助各学校开发校本课程、开发多学科融合的新课程等，另一方面还要根据初中生的特点、爱好、接受程度等进行不断的课程整合，以适应学生的需要。田老师发现，当前教育学领域内容有关课程开发的理论多是高度概括性的（如著名的泰勒原理），与我国当前的教育教学实践、研究有一定的距离，致使很多具体的问题得不到有效的理论指导。在与其他县市的教研员交流时，田老师意识到这种理论缺失、理论不适应的情况非常普遍。在此背景下，田老师萌发了"能不能建立一种新的课程开发理论来服务我国当前初中阶段课程开发者需要"的念头。经过与一些教育学方面的教授、学者的交流，田老师选择了扎根理论作为自己的研究方法，为了建立新理论的目的开始收集资料。

场景2：班主任这个角色一直在我国高中生的成长过程中起着举足轻重的作用。但是随着我国经济社会的迅速发展，无论是学校还是学生都发生了深刻的变化，班主任如何在21世纪更好地履职，成了很多教育研究者关注的焦点。某高校的班主任工作研究者杨老师发现，目前我国缺少符合本国实际、符合时代情况的班主任工作指导理论。因此，杨老师领导的科研团队以建立"21世纪高中班主任工作理论"为目的开展了一项扎根理论研究，通过对城乡各种类型学校的高中教师们进行深度访谈，分析有关班主任工作的专著、文章、档案、记录等文本资料，初步建立了一系列的概念类属，如班队干部培养、班会活动的组织、班级环境美化、班级文化养成等。经过了一年多的研究，杨老师及其团队在概念类属的基础上，提炼出了一套新的高中班主任工作理论。

13.1 扎根理论的含义

作为研究者，"理论"是每一个人都熟悉和常用的概念之一。所谓"理论"指的是关于客观事物的本质及其规律性的相对正确的认识，是经过逻辑论证和实践检验并由一系列概念、判断和推理表达出来的知识体系。说到理论，人们通常会联想到一些著名的如马克思主义理论、生命周期理论、电磁学理论等；在教育学领域内，则经常会想到一些如课程论中的泰勒原理、班级管理中使用的团体动力理论等。作为一个合格的教育学领域内的研究者，不仅仅要熟悉各种教育学理论，还要充分理解理论要服务于教育实践、理论要指导教育学研究等一系列理论的重要作用。而且，作为一个质的研究的研究者，在使用任何一种具体的质性研究手段时,都不能忘记构建自己研究的"理论框架(参见第4章文献综述与理论框架)",坚实奠定研究的基础。

理论的作用毋庸置疑,但许多学者们仍然在长期的对理论应用进行思考之后,提出了几点值得研究者们深思的问题:①大部分学者习惯于照搬和运用一些来自学术大师的"宏大理论(grand theory)",比如说,谈到课程论就联想到著名的泰勒原理。理论的生产从事实上被一部分学术大师所垄断,造成了"理论资本主义(Theoretical Capitalism)",而其他的学者们则沦为验证理论的"无产阶级",丧失了提出理论的主动权。②学者们经常会遇到理论太大或太偏不适合指导教育实践及教育研究的情况。例如,泰勒原理固然可以在宏观层面上指导各种课程的设置,但是我国的小学教师们恐怕更需要一个符合本国本地实际的、适应本年级阶段的课程设置指导理论。又比如说,研究者经常使用著名的团体动力理论来指导班级管理方面的研究,而这个理论原本并不是为教育学所建立的,不是非常符合教育研究者的需要。③一些教育学研究(尤其是质的研究)并不刻意追求所得的结论一定要广泛适用或对现存理论进行验证或补充,这就从一定程度上削弱了研究所能达到的理论高度,难于跻身深度的学术理论探讨之中,造成了研究价值的下降。例如,某研究者对西部农村中学新教师培训有一定的研究,得出了一些有意义的结果,如果其仅仅报告研究结果也不失一篇优秀的论文。但是如果可以就这个方向再推动一下,提炼出一些为我国西部农村中学新教师培训服务的理论的话,其研究结果应该会更加有意义。

在以上所探讨的关于理论的各种问题的背景下,"扎根理论(Grounded Theory)"作为一种特别的研究方法进入到了教育研究者们的视野中。在这里之所以称其为"特别的"研究方法,主要由于扎根理论区别于其他任何一种质性的研究方法,超越了仅仅对所研究的人、现象或事件的描述和解释的层次,是以"从原始数据资料中建立自己的理论(focus on building theory that emerges from, or is "grounded" in, the data)"为总目标的。而且,扎根理论所追求建立的"理论"并不是前面提到的"宏大理论",而是更准确、更实用的中等理论或称中层理论,即介于无所不包的宏大理论和有关日常生活中较小的"工作假设(working hypothesis)"之间的理论。扎根理论经常围绕着一些如课堂纪律、培训新教师、农民工子女教育质量提升、重返课堂的成年人等,涉及一个实质领域或某一特定现象之类的主题开展研究。

扎根理论这种研究方法的出现,为研究者解决前面探讨的关于理论的各种问题提供了一条新的途径。借助扎根理论,每位研究者都可以掌握主动权,成为新理论的提出者和建立者。借助扎根理论,每位研究者都可以充分结合自己所见、所闻、所研究的教育实际,针对具体的教育问题,量体裁衣、量身定制适用的教育理论,不必再纠结于对宏大理论或不当理论的裁剪与引申。借助扎根理论,每位研究者都可以拥有使自己的研究上升到理论高度的可能,最终能够推动具体的教育研究进入更深刻的境界。

13.2　扎根理论的起源、传承与应用

扎根理论起源于两位美国学者 Barney Glaser 和 Anselm Strauss 在 1967 年的著作《扎根理论的发现》(*The Discovery of Grounded Theory*)。从那时起,扎根理论开始成为一种新的社会科学领域中的研究方法,它的自下而上、由原始资料起逐渐形成理论的特点吸引了

越来越多学者的关注。此后，Glaser 和 Strauss 继续完善扎根理论，先后独著、合著了几个版本的书籍来阐述这种方法；当两位学者去世之后，他们的学生继承了其衣钵，继续推进和完善扎根理论。进入 21 世纪，除了越来越多的研究者选择使用扎根理论完成他们的研究，又相继涌现出一些著名的学者来进一步阐释扎根理论，如，Strauss 的学生 Juliet Corbin 推出了第三版的《质性研究的基础：形成扎根理论的程序与方法》，学者 Kathy Charmaz 出版了《构建扎根理论：质性研究实践指南》等。在中国，著名的质的研究方面的专家陈向明、朱光明等也致力于研究、翻译、出版有关扎根理论的内容。

扎根理论是一种可以服务于各种社会科学领域研究的研究方法。在一开始，扎根理论是从社会学和护理学领域内兴起的，被用于研究老年痴呆症患者家属对其不同发展阶段的适应、女性的药物成瘾症等方面的主题，然后又被教育学等其他领域的研究者们所广泛借鉴。虽然研究的主题千差万别，但社会科学研究的人本核心、质性研究导向，以及对理论建设的需要决定了扎根理论在各学科领域内容生存、发展和服务的可能性；同时，也为社会科学各领域研究之间互相借鉴、共同进步提供了一个很好的实例。

13.3　扎根理论的选题

研究的主题（topic）与研究问题（research question）是两个不同的概念，其作用、意义与形成过程也各不相同。某研究的主题可以说是研究者所关注的大致范围，是研究的主要方向；而某研究的研究问题则是研究者所致力于回答的具体问题，是研究的具体范围，是研究的明确导向。在进行扎根理论研究时，研究者往往既需要研究的主题，也需要形成研究问题。研究主题的形成是先于研究问题的；研究问题的形成是建立在研究主题成型的基础上的再加工、再确定。在这里所谓的"选题"是指形成研究的主题、而后再进一步确定若干研究问题的工作。例如，某研究团队对当前大学生主动参加体育锻炼的情况感兴趣，那么研究的主题就可以定为"大学生体育锻炼现状"；接着，研究团队可以结合团队的研究特长与研究兴趣等进一步确定如"当前大学生如何看待体育锻炼""大学生逃避体育锻炼的原因是什么""哪些外在因素阻碍了大学生经常参加体育锻炼"等各种具体的研究问题。

与其他各种质性的研究方法类似，扎根理论选题灵感既可以来自导师等他人的启发，也可以来自研究者自身。当研究者听从导师等的建议或指定时，选题工作往往进行的比较顺利，所选题目也比较恰当，但是也经常会出现研究者很快就丧失研究兴趣和动力，从而进展不顺的情况。当研究者所选题目是来自于自身的兴趣，如在阅读文献时受到启发、从实际工作中获得灵感等，研究者往往能够更坚定地面对挑战、做好研究；但这时也需要导师、同行等的帮助来把关选题，不至于出现选题过大、过小或走偏等情况。

与其他各种质性的研究方法不同，扎根理论的选题还要考虑一个"普适性"的问题。一般来说，质的研究与量的研究不同，不必追求研究结果能否适用广泛，更多的是看研究者能否深度地理解研究对象。然而任何扎根理论的最终目标都是形成某种服务于实践的"中等理论、中层理论"，着眼点必然是服务众人（如教师、学生），所以考虑所要形成理论的普适性也是题中应有之意。例如，在同样的"大学生体育锻炼现状"这一主题下，采用现象分析方法的研究者往往会集中精力分析某学校、某地区大学生体育锻炼不足的现象,剖析现象背后深层次的原因、与本校和本地区情况相关的原因,其研究结果更多的是服务于该校、该地区的教育决策者;而对于采用扎根理论方法的研究者来说,研究的最终目的是形成如"激发当代大学生参加体育锻炼的动力"的理论,着眼点不仅限于一校、一地,而且是要为更大范围内的教育者、决策者们提供解决问题的理论依据。因此,扎根理论要求研究者在进行选题时,眼界更宽广、立意更高远。

13.4　理　论　抽　样

第 5 章已经讲过研究者如何建立研究对象的标准来帮助抽样,以及六种质的研究中常用的抽样方法。由于扎根理论与其他各种质性研究方法的不同(终极目标是建立理论),所以,扎根理论的研究者也必须要采用一种不同寻常的、为理论建设服务的抽样方法——理论抽样。接下来通过一个研究情景来理解理论抽样这种扎根理论专用的抽样方法。

某教育研究团队以"大学生体育锻炼"为主题、以建立"激发当代大学生参加体育锻炼的动力"理论为终极目标,开展了一个扎根理论研究。研究生小段负责在研究问题之一"当前很多大学生为什么不能经常、主动地参加体育锻炼"的分支之下进行抽样和原始资料的收集工作。小段首先找到了一位先前认识的大一男生进行访谈,收集了一些资料。然后,小段希望了解性别和年级的差别会对参加体育锻炼有什么样的影响,所以又选择了大一的女生和大二的男生继续进行资料收集,发现了一些相同的因素和一些不同的因素。接着,小段还想知道专业不同、学校不同或其他情况会不会影响大学生进行体育锻炼,从而进一步又筛选、访谈了二十多名从大一到大四、不同专业、不同学校的大学生。在为期两个月的实地研究时间内,小段在边抽样边分析的工作中建立了一个相对完整的概念网,其中包含大多数大学生不能经常、主动地参加体育锻炼的普遍原因,以及由性别、年级、学校等因素影响的各种不同原因。当发现在实地研究中再很难找到新的影响因素时,小段结束了抽样工作,不再寻找新的研究对象。

以上研究情景展现了理论抽样在实际中是怎样操作的,及其几个不同于其他抽样方法的特点:

(1)理论抽样是受到概念建设的驱动的,其最终目的是服务扎根理论建立理论。因此,研究者在抽样的时候首要考虑的是找哪些研究对象可以帮助建立概念网,找哪些研究对象可以澄清一些不明确的因素、模糊的节点,哪些研究对象可以提供丰富的信息等。总之,选择研究对象的标准就是要看建设概念、理论时需不需要,需要多少。

(2)理论抽样是积累性的,抽取的每一个研究对象都是建立在先前研究的基础之上的。像前面情境中的小段那样,知道了男生的原因接下来就去找女生的,了解了大一学生的情况接下来就去了解其他年级的,以此类推。理论抽样也可以说是拼图式的,研究者开始找到了一块拼图片(一部分资料),接下来就去找可以与之相连的另外几块,拼好了再接着找可以相联系的拼图片;其中还要剔除重复的、不能归于自己研究主题之下的,直到最终将所有拼图片(资料)拼成一个相对完整的图片(概念网)为止。

（3）理论抽样与资料分析是同时发生、如影随形的。与其他研究方法中先抽样、再收集资料的方式不同,使用扎根理论的研究者必须在抽样的同时开展资料收集和分析的工作,使其环环相扣。若不如此,接下来的抽样和资料分析将无法进行。

（4）理论抽样在资料达到"饱和"(data saturation)的时候就可以停止了。所谓"饱和"是指研究者在收集和分析资料时很难再发现新的因素或类属。作为社会科学的研究,很难像自然科学的实验研究那样获得一个确切的"饱和值",所以研究者必然要根据研究的具体发现、研究的资金和时间限制等情况综合分析,自己决定什么时候停止抽样。

13.5 扎根理论的资料收集

同其他质性研究方法一样,扎根理论也通过访谈、观察和实物分析三种手段来收集原始资料,特别是依靠"深度访谈(intensive interview)"的方式来获得大部分资料。扎根理论所使用的深度访谈形式是非结构性访谈,包含着宽广的开放性问题,力图引发研究对象对问题的细致深入的讨论。作为研究者,除了要采用一般质的研究研究者进行访谈时所采取的技术、记录方式、与研究对象打交道的策略之外,为了建设理论的最终目的,还需要注意以下几点:

（1）深入到研究对象所描述经验的表面之下来彻底理解问题。

（2）在关键问题上,向研究对象尽量要求更多的细节和解释。

（3）积极关注研究对象的思想、感情及行动。

（4）适时复述研究对象的观点,验证准确性。

（5）在访谈中注意观察研究对象的反应,使用恰当的语言及非语言的暗示等来积极推动讨论。

深度访谈要求研究者必须全力以赴地通过访谈来了解研究对象的思想、获得宝贵的信息;深度访谈需要建立在研究对象对研究者的重复信任的基础之上才能取得成功,因此更加需要研究者花时间和精力来建立这种信任;深度访谈往往需要研究者进行多次访谈、长时间访谈,以及与研究对象一起对访谈稿的再确认。另外,由于扎根理论边抽样边分析——理论抽样——的特点所决定,研究者在进行每一次访谈之前必然还要根据前次的分析结果对访谈问题进行再修改,以此保障每一次访谈的顺利进行。

13.6 扎根理论的资料分析

扎根理论的资料分析技术是扎根理论这种研究方法最关键也是难度最大的一个方面,如果读者想要彻底掌握这种技术,必须通过专业的教师指导、系统地学习以及反复的实践操作练习。本章以简单介绍扎根理论为主要目的,因此仅选择了以下四个有代表性的方面做简要介绍。

1. 反复比较分析

反复比较分析(constant comparative method of analysis)是一种典型的扎根理论资料

分析技术。所谓"反复比较"即是指研究者将原始资料划分为几个小单元(units),反复比较、分析不同资料的类似单元,以此初步建立一些暂时分类(tentative categories),然后再比较、再分析,直到归纳出一些可以放到概念网当中的概念类属(conceptual categories)为止。为了更好地理解,我们继续以"理论抽样"一节中研究生小段例子说明:小段首先收集、分析了一个大一男生的访谈材料,接着访谈了一个大一女生的访谈材料,将两份访谈稿划分为几个单元,然后反复比较分析后得出了一些例如"生活忙碌""娱乐诱惑多"等暂时分类;接着,小段又收集分析了另外年级、其他专业学生的访谈资料,继续进行比较,以此类推,最终得出了如"专业课负担重""社团活动多""上网成瘾"等更加细致、确切的概念归属,作为最终所建立概念网的一部分。需要特别注意的是,在分析资料和提取类属时,研究者并没有什么现成的公式可以借鉴,研究者深厚的教育学理论底蕴,以及通过长期研究实践获得的敏锐视角、透彻的理解能力才是分析工作质量的最佳保障。

2. Strauss 与 Corbin 的三级编码

在对原始资料进行反复比较分析之后,研究者可以进入下一个阶段,采用 Strauss 和 Corbin 的三级系统进行编码工作。所谓三级编码系统指的是:①开放编码(open coding);②轴心编码(axial coding);③选择编码(selective coding)。接下来通过陈向明的扎根理论研究文章当中的一个例子来尽量直观地展示这三种编码的意思(表13.1)。

例子是一个关于中年人选择读研后对家庭影响的研究。在收集到原始资料(对研究对象进行深度访谈后整理的访谈稿)后,研究者进行了三级编码的工作,目的是将原始资料梳理成为清晰的类属。其中,开放编码是第一级编码,建立在初步处理资料的基础上,研究者紧贴文本,概括和提炼了一些简单、直接的编码。轴心编码是第二级编码,建立在对开放编码再思考、再分析基础上的归纳提炼,进一步整理成型,并且可以划分为类属、属性、维度三个方面。最后,提炼出展示类属之间关系的选择编码。当三级编码成型以后,研究者回顾研究问题,提出了初步的假设。

3. 备忘录

在编码完成之后,研究报告写作开始之前,使用扎根理论的研究者通常还要写分析笔记,也就是所谓的备忘录(memo)。Charmaz 等学者主张,撰写备忘录(memoing/memo-writing)是数据搜集与论文草稿写作之间的关键步骤,甚至,建议研究者在整个研究过程中都要坚持撰写备忘录。从本质上讲,备忘录是研究者分析思维的具体化,记录的是研究者与自己交谈过程中产生的新的想法、思路、灵感等;是研究者停下来反复审视自己所分析的结果的一个平台。通过撰写备忘录,研究者可以清楚地追踪自己的思路,一些编码、代码、类属会从备忘录写作的过程中自然而然地生成。在一份备忘录中,研究者可以专注于某个点,探求其各个方面、各个角度、各个层次,并记录自己因此产生的所有想法。撰写备忘录的关键在于研究者要把握一种从脑中思维到笔下文字自然成文的感觉,不要为了凑字数而写作。说到底,撰写备忘录也好,其他的研究资料分析也好,都是一种"幕后"的工作,是研究者自己对研究负责的而不需要他人审阅的部分。学者 Charmaz 在其著作中提供了一些关于如何撰写备忘录的建议。

表 13.1　来自陈向明文章的级编码的例子

原　始　资　料
我爱人是从事商业服务行业的,当会计,天天很忙,孩子上幼儿园,她得天天接送。我在家时,由我接送;我出来,接送孩子就得她去。她父母身体不太好,有时还得照顾老人。我祖母半身不遂,所以,我父母还得照顾老太太,帮不了我们家的忙。这样,负担全靠她支撑了。我出来时,她也哭过。不让我出来,她觉得她对不起我;可出来了,我又觉得对不起她。她还怕我学成了,变心甩了她;我哪能呀!槽糠之妻不能忘,就凭她支持我出来这一点,以后就得好好营造这个家。我不爱说大话,为社会也好,为国家也好,那都是客观的;主观上主要还是想营造好这个家,没有家,哪有国呀!想想她为我付出这么多,这辈子也得好好爱她。俗话说,"海枯石烂,永不变心。"

开放编码	轴心编码			选择编码
家庭负担重	类属	属性	维度	核心类属:
爱人工作忙	家庭负担度化	爱人工作	忙—不忙	夫妻间关系伦理
		孩子	小—大	
小孩小		老人	需要照顾—不需要	支援类属:
老人需要照顾		责任分担变化	照顾	(1)妻子做出反应;
			部分靠他—全部靠	(2)丈夫做出反应
家庭责任分担变化			她	
全部靠妻子承担				情景条件:
	妻子做出反应	担心	高—低	家庭负担变化
妻子用哭表达歉疚和		歉疚	高—低	
担心		表达方式	被动—主动	因果条件:
				丈夫外出读研
丈夫产生歉疚感	丈夫做出反应	歉疚	低—高	
		承诺	高调—低调	
主观与客观统一		表达动机	主客结合—主客分	
家国同构			离	
			家国同构—家国分	
夫妻间关系伦理			离	
个体传动时空感				
	夫妻间关系伦	社会地位	平衡—不平衡	
文化传统影响	理	家庭责任	分担—不分担	
		回报时间	现在—未来	
		性别差异	口惠—眼泪	
		文化传统	变心—坚守	

初　步　假　设
1.当双职工家庭上有老下有小、一方长期离家时,会造成夫妻关系紧张
2.平衡婚姻稳定的基础有三个:(1)双方的情感状况;(2)社会地位的平衡;(3)家庭责任的分担。当(2)和(3)发生变化时,(1)也会发生变化。
3.丈夫离家,妻子会比较担忧,而反过来并非如此,而且通常妻子出来的机会比较少。当丈夫发现时无法回报妻子时,通常会使用文化格言作为口惠,高调许诺未来报答;而妻子通常使用"弱者的武器"(眼泪、身体辛劳)来应对。

前提条件:研究你的生成数据!

确定你谈论的是什么,并给你的备忘录选择一个尽可能具体的标题。你可能认为你选择的这些词并不能准确把握这些意义,那么就表示出来,再想想,以后再完善。那么现在开始写吧。

早期的备忘录

记录下你在数据中所看到的情况。使用早期的备忘录来探究和填充你的质性代码。用它们来引导和聚焦进一步的数据搜集。下面的一些基本问题可能会有所帮助:

❏ 在研究现场火灾访谈记录中发生了什么? 你能把它变成一个准确的类属吗?

❏ 人们在做什么?

❏ 这个人在说什么?

❏ 从研究对象的行为和语言看,他们认为哪些东西是理所当然的?

❏ 结构和环境是怎么样支持、保持、阻止或改变他们的行动和言论的?

❏ 你进行了怎样的关联? 你需要对哪些内容进行检验?

扎根理论研究让你寻找过程。下面的问题有助于你对过程进行聚焦:

❏ 这里有争议的是一个什么样的过程?

❏ 这个过程在什么条件下会进一步发展?

❏ 在参与这个过程时,研究对象是怎样思考、感受和行动的?

❏ 这个过程是在何时、为什么以及怎样变化的?

❏ 这个过程的结构是什么?

图表式的结构备忘录可以观察和预测你数据中的关系,以及生成的类属之间的关系。

高级备忘录

❏ 用你的问题(topic)对数据进行跟踪和分类。

❏ 描述你的类属是怎样出现和变化的。

❏ 发现哪些信念和假设支持你的类属。

❏ 说一说从不同的立足点出发,这个问题看起来和感觉起来各是什么样的。

❏ 对它进行讨论。

❏ 进行比较

  ■ 比较不同的人(比如他们的信仰、处境、行动、言论或经验)。

  ■ 比较来自同一个人不同时间点的数据。

  ■ 比较数据中的类属和其他的类属。

  ■ 比较次级类属和一般类属哪个更合适。

  ■ 比较一个一般类属当中的次级类属。

  ■ 比较概念或概念性类属。

  ■ 拿你的分析和已有文献或研究领域的主导观念进行比较。

  ■ 完善你的分析结果。

在 Corbin 和 Strauss 的著作中,也展示了很多备忘录的例子,以及如何从原始资料到备忘录,然后提炼生成概念或编码清单的过程。接下来将展示其中的一个片段,以期能够帮助读者更好地理解备忘录这种原始资料分析手段。在这个例子当中,研究的目的是从参加越南战争的士兵角度来解释越南战争,研究者通过对参加过越南战争的老兵进行深度访谈,收集到了大量的原始资料。在资料分析的过程中,研究者总共撰写了 31 个备忘录,仔细看一下其中的一个备忘录,注意当中第一段是来自访谈稿,第二段是研究者的分析,两段用不同字体标注。

备忘录 23　沉默之墙　　　　　　　　　　　　　　　　　　　　　　　　　　　　2006.6.13

　　我(研究对象)很忙。我业余时间工作而且还要上学。我真的太忙了，无暇思考整个战争过程。我把它尘封在过去里，继续过我的生活。在这一方面，可以说，战争对我的生活确实没有什么负面影响。这么多年，我确实不知道我对战争和杀戮的感情是如何变化的。很难说是什么导致这样的变化，无论是成熟的过程，还是意识到战争的矛盾和对战争无意义的感情。我一般都阻挡这样的情景，不想回忆这些内容。我从来没有去看过一场有关越战的电影，也不会去看。这些对我绝对不会有吸引力。我不知道为什么它们对我没有吸引力。我从来没有想去维持我们在越战中认识的那些人的友谊。我离开了军队。我知道，我绝不会在想要这些了。

　　对我(研究者)来说，整个越南战争体验的一个有趣的方面是，似乎有一扇"沉默之墙"存在，一扇围绕着体验本身建立的内在之墙和一扇建立在自我和外部世界之间的外部之墙。离开了军队的人真的都不想谈论越战，尤其是不想和外面的人谈论。当我试着为该研究寻找受访者时，我就遭遇到了一扇"沉默之墙"。只有一个人回我电话说愿意作为参与者。另外一个人回应说愿意作为参与者，但是不想接受访谈，他说，"我都不想和我的妻子谈论越战，为什么我要跟你说？"(意思是我这个研究者)我的结论是，对于很多越战老兵来说，这场战争是一个非常"令他们不安的经历"，无法轻松对待。当战士们回来的时候，他们所受到的接待更进一步将他们推向这扇墙的后面。他们甚至不想在他们之间谈论，这在访谈中非常明显。这位士兵从来没有在他的爱人或兄弟面前谈论过这场战争。这位参与者通过"一直忙碌""不与他人说话""不看有关越南的书或电影"，从而维持自己的沉默之墙不被触及，换句话说就是不做任何会带来"回忆"的事情。我从我的经历知道，当我在退伍军人管理局医院对护士长们进行研究的时候，有些老兵仍然还在做噩梦，因为"往事不断重现"，有些人甚至求助于毒品和酒精来摆脱。

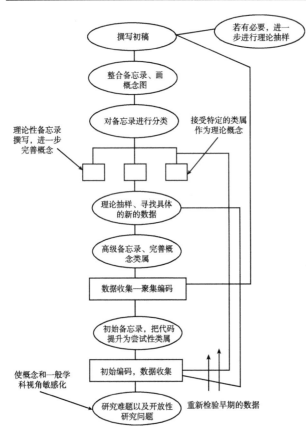

图 13.1　来自 Charmaz 的扎根理论过程

　　在如此做了 31 份备忘录分析之后，类属、概念就非常清楚地凸显出来。最终，研究者在各个备忘录的帮助之下形成了一个编码清单，像上面的备忘录就提供了一个"沉默之墙"的概念或称编码。

4. Charmaz 的分析方法

　　图 13.1 展示了 Charmaz 的扎根理论过程，从图中可以看出 Charmaz 是如何分析数据资料的。她的分析方法的特点在于，在数据收集过程之初就开始进行初始编码，然后提升为尝试性类属，然后继续完善，直至到最终确定；同时，撰写备忘录也不是一次完成的，而是至少分为初始备忘录和高级备忘录两个阶段。总的来说就是一个反复提升、不断完善的分析过程。此外，Charmaz 提醒研究者一定注意年龄、性别、种族、意识形态等因素对访谈和资料分析的潜在影响。而且，Charmaz 主张在分析资料之后再进行文献综述的工作，以此避免研究者受到他人意见的过分干扰。

13.7　扎根理论研究的质量

要保障扎根理论研究的质量,必须先得保证研究者所收集的原始资料是充足及高质量的,研究者可以利用以下问题来帮助检测所收集到的资料的质量:

(1)对于有关的人、过程及环境,我(研究者自身)是否搜集了足够的背景数据,以致可以回忆、理解并描绘出该研究的全面图景?

(2)我是否已经得到了关于研究对象观点及行为的详细描述?

(3)数据是否揭示了存在于表面之下的东西?

(4)数据是否足以揭示随着时间流逝所发生的变化?

(5)我是否获得了有关研究对象行动的多重观点?

(6)我所搜集的数据是否能使我形成研究性类属?

(7)我可以在数据间进行什么类型的比较? 这些比较是怎样产生并佐证我的想法的?

Charmaz 曾经在 2005 年时提出了四个问题作为衡量扎根理论研究质量的简要标准,包括:研究是否可信? 研究是否原汁原味? 研究是否能够引起读者的共鸣? 研究结果是否有用? 作为研究者,在整个使用扎根理论的过程中都需要反复向自己确认这四个问题的答案,尽最大努力确保所做的研究质量。

教学模块 ⟡∙**★**∙

(1)在展示两个情景之前提出要求,让学生带着问题去阅读、思考,尤其是与已经学过的质性研究方法作比较(图 13.2)。

(2)展示情景 1(图 13.3)。

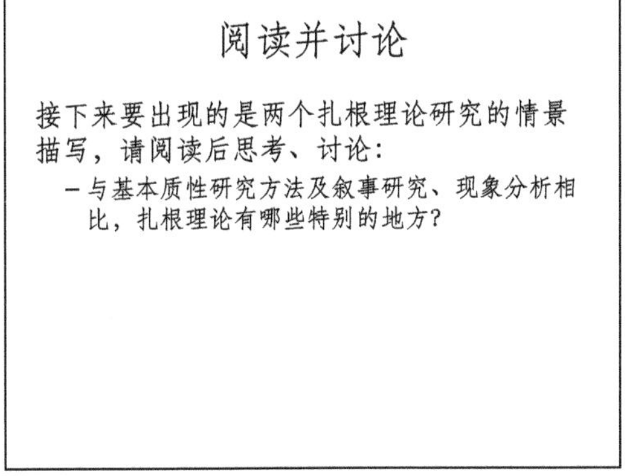

阅读并讨论

接下来要出现的是两个扎根理论研究的情景描写,请阅读后思考、讨论:

　—与基本质性研究方法及叙事研究、现象分析相比,扎根理论有哪些特别的地方?

图 13.2

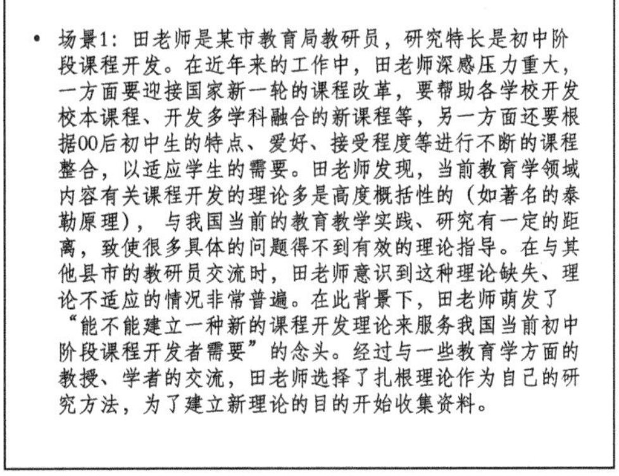

• 场景1:田老师是某市教育局教研员,研究特长是初中阶段课程开发。在近年来的工作中,田老师深感压力重大,一方面要迎接国家新一轮的课程改革,要帮助各学校开发校本课程、开发多学科融合的新课程等,另一方面还要根据00后初中生的特点、爱好、接受程度等进行不断的课程整合,以适应学生的需要。田老师发现,当前教育学领域内容有关课程开发的理论多是高度概括性的(如著名的泰勒原理),与我国当前的教育教学实践、研究有一定的距离,致使很多具体的问题得不到有效的理论指导。在与其他县市的教研员交流时,田老师意识到这种理论缺失、理论不适应的情况非常普遍。在此背景下,田老师萌发了"能不能建立一种新的课程开发理论来服务我国当前初中阶段课程开发者需要"的念头。经过与一些教育学方面的教授、学者的交流,田老师选择了扎根理论作为自己的研究方法,为了建立新理论的目的开始收集资料。

图 13.3

(3)展示情景 2。留出 8~10 分钟让学生进行小组讨论(图 13.4)。

(4)提出关于学者在理论使用中发现的三个问题,并结合事例说明(图 13.5)。

- 场景2：班主任这个角色一直在我国高中生的成长过程中起着举足轻重的作用。但是随着我国经济社会的迅速发展，无论是学校还是学生都发生了深刻的变化，班主任如何在21世纪更好地履职，成了很多教育研究者关注的焦点。某高校的班主任工作研究者杨老师发现，目前我国缺少符合本国实际、符合时代情况的班主任工作指导理论。因此，杨老师领导的科研团队以建立"21世纪高中班主任工作理论"为目的开展了一项扎根理论研究，通过对城乡各种类型学校的高中教师们进行深度访谈，分析有关班主任工作的专著、文章、档案、记录等文本资料，初步建立了一系列的概念类属，如班队干部培养、班会活动的组织、班级环境美化、班级文化养成等。经过了一年多的研究，杨老师及其团队在概念类属的基础上，提炼出了一套新的高中班主任工作理论。

图 13.4

关于"理论"的问题

1. 大部分学者习惯于照搬和运用一些来自学术大师的"宏大理论"，比如说，谈course论就联想到著名的泰勒原理。理论的生产从事实上被一部分学术大师所垄断，造成了"理论资本主义"，而其他的学者们则沦为验证理论的"无产阶级"，丧失了提出理论的主动权。

2. 学者们经常会遇到理论太大或太偏不适合指导教育实践和教育研究的情况。

3. 一些教育学研究并不刻意追求所得的结论一定要广泛适用或对现存理论进行验证或补充，这从一定程度上削弱了研究所能达到的理论高度，难于跻身深度的学术理论探讨之中，造成了研究价值的下降。

图 13.5

(5)解释什么是扎根理论(图 13.6)。

(6)简单介绍扎根理论的起源、传承与应用(图 13.7)。

扎根理论的含义

- 扎根理论区别于其他任何一种质性的研究方法，超越了仅仅对所研究的人、现象或事件的描述和解释的层次，是以"从原始数据资料中建立自己的理论"为总目标的。而且，扎根理论所求建立的"理论"并不是我们前面提到的"宏大理论"，而是更准确、更实用的中等理论或称中层理论，即介于无所不包的宏大理论和有关日常生活中较小的"工作假设"之间的理论。扎根理论经常围绕着一些如课堂纪律、培训新教师、农民工子女教育质量提升、重返课堂的成年人等，涉及一个实质领域或某一特定现象之类的主题开展研究。

图 13.6

- Barney Glaser 和 Anselm Strauss，《扎根理论的发现》 (*The Discovery of Grounded Theory*)
- Strauss 的学生 Juliet Corbin 推出了第三版的《质性研究的基础：形成扎根理论的程序与方法》
- Kathy Charmaz 出版了《构建扎根理论：质性研究实践指南》

扎根理论的起源、传承与应用

图 13.7

(7)结合事例说明扎根理论选题时需要考虑的三点问题(图 13.8)。

(8)展示一个研究情景，引出理论抽样(图 13.9)。

- 研究的主题（topic）与研究问题（research question）
- 扎根理论选题灵感的来源
- "普适性"的问题

扎根理论的选题

图 13.8

情景：某教育研究团队以"大学生体育锻炼"为主题、以建立"激发当代大学生参加体育锻炼的动力"理论为终极目标，开展了一个扎根理论研究。研究生小段负责在研究问题之一"当前很多大学生为什么不能经常、主动地参加体育锻炼"的分支之下进行抽样和原始资料的收集工作。小段首先找到了一位先前认识的大一男生进行访谈，收集了一些资料。然后，小段希望了解性别和年级的差别会对参加体育锻炼有什么样的影响，所以又选择了大一的女生和大二的男生继续进行资料收集，发现了一些相同的因素和一些不同的因素。接着，小段还想知道专业不同、学校不同或其他情况会不会影响大学生进行体育锻炼，从而进一步筛选，访谈了二十多名从大一到大四、不同专业、不同学校的大学生。在为期两个月的实地研究时间内，小段在边抽样边分析的工作中建立了一个相对完整的概念网，其中包含大多数大学生不能经常、主动地参加体育锻炼的普遍原因，以及由性别、年级、学校等因素影响的各种不同原因。当发现在实地研究中再很难找到新的影响因素时，小段结束了抽样工作，不再寻找新的研究对象。

图 13.9

(9)讲解什么是理论抽样，其特点都有哪些(图 13.10)。

(10)讲解有关扎根理论资料收集的问题，重点突出深度访谈及其注意事项(图 3.11)。

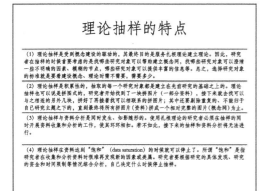

图 13.10

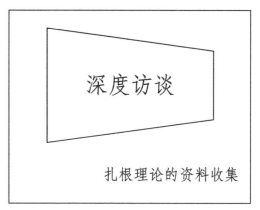

图 13.11

(11)概括介绍扎根理论资料分析当中的四个关键技术(图 13.12)。

(12)通过一个研究情景讲解什么是反复比较分析(图 13.13)。

图 13.12

反复比较分析

· 小段首先收集、分析了一个大一男生的访谈材料，接着访谈了一个大一女生的访谈材料，将两份访谈稿划分为几个单元，然后反复比较分析后得出了一些例如"生活忙碌""娱乐诱惑多"等暂时分类；接着，小段又收集分析了另外年级、其他专业学生的访谈资料，继续进行比较，以此类推，最终得出了如"专业课负担重""社团活动多""上网成瘾"等更加细致、确切的概念归属，作为最终所建立概念网的一部分。

图 13.13

(13)讲解什么是三级编码，以及研究者应该怎样做(图 13.14)。

(14)结合图表继续讲解(图 13.15)。

Strauss 与 Corbin 的三级编码

图 13.14

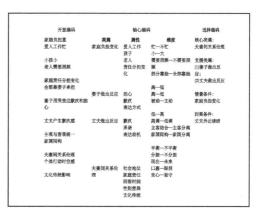

图 13.15

(15)结合图 13.16 继续讲解。

(16)结合实例说明扎根理论当中的备忘录技术(图 13.17)。

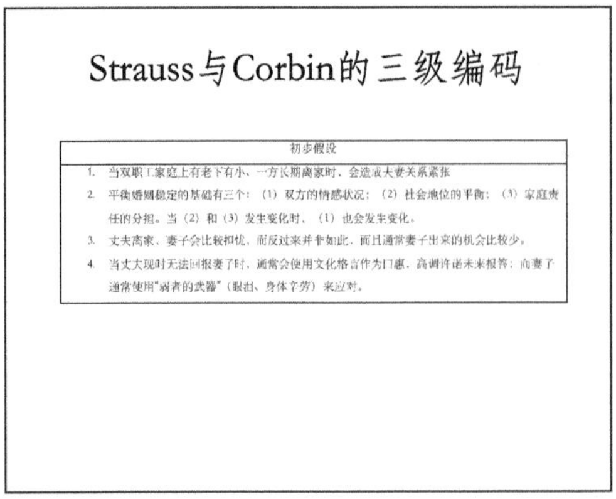

图 13.16

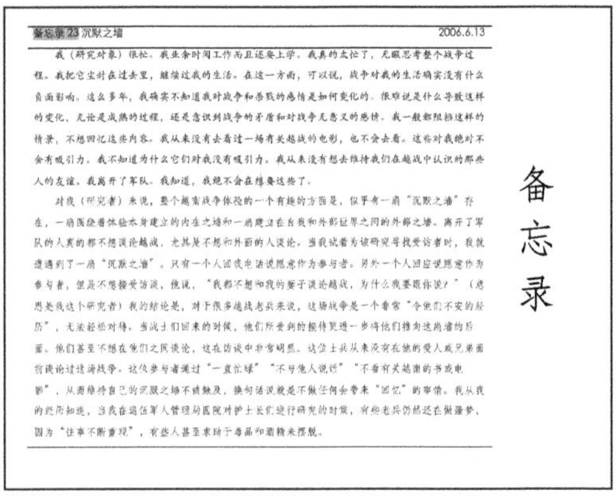

图 13.17

(17)对照图表解释 Charmaz 分析方法的特点(图 13.18)。

(18)讲解检测扎根理论研究数据的问题,与检验扎根理论整体质量的四个问题(图 13.19)。

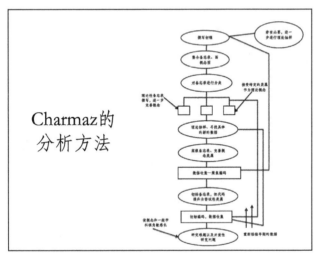

图 13.18

(19)开展小组讨论,引导学生思考,如果自己要做一个扎根理论,应该怎样做。教师进行提问和点评(图 13.20)。

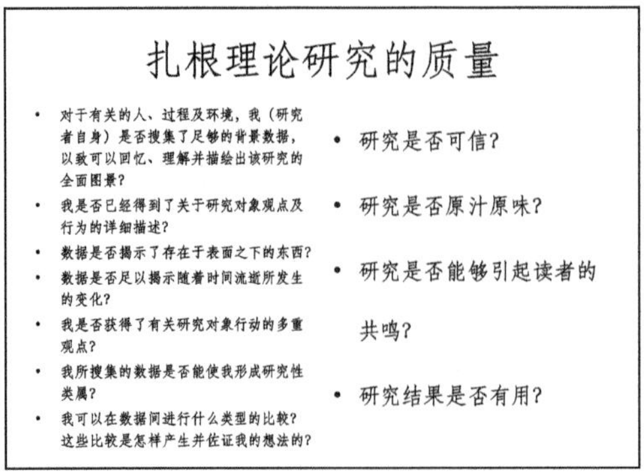

图 13.19

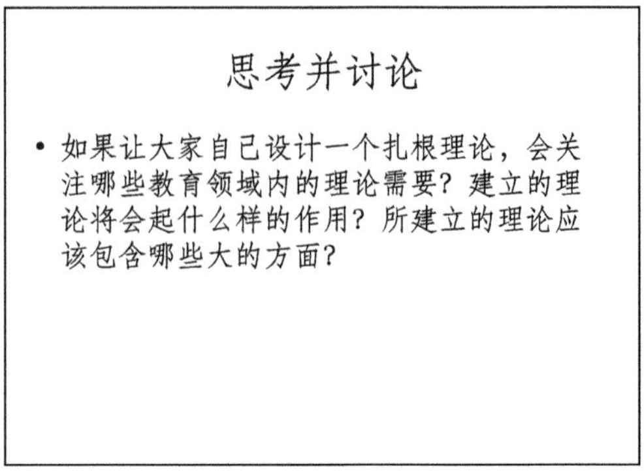

图 13.20

第 14 章   人 种 学 法

场景 1：小徐是某大学高等教育专业博士生，她所在的学校由于国家对口支援新疆政策的关系一向招收很多来自边疆地区维吾尔族的学生，小徐也与很多维吾尔族同学成为了好朋友。可能是因为自己所学专业的关系，在与他们交往的过程中，小徐越来越发现维吾尔族同学在面对文化冲突、融入学校生活时所遇到的种种困难；而且小徐也意识到学校里很多老师和其他同学虽然很想帮助维吾尔族同学，但是往往不知道如何下手，或者是不确定自己所做的是否合适。在导师的指导下，小徐开始就此问题着手进行研究。在长达一年的时间里，小徐花费了大量的时间参与了维吾尔族同学们的各种活动，观察、记录和分析了他们的学习和生活，与其中的一些人进行了深入的交谈。小徐想要知道在校维吾尔族同学普遍的情感、态度、价值观、行为特点、文化传统，以及文化冲击对他们的影响等。小徐希望能够借此研究帮助更多的维吾尔族同学更好地适应学校生活，也为学校里的其他师生，尤其是学校的决策者们提供一些处理有关少数民族学生方面问题的帮助。

场景 2：朱教授带领的项目组承担了教育主管部门委托的一项专门研究从事特殊教育教师们的科研项目。由于特殊教育所面对的都是残障少年儿童，从事特殊教育的教师们往往在教育过程中、与学生交往过程中会遇到各种各样超乎想象的困难，而且难以获得如普通教师一样的职业成就感。加上社会认同感差、待遇不理想等各种原因，近年来特殊教育教师群体的发展进步和质量提升遇到了瓶颈。教育主管部门的目的是要深入了解特殊教育教师这一群体，以期在政策导向、标准制定、资金投入等方面进行有针对性的改善和提高。朱教授的项目组进行讨论后认为，要充分了解特殊教育教师群体，必须要深入他们的日常工作和生活当中去，观察他们的行为、访谈他们的思想、归纳和分析他们与其他教师区别开来的群体文化。

14.1   人种学法的起源

这里所谓的"人种学法"的质性研究方法起源于社会科学中另一重要分支——人类学。早在 1928 年，美国著名人类学家玛格丽特·米德（Margaret Mead）在她的著作《萨摩亚人的成年》（*Coming of Age in Samoa*）里展示了她用来研究和描述人类文化的一种研究方法，称为"人种学研究（Ethnographic Research）"或"人种志"、"民族志"等。萨摩亚人是居住在太平洋萨摩亚群岛上的民族，米德在她的研究中探讨了他们对待处于青少年时期的萨摩亚女孩的方式，对比并针砭美国社会对待女性青少年的行为模式。米德想要搞清楚在美国及西方国家普遍存在的青少年在青春期经历的躁动、困惑和反抗等现象是不是人类所共有的；如果不是，那么到底是什么因素造成了西方社会这种青春期躁动。这本书一经出版便轰动一时，使玛格丽特·米德成为有史以来公众知名度最高的人类学家，使人类学这一学科在美国大众中深入人心。自米德之后，历代学者进一步完善和发展了人种学研究方法，使其广泛服务于其他包括教育学在内的各种社会科学。

简单地来说，使用人种学研究方法的学者们通过深度融入所研究的人群来收集资料，具体手段主要包括延展观察法（extended observation）——参与型与非参与型观察相结合，以及深度访谈，借此获得最大程度上详尽、可靠的信息。而且，人种学研究者们在进入研究现场之前避免带入自己的假设，尽量防止先见为主、避免形成偏见。另外，人种学研究者经常将与自己交流的、为自己提供群体信息的那些研究对象称为"告知人（informants）"，有点类似于向警方提供情报的"线人"。研究者通过自己的"告知人"来获得所研究群体内部的信息，区别于其他研究中的一般意义上的研究对象；所以，如何与"告知人"建立起彼此信任相互合作的关系也是人类学研究者的必备技能之一。同时，研究者更多地聚焦于群体、群体所在的场所等，而并不是针对个体。研究者们最终能否成功完成研究，取决于能否归纳并展示出对于所研究群体文化中来说是恰当的、正确的行为。

另外，人种学现在已经成为了一个综合的概念，包括了各种不同的具体研究方法分支。①生活历史（life history）：记叙和分析研究对象完整的个人生活历史；②写实人种学（realist ethnography）：客观忠实地记叙和分析所研究的群体；③批判人种学（critical ethnography）：从批判现实角度出发对边缘群体进行研究；④自传式人种学（autoethnography）：研究者对自我所属的群体进行研究；⑤女性主义人种学（feminist ethnography）：对妇女文化群体的研究；⑥后现代主义人种学（postmodern ethnography）：为了解决社会问题与挑战所进行的人种学研究；⑦人种学案例研究（ethnographic case study）：通过研究案例进行的研究，等等。

14.2　人种学法的内涵——理解"文化"与"行为"

在本书中，将在教育学领域内，质的研究者们向人类学研究者借鉴过来使用的这种研究方法称为"人种学法（Ethnographic Studies）"，一方面在名称上与人类学所用的"人种学"研究方法加以区别，另一方面强调其作为质的研究属下的一种研究方法的地位。

人种学法是一种研究某个文化或社会群体中自然发生的人们行为的研究方法，追寻的是文化与行为之间的关系。人种学法所要回答的一般都是诸如"这个群体的文化是什么""在这个群体文化中受到认可的行为有哪些"之类的研究问题。人种学法中"文化"指的是特定群体的共同价值观、信念、态度等思想方面的模式，文化可以在很大程度上能够解释人们的行为和反应。举个例子来说，在中国文化中，学生对导师只能称姓氏加"老师"或"教授"等头衔；而在美国文化中，学生喜欢称呼导师的名字，如"玛丽""史蒂夫"等。前面的行为凸显中国文化中认为教师应该归属于受尊重的、上一辈人的意思，而后者的行为体现了美国文化中所秉承的师生平等、关系亲密的含义。两种文化分别对应着两种不同的，但是又都是恰当的行为；两种行为体现了其背后两种不同的文化。但是如果不明白这种文化与行为对应的关系,不能根据所处的文化情景调整行为的话,往往会发生诸如中国学生一直用头衔称呼美国教师让其感到过于正式甚至有点疏远,或美国学生直呼中国教师的名字让其感到受到冒犯等所谓"文化冲突"的情况出现。

使用人种学法的研究者们依赖观察法和通过实地研究收集研究资料,一般通过长时间的研究对某群体的文化和行为进行描述、分析和解释。而"文化画像(cultrual portrait)"或称"文化描写"是人种学法最终期望获得的研究成果,当中汇集了文化群体内部观点与来自研究者本身的群体外部观点。在教育学领域内,人种学法对于文化和行为的探究可以帮助被研究的群体理解自身(如场景 1 当中维吾尔族学生可以通过阅读小徐的研究深入理解自身及所属的群体),更多的是帮助群体之外的人理解一些通常不为人知或者容易引起误解的文化与行为,之后相应做出正确的决策(如场景 1 中小徐所在的学校教师和决策者等可以通过阅读小徐的研究理解维吾尔族学生这个群体)。

14.3　人种学法的特征

人种学法所呈现出来的最显著特征就是其丰富性(richness)。与其他的研究方法相比,人种学法能够提供一种无所不包的广博,可以完成一幅幅涵盖人一生的画卷,其中所蕴含的大量信息经常是有趣、有意义,而且含义深远的。当然,这种丰富性也是人种学法读者们了解被研究群体文化的基础和保证。

此外,学者斯品戴(Spindler)和汉默德(Hammond)总结了一个优秀人种学法研究应具备的四个特征:①研究者必须要进行密集的参与型观察活动;②研究者必须要长时间地融入所研究的群体,可以说,为期一年是最低的限度;③研究者尽量多地收集各种相关资料,如笔记记录、手工作品、音频、视频等;④研究者在着手研究和进入研究现场之前,切勿设定特别的假设及过于详尽的观察目标,一定要秉承开放、包容的研究心态来进行研究。

14.4　人种学法的选题

作为一种质性研究方法,人种学法所适用的选题有很多,其关键之处在于能够帮助研究者实现对一群人、一类人整体的研究兴趣,而且这种兴趣是与研究群体的"文化"和"行为"相关的。下面的选题或许可以为读者选题拓展思路:

❑ 学生运动员的生活方式。
❑ 网络信息时代下聋哑学生的学习与生活。
❑ 职后培训中的幼儿教师。
❑ 小城镇不良少年群体的行为模式。
❑ "琴童"父母之苦乐生活。
❑ 回族社区中的家庭教育现状。

另外,美国斯坦福大学著名教育学家艾伦·派思肯(Alan Peshkin)所做的两个人种学法研究也可以为研究者选题提供一些启示:

❖ 研究之一《不完美的结合:教育政策与学区冲突》(1982):美国中西部某学区因为抵制

州政府的教育政策而不被公众理解,派思肯教授深入研究了这个学区的情况及其历史,向读者展示了从该学区的视角出发,做出抵制的行为其实是相当合理的。

❖研究之二《陌生人的颜色,朋友的颜色》(1991):派思肯教授深入加利福尼亚州某高中做了一年的深度研究,该校几年前经历过由于种族矛盾引发的暴力问题,目前处于平静的状态。他发现该校的学生多来自于少数民族裔的工人阶层家庭,通过参与型观察和深度访谈来调查该校的情况,揭示了该校各种族学生的生活现状、交际情况、学习成就等各种问题。

选题对于人种学法研究来说是非常重要的一步,甚至可以说是决定成败的关键一步。与其他各种质性的研究方法相比,收集资料的手段也好,处理资料的手段也好,并不能决定一个研究是否算是人种学法研究。只有选题,而且必须是关于某一群体的文化和行为的选题,才是人种学法研究最明显的标志和最核心的特征。因此,研究者一定要在选题方面慎之又慎,最好能够请自己的教师或这方面的专家帮助把关。

14.5 人种学法的实施

与扎根理论相比,人种学法的实施步骤及处理资料的技术相对来说要更加简单明了。就原始资料的收集方式来说,人种学法依然广泛使用质的研究中的"三大法宝"——访谈、观察和实物分析,但特别突出观察的地位。人种学法特别倚重研究者深入被研究群体所进行的长时间观察,可以说,绝大部分的原始资料都是来自于研究者的观察记录。当然,对群体中"告知人"的深入访谈,以及收集各种记录、笔记、手工制品、音频、视频等也是完成一个深度高质量人种学法研究的重要部分。

就研究的具体实施步骤来说,人种学法一般遵循与基本质性研究类似的研究顺序,依次完成以下六步(表14.1):

表 14.1 人种学法具体实施的六步法

步骤名称	实施内容	所需时间
1.确定主题	从研究者的兴趣和能力出发,按照人种学法的要求确定研究主题。积极寻求老师或专家的帮助	2周之内
2.确定群体	根据所选择的主题确定研究对象群体。群体可以是只包括2~3人的小组,也可以是大型的团体、社区、社会群体、族裔等。 第1与第2步一般同时进行,一定要找到相关的老师或专家帮忙把关,防止未来研究进行不下去只能半途而废的情况发生	2周之内
3.前行探索	开始接触所研究的群体,寻找"告知人"并向其详细介绍自己的研究意图,争取其帮助。以非参与型观察者的身份初步融入群体活动,做好观察记录,并根据情况适时修改自己的研究计划,同时与被研究群体搞好关系,方便日后进行正式研究	尽量控制在1个月之内
4.收集资料	深度融入所研究的群体,密切记录其各种行为和生活状态;进行深度访谈;收集各种实物资料辅助研究	最少1年,最多2~3年不等
5.处理资料	按照与基本质性研究类似的方法处理自己所得到的原始资料。将重点放在观察记录上	不少于1个月

步骤名称	实施内容	所需时间
6.整理写作	根据所收集的资料开始写作。研究者要清楚地描述所研究群体的日常生活、行为常规、文化特点,努力使未来的读者能够身临其境般的了解所研究的群体。研究者所写作的文本必须是清楚、翔实、有资料佐证的,切勿含混不清、肆意妄言。 写作文本的长度从几页到几卷不等,视研究的整体规模而定	1~2 个月

另外,研究者在分析资料和整理写作的过程中,可以对照参考下面的一系列问题:

(1)所研究群体的成员间有什么共同点使之成为一个独特的群体? 由于这些共同点所形成的群体是否符合人种学法的选题要求?

(2)该群体的关键生活特征是什么? 该群体是否感到被孤立、歧视或误解? 该群体能否控制自己的命运?

(3)该群体如何应对所面临的机遇与挑战? 该群体是具有攻击性的、激进的,还是内敛的、默默忍受的? 该群体是怎样面对困难和挑战的? 他们是选择控制还是屈服?

(4)该群体如何处理外界所加的期望和要求呢? 其努力的结果是什么?

(5)该群体的语言特点、行为特征有哪些? 有什么该群体特别使用的名词、术语?

(6)该群体喜欢的活动有哪些? 这些活动与其生活状态是怎样联系的? 什么样的活动、事件、常规能够加强或维持群体的凝聚力?

(7)拥有什么样的物品(如汽车、电子产品、服装、印刷品)能够在该群体内吸引到成员的关注? 为什么?

(8)在该群体内,领导与被领导、友谊、主导与服从的模式是什么? 这些模式影响下所产生的效果是什么?

最后,强烈建议各位想要完成高质量的人种学法研究的研究者们,有必要向人类学专家们讨教,学习更多的技巧、策略等。能够共享各种研究方法是社会科学各领域的一种优势,教育学研究者应该充分利用这种优势。

14.6 人种学法的局限

自诞生之日起,人种学法以其对群体行为和文化的透彻理解而为越来越多的学者所采用,但是随之而来的争议也不断扩大。人种学法的主要局限在于,整个研究的成败与质量在很大程度上取决于研究者自身的能力水平、其研究行为的连贯程度,以及其如何摆脱个人偏见的印象对资料进行处理。在大多数的人种学法研究当中,研究者是单数的,因此很难有其他资料来源可以佐证所获得信息的可靠性。如玛格丽特·米德的研究也被后人指摘为不能摒除偏见,只看自己想看的,忽视其他重要信息。最近,有越来越多的人种学研究以项目组的形式来操作,重要的一项原因就是通过更多的研究者参与来减少偏见、增加研究的可信度。而且,人种学法研究一般只局限于某一特殊群体,因此所得到的研究结果从多大程度上能够惠及他人、贡献学界是很多人诟病人种学法的又一大理由。另外,研究者对所研究群体的丰富描写很可能引发参与者匿名、信息保密之类的问题,值得研究者特别注意。

教学模块 ·*···

(1)在展示两个情景之前提出要求,让学生带着问题去阅读、思考,尤其是与已经学过的质性研究方法作比较(图14.1)。

(2)展示情景1(图14.2)。

阅读并讨论

接下来要出现的是两个人种学法研究的情景描写,请阅读后思考、讨论:

－ 与基本质性研究方法及叙事研究、现象分析、扎根理论相比,人种学法有哪些特别的地方?

图 14.1

· 场景1:小徐是某大学高等教育专业博士生,她所在的学校由于国家对口支援新疆政策的关系一向招收很多来自边疆地区维吾尔族的学生,小徐也与很多维吾尔族同学成为了好朋友。可能是因为自己所学专业的关系,在与他们交往的过程中,小徐越来越发现维吾尔族同学在面对文化冲突、融入校园生活时所遇到的种种困难;而且小徐也意识到学校里很多老师和其他同学虽然很想帮助维吾尔族同学,但是往往不知道如何下手,或者是不确定自己所做的是否合适。在导师的指导下,小徐开始就此问题着手进行研究。在长达一年的时间里,小徐花费了大量的时间参与了维吾尔族同学们的各种活动,观察、记录和分析了他们的学习和生活,与其中的一些人进行了深入的交谈。小徐想要知道在校维吾尔族同学普通的情感、态度、价值观、行为特点、文化传统,以及文化冲突对他们的影响等。小徐希望能够借此研究帮助更多的维吾尔族同学更好地适应校园生活,也为学校里的其他师生,尤其是学校的决策者们提供一些处理有关少数民族学生方面问题的帮助。

图 14.2

(3)展示情景2。留出8～10分钟给学生进行小组讨论(图14.3)。

(4)结合米德的研究讲解人种学法的起源。点明两个关键概(图14.4)。

· 场景2:朱教授带领的项目组承担了教育主管部门委托的一项专门研究从事特殊教育教师们的科研项目。由于特殊教育所面对的都是残障少年儿童,从事特殊教育的教师们往往在教育过程中、与学生交往过程中会遇到各种各样超乎想象的困难,而且难以获得如普通教师一样的职业成就感。加上社会认同感差、待遇不理想等各种原因,近年来特殊教育教师群体的发展进步和质量提升遇到了瓶颈。教育主管部门的目的是要深入了解特殊教育教师这一群体,以期在政策导向、标准制定、资金投入等方面进行有针对性的改善和提高。朱教授的项目组进行讨论后认为,要充分了解特教群体,必须要深入他们的日常工作和生活当中去,观察他们的行为、访谈他们的思想、归纳和分析他们与其他教师区别开来的群体文化。

图 14.3

人种学法的起源

· "人种学研究(Ethnographic Research)"或"人种志""民族志"
· 玛格丽特·米德,《萨摩亚人的成年》
· 延展观察法 (extended observation)
· 告知人 (informants)

图 14.4

(5)解释几种常见的分类(图14.5)。

(6)结合事例解释人种学法的内涵,重点强调"文化"与"行为"这两个关键之处(图14.6)。

分类

生活历史 (life history)	记叙和分析研究对象完整的个人生活历史
写实人种学 (realist ethnography)	客观忠实地记叙和分析所研究的群体
批判人种学 (critical ethnography)	从批判现实角度出发对边缘群体进行研究
自传式人种学 (autoethnography)	研究者对自我所属的群体进行研究
女性主义人种学 (feminist ethnography)	对妇女文化群体的研究
后现代主义人种学 (postmodern ethnography)	为了解决社会问题与挑战所进行的人种学研究
人种案例研究 (ethnographic case study)	通过研究案例进行的研究

图 14.5

人种学法的内涵——理解"文化"与"行为"

· 人种学法是一种研究某个文化或社会群体中自然发生的人们行为的研究方法,追寻的是文化与行为之间的关系。人种学法所要回答的一般都是诸如"这个群体的文化是什么""在这个群体文化中受到认可的行为有哪些"之类的研究问题。人种学法中"文化"指的是特定群体的共同价值观、信念、态度等思想方面的模式,文化可以在很大程度上能够解释人们的行为和反应。

图 14.6

（7）继续讲解人种学法的内涵（图 14.7）。

（8）讲解人种学法的特征（图 14.8）。

- 使用人种学法的研究者们依赖观察法和通过实地研究收集研究资料，一般通过长时间的研究对某群体的文化和行为进行描述、分析和解释。而"文化画像（cultural portrait）"或称"文化描写"是人种学法最终期望获得的研究成果，当中汇集了文化群体内部观点与来自研究者本身的群体外部观点。在教育学领域内，人种学法对于文化和行为的探究可以帮助被研究的群体理解自身，更多的是帮助群体之外的人理解一些通常不为人知或者容易引起误解的文化与行为，之后相应做出正确的决策。

图 14.7

人种学法的特征

- 人种学法所呈现出来的最显著特征就是其丰富性。与其他的研究方法相比，人种学法能够提供一种无所不包的广博，可以完成一幅幅涵盖人一生的画卷，其中所蕴含的大量信息经常是有趣、有意义，而且含义深远的。当然，这种丰富性也是人种学法读者们了解研究群体文化的基础和保证。
- 学者 Spindler 和 Hammond 总结了一个优秀人种学法研究应具备的四个特征：
  - 1. 研究者必须要进行密集的参与型观察活动
  - 2. 研究者必须要长时间地融入所研究的群体，可以说，为期一年是最低的限度
  - 3. 研究者尽量多地收集各种相关资料，如笔记记录、手工作品、音频、视频等
  - 4. 研究者在着手研究和进入研究现场之初，切勿设定特别的假设及过于详尽的观察目标，一定要秉承开放、包容的研究心态来进行研究。

图 14.8

（9）有例子引出人种学法研究如何选题（图 14.9）。

（10）结合事例进一步解释人种学法如何选题（图 14.10）。

人种学法的选题

- 选题例子
  - 学生运动员的生活方式
  - 网络信息时代下聋哑学生的学习与生活
  - 职后培训中的幼儿教师
  - 小城镇不良少年群体的行为模式
  - "琴童"父母之苦乐生活
  - 回族社区中的家庭教育现状

图 14.9

- 研究之一《不完美的结合：教育政策与学区冲突》（1982）：美国中西部某学区因为抵制州政府的教育政策而不被公众理解，Peshkin 教授深入研究了这个学区的情况及其历史，向读者展示了从该学区的视角出发，做出抵制的行为其实是相当合理的。
- 研究之二《陌生人的颜色，朋友的颜色》（1991）：Peshkin 教授深入加利福尼亚州某高中做了一年的深度研究，该校几年前经历过由于种族矛盾引发的暴力问题，目前处于平静的状态。他发现该校的学生多来自于少数民族裔的工人阶层家庭，通过参与型观察和深度访谈来调查该校的情况，揭示了该校各种族学生的生活现状、交际情况、学习成就等各种问题。

Alan Peshkin 的选题

图 14.10

（11）介绍人种学法具体实施的六步法，强调其与基本质性研究方法的相似之处（图 14.11）。

（12）展示并简单解释研究者可以用来参考的问题列表（图 14.12）。

图 14.11

参考问题

所研究群体的成员间有什么共同点使之成为一个独特的群体？由于这些共同点所形成的群体是否符合人种学的选题要求？

该群体的关键生活特征是什么？该群体是否易到被孤立、被视或误解？该群体能否控制自己的命运？

该群体如何应对外面临的难题和挑战？该群体是有反应性的、激进的、迁就内敛的、默默忍受的？该群体是怎样面对困难和挑战的？他们是主动选择还是被动？

该群体如何处理外界所加的约束和要求呢？其努力的结果是什么？

该群体的语言特色、行为特征有哪些？有什么该群体特别使用的名词、术语？

该群体喜欢的活动有哪些？这些活动和其生活状态是怎样联系的？什么样的活动、事件、常规能参加或维持群体的凝聚力？

拥有什么样的物品（如汽车、电子产品、服装、印刷品）能够为该群体内识别该成员的关注？为什么？

在该群体内，领导与被领导、友谊、竞争与属从的模式是什么？这些模式影响下所产生的效果是什么？

图 14.12

(13)点明人种学法的几方面局限,提醒学生慎重决策(图 14.13)。

(14)开展小组讨论,引导学生思考,如果自己要做一个人种学法的研究,应该怎样做。教师进行提问和点评(图 14.14)。

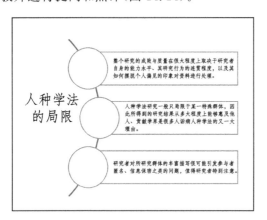

人种学法的局限	整个研究的成败与质量在很大程度上取决于研究者自身的能力水平、其研究行为的连贯程度,以及其如何摆脱个人偏见的印象对资料进行处理。
	人种学法研究一般只局限于某一特殊群体,因此所得到的研究结果从多大程度上能够惠及他人、贡献学界是很多人诟病人种学法的又一大理由。
	研究者对所研究群体的丰富描写很可能引发参与者匿名、信息保密之类的问题,值得研究者特别注意。

图 14.13

思考并讨论

- 如果让大家自己设计一个人种学法的研究,会关注哪些特别的群体?这些群体有什么特点?为什么选择关注这些群体?怎样进入这些群体比较好?

图 14.14

第15章 案例研究

场景模块 ．·*··

场景1：某高校的何老师的研究兴趣是班级管理，在一次与中小学校长的交流会上，何老师听说了一个特别的初中班主任——小王老师。小王老师所在班级的初中生源多来自于外来务工人员社区，无论是纪律还是学习，一向都是老大难问题。而作为一个毕业参加工作不满五年的年轻教师，小王老师非常认真负责，而且花了很多心血在学生身上，在几个学期之后，所带的班级竟然获得了市里面的优秀班集体称号，学习、生活、文体活动都搞得有声有色。何老师对这个小王老师和她所带的班级产生了浓厚的研究兴趣，于是请其校长介绍，认识了小王老师，走进了她的班级。何老师想要对小王老师和她的班级进行一个深入的研究，希望能够从中得到一些可以向其他教师推广的班级管理的经验。

场景2：大学生参加学生会似乎已经成为了大学生活必不可少的一段经历，但是随之而来的问题与疑惑也不少。虽然很多学生都以参加过学生会并担任各种职位作为求职简历上重要的一段实践经历，还是有很多人坚持认为参加学生会耽误学习，还有人直指学生会当中论资排辈、搞关系门路、滥用资金的情况其实是教坏了大学生。针对这些问题，一个由几个研究生自发组成的项目组打算对高校学生参加学生会对其成长的影响做一个研究。在导师的建议下，项目组初步打算是选择所在高校当中一个最典型的学生会（参加人数、活动频率及运作水平都属于中等），希望通过观察他们的会议、活动，访谈其新老成员，并收集各种相关的资料来理解参加学生会对大学生成长的真正影响。

理论模块 ．·*··

15.1 案例研究的含义

案例研究（case study）是一种很早就广为人知，并频繁使用于法学、医学、刑侦，以及社会科学领域中的人类学、社会学、心理学的一种研究方法。在教育学领域内，到20世纪六七十年代，案例研究仍然被当做一种小众的、次要的研究方法，经常被学者认为是实验法等主流研究方法之外的补充。直到20世纪八九十年代，由于学者 Merriam、Yin、Stake 等的著述和推广，案例研究才逐渐被学者们所接受，确定了其作为一种必不可少的研究方法的地位。

广义的案例研究可以统称所有学科、行业、领域内所使用的案例研究，无论其在研究案例时收集的是量性的或质性的研究资料，也无论其是否使用了实验、问卷、历史研究、访谈等哪种具体的研究手段。然而在本书中所指的案例研究，实际上是质性案例研究（qualitative case study），与前几章中的叙事研究、扎根理论等同属质的研究下一种具体的研究方法；因此，自然排除了一切观察、访谈、实物分析之外的资料收集手段，也排除了使用和收集数字这种必须使用统计学工具分析的资料。

自诞生之日起,诸多学者为案例研究提供了各种重点不同的定义。如 Yin 在 2008 年的著作中所述:案例研究是一种以观察或者实验为依据的实证研究方法,供研究者在真实的背景下,研究当时的现象所使用,特别是遇到现象跟背景间的界限不是非常清楚的情况。又如 Merriam 在其 2009 年的著作中所定义的:案例研究是对一个有界限的系统或体系所进行的深刻描述和分析。而无论如何定义,理解案例研究的关键在于如何理解"案例"一词的含义。一个案例(case)可以指一个人、一组人、一个班级、一个项目、一个学校、一个团体,甚至一个省份、一个国家,无论如何,必须是一个整体(entity),有着自己明确的界限,能够跟其他同类的整体清楚明白地区别开来。正如 Merriam 所谓的"一个有界限的系统或体系(a bounded system)"。

可以从案例研究的本质、过程和目的三个方面入手,整理出一个新的定义:案例研究是一种在真实背景下研究一个整体(从一个人、一组人到一个团体或更大),广泛搜集相关资料对其进行深入描述和剖析,为了解释某种现象或者解决现存问题的,或者是为了对现存的理论进行检验、修正或发展等各种学术目的而进行的一种实证研究。此定义涉及以下三个层面的意思:首先,案例研究是一种实证研究,是运用访谈、观察、实物分析等方法收集原始资料,并在分析资料的基础上得出结论的研究方法。其次,案例研究的内容和过程离不开真实的背景,需要研究者们在现实生活环境下研究当前正在进行的现象。在案例研究中,研究者应将正在发生的事件或现象与其背景结合起来,对其前因后果做深入的剖析。再次,案例研究的目的一般是非常务实的,要么为了读者深入理解某种现象而提供生动的描述,要么为了人们解决现实问题而提供必要的解释。

15.2　案例研究的特征

案例研究的特征是指案例研究作为一种独立的研究方法区别于其他质性研究方法的特别之处,回答的是研究者在什么情况下采用案例研究的方法以及为什么采用案例研究方法这样基本的问题。通过对案例研究的特征分析,可以进一步了解案例研究。在进行分析之前,有必要请读者回顾一下已经学到的关于研究方法的知识,来思考这样一个问题:从研究者的视角来看,决定采用某种研究方法的因素有哪些?

通常意义上讲,两大因素会左右研究者采用不同的研究方法:研究问题及研究对象。研究问题的类型会直接决定研究者采用什么性质的研究方法,而研究者对研究对象的整体把握以及研究问题的重心(如倾向于历史问题还是现实问题)也会很大程度上决定研究者的研究方法的选择。从决定研究方法的两大前提来看,案例研究的特征或者说案例研究作为一种研究方法得以被发现、采用和发展的基本原因有以下几点:独特性、探求性、描述性、理解性。

(1)独特性:独特的代表性体现的是案例研究的一种"特殊主义方法论",即在案例研究中,研究者被研究对象所特有的独特现象及其导致的结果所吸引,从而产生了分析、剥离现象,发现本质,弄清楚其缘由的兴趣和欲望。案例研究特别适用于新的研究领域或者现有理论似乎不充分的领域。而且,案例研究对某些大型课题的初期研究或当需要新颖的观点时十分有效,而其他的科学研究则对认知的后期阶段比较有用。因此,案例研究的意义和价值就在于研究者在一个案例中发现了一个特别的、有一定代表意义的独特事件或世界,从而确立研究目标,收集数据、最终形成可能的命题或结论。举例来说,大学生上课玩手机是一个普遍又令教师们极其头疼的情况,一个想要攻克这个难题的研究团队发现了某教师的课堂上学生玩手机的情况得到了很好的控制,因此决定以此课堂作为一个案例,试图通过案例研究寻找一些在未来可以为其他教师借鉴的教学方法或课堂管理手段。

(2)探求性:探求性是案例研究的目的和根本所在,即通过案例研究,研究者可以通过对研究对象进行观察、描述和探索,从而得出新的结论,或者对现存的理论进行检验、修正或发展,从而为解释或者解决现存问题提供相应的方法。因此,通过实施案例研究,研究者可以发现内在的不为大众所熟知的某一行为模式的原因,将大家从未听说的或者看见的事实展现于公众面前,帮助大众重新认识相应的问题和现象。比如说,近年来低龄留学生越来越多,但是大众并不清楚低龄留学的孩子们生活、学习状态究竟如何,以及这种低龄留学是否真正对孩子们的成长有益。因此,研究者可以选择一些低龄留学生来做一系列的案例研究,研究结果可以帮助大众真正了解低龄留学这一近些年来才出现的现象。

(3)描述性:详尽的描述性是案例研究的重点。案例研究要求研究者对研究对象的特征和变化进行详尽的描述。这种描述可能是研究者通过与研究对象直接接触、现场观察甚至是互动来实现的,是研究者感知、感受和反思一系列的透视过程。例如,某研究者将一个高中当成一个案例,深入该学校进行密集的观察及访谈等,收集尽可能多的资料来研究其学校管理的情况。案例研究的描述性特点能够为读者提供非常丰富、详尽的描述,让读者有身临其境的感受,使读者可以将自身完全彻底地置身于该学校的情况中来分析其学校管理方面的优劣。

(4)理解性:对研究对象行为模式的理解是案例研究成功的关键。这就意味着研究者要通过数据的收集、整理和分析来解释研究对象的行为模式以及支撑这一行为模式的原因并探讨研究对象可能的行为模式以及为什么采取这一行为模式而非其他行为模式的缘由。举例来说,研究者将某化学教师当成一个案例来研究她的职后成长过程。通过对研究对象的观察和访谈,对她工作和生活环境的深入了解,以及对她作为教师的职业经历的分析,研究者应该能够自然而然地站在她的角度上来理解为什么选择参加职后培训、为什么在职后培训中做出积极或消极的反应。

15.3　案例研究的类型

关于案例研究的分类,研究者们的说法各异,有从所研究的案例发生时间上分的(如历史性案例研究),有从案例研究中所倚重的资料收集手段上分的(如参与观察型案例研究),还有与其他研究方法相结合来分的(如人种学法案例研究),等等。从高效实用的角度出发,可以简单地将案例研究分为以下三种:

(1)内在案例研究(intrinsic case study):内在案例研究中,研究者研究的是某一极端的案例或者独一无二的、不同寻常的案例,通过围绕该独特的案例进行资料收集,并对其出现的前因后果进行了解、分析和解释。内在案例研究中的案例没有必要具有代表性或者说必须具有广义意义上的特点或者特性。例如,研究者发现了一个曾经染上网瘾,后又依靠自己的努力摆脱网瘾、在学习上出类拔萃的学生,将其当成一个非常独特的案例来研究。

（2）工具性个案研究(instrumental case study)：与内在案例研究相反,在工具性个案研究中,研究者选择个案的原因在于该个案具有代表性或典型性,并分析该典型案例出现的环境和条件,从而对正在调研的问题起到启发或进一步解释的作用,以加深对同类事件和事物的了解。例如,研究者在某个留守儿童聚集的地区挑选了一个非常典型的留守儿童作为案例进行研究。

（3）多案例研究(multiple case studies)：多案例研究是指研究者选取多个案例进行分析,在彼此独立的案例内分析的基础上,对所有的案例进行归纳、总结,并得出抽象的、精辟的研究结论,以求进一步了解和调查某种现象、人群或者场景。例如,如果研究者想彻底了解当前新课标改革的情况,就要涉及众多所参与改革的学校,将每个学校当成一个单独的研究对象,在进行了一系列同质的案例研究之后可以更加全面地了解改革的情况及当中的问题。

15.4　案例研究的实施

案例研究的实施较扎根理论、人种学法等方法简单,与基本质性研究相似。可以用下面简单的六个步骤进行归纳(表 15.1)。

表 15.1　案例研究具体实施的六步法

步骤名称	实施内容
1.确定研究问题	清楚地列出研究的目的和研究问题。 研究问题必然要与案例本身的特点密切相关
2.选择研究案例	选择一个合适的案例,可以是一个人或一组人、一个项目等。 研究者经常会选择一个与同类相比与众不同的案例,或是一个具有代表性的、普遍存在的案例
3.进入研究现场	最好先进行一个短期的前行探索,辅助研究者完善研究计划。 与研究现场的负责人进行接触,取得支持
4.收集研究资料	用观察、访谈、实物分析的方法,深入、广泛地收集各种与案例相关的原始资料
5.处理研究资料	按照与基本质性研究类似的方法处理自己所得到的原始资料
6.整理写作汇报	根据所收集的资料开始写作,结合先前提出的研究问题汇报自己的研究发现

15.5　案例研究的评价

对于案例研究的评价指标,学术界也各有不同的说法,在综合分析各种说法的基础上,我们认为可以从以下几个方面对一个案例研究进行评价：

1.案例研究结果的启发性和创新性

案例研究的目的是通过研究者对案例的精心收集、分析得出新的结论,或者对现存的理论进行分析、修正或发展,从而为解释或者解决现存问题提供相应方法。这就必然要求案例研究必须具有启发性,要有新的内容和具有启发性的线索,从而产生新的结论。同时,案例研究的结果要具有创新型。案例研究的结果不应是已经存在的理论和结论的简单重复。案例研究的结果应该是重要的即具有理论上和实践上的重要性,要指向现实实践中的重要问题,对现实的实践具有启发和指导作用。

2. 案例的可推广性(信度)

案例研究的每一步都应具有可重复性,这意味着如果其他研究者重复相应的研究步骤,就能得到类似的结果。使用这一评价指标的目的是降低、减少研究中因为研究者个体的主观性而产生的错误和偏见,从而使案例研究的结论可能得以推广到其他相应的情境中。

3. 研究过程的逻辑性

案例研究中采用的是分析性归纳的逻辑方法从个别的案例和特殊现象中分析得出相应的理论。而在具体的研究过程中也要求研究者采用证据链的形式来进行对比或解释,从而从一系列的研究分析中得出更为抽象、更具概括性的理论或结论。

4. 理论的饱和度

理论饱和度是指不可以再获取额外的数据以使分析者进一步发展某一结论的节点和时刻。从理论上讲,案例研究的过程是一个理论饱和度不断趋于圆满的过程,案例研究应当穷尽一切解释,达到最高的理论饱和度。在实际的研究过程中,理论的饱和度是无法实现的一个理想、完美的状态。但是作为研究者,要尽可能地提高论证的水平,去追求较高的理论饱和度。

15.6　案例研究的优势与局限

作为一种独立的研究方法,案例研究与其他方法一样同时具有优势与局限(表15.2),研究者应根据自己的研究兴趣、研究能力及客观条件慎重选择。

表 15.2　案例研究的优势与局限

案例研究的优势	案例研究的局限
(1)案例研究结果的探索性和可推广性。案例研究所得出的结论基于对环境和背景的详细分析,从宽泛的问题着手,进而聚焦,得出具有普遍意义的结论和理论,一方面可以较好地在探索中处理创新性问题;另一方面,可以为其他类似的案例提供易于理解的解释,帮助读者更好地接受其中的理论,从而可以更好地推广使用 (2)案例研究记录的详尽性和描述性。案例研究侧重于"描述的厚度",即特定事件发生前后背景下的信息。研究者通过详尽的、生动的语言带着读者进入相应的环境,使其有身临其境的感觉,能够更好地帮助读者了解相应理论和结论适合的具体环境,从而为更多的读者所接受	(1)案例研究的局限性首先源于其研究过程的耗时、耗力甚至是耗钱。案例研究对细节、描述度的要求,对参与人员的参与度要求,甚至是研究报告的繁琐都在很大程度上限制了该研究方法的使用 (2)案例研究的主观性也是案例研究的一大局限。由于案例研究中,研究者本身就是数据收集和分析的工具,其工具性的特点决定了案例研究的过程和结论不是统计性而是分析性,因此就不可避免地带有主观性甚至随意性

续表

案例研究的优势	案例研究的局限
(3)案例研究的可信任性。案例研究的可信任性是与其典型性相关的。在案例研究典型性的要求的,案例研究可能是极端的、不寻常的案例,但是个体无论怎样特殊,在经过研究者的深入分析和解释之后,会体现出令人信服和理解的一面。同时,深入、全面的研究可以从具体的事例中抽象出有价值的命题。这些得到深入、系统研究的单一案例可以发现被传统研究方法所忽视的特殊现象	(3)案例研究的伦理因素以及技术操作层面上的局限也是其局限之一。案例研究在样本的选择和数据分析上没有一种标准化的程序,其证据的提出和数据的解释带有可选择性。研究者虽然进行了相应的观察和采访的培训,但是他们在意见上的分歧以及其他方面的偏见都会影响个体判断进而影响数据分析的结果。同时研究者个人的城市度、敏感性、研究接受的资助以及研究者对结果和研究进程的控制和影响都可能导致其不足和局限

教学模块 ★★★★

(1)在展示两个情景之前提出要求,让学生带着问题去阅读、思考,尤其是与已经学过的质性研究方法作比较(图15.1)。

(2)展示情景1(图15.2)。

图 15.1

图 15.2

(3)展示情景 2。留出 8～10 分钟让学生进行小组讨论(图 15.3)。

(4)讲解案例研究的起源,以及广义和狭义的案例研究的区别(图 15.4)。

图 15.3

图 15.4

（5）讲解案例研究的定义，重点解释"案例"的意义（图 15.5）。

（6）结合例子讲解案例研究的四个特征（图 15.6）。

案例研究的定义

- 一个案例（case）可以指一个人、一组人、一个班级、一个项目、一个学校、一个团体，甚至一个省份、一个国家，无论如何，必须是一个整体（entity），有着自己明确的界限，能够跟其他同类的整体清楚明白地区别开来。正如 Merriam 所谓的"一个有界限的系统或体系（a bounded system）"。
- 案例研究是一种在真实背景下研究一个整体（从一个人、一组人到一个团体或更大），广泛搜集相关资料对其进行深入描述和剖析，为了解释某种现象或者解决现存问题的，或者是为了对现存的理论进行检验、修正或发展等各种学术目的而进行的一种实证研究。

图 15.5

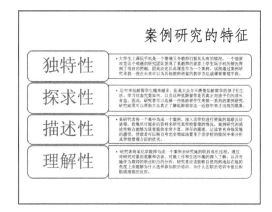

图 15.6

（7）讲解案例研究中最实用的三个类型（图 15.7）。

（8）解释案例研究实施的六步（图 15.8）。

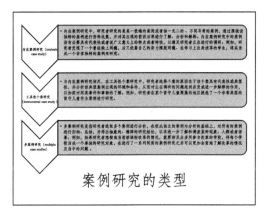

图 15.7

案例研究的实施

步骤名称	实施内容
1. 确定研究问题	清楚地列出研究的目的和研究问题，研究问题的概要与案例本身的特点密切相关
2. 选择研究案例	选择一个合适的案例，可以是一个人或一组人、一个项目等。研究者经常会选择一个与同类相比与众不同的案例，或是一个具有代表性、普遍存在的案例
3. 进入研究现场	最好先进行一个短期的前行探索，辅助研究者完善研究计划，与研究现场的负责人进行接触，取得支持
4. 收集研究资料	用观察、访谈、实物分析的方法，深入、广泛地收集各种与案例相关的原始资料
5. 处理研究资料	按照与基本质性研究类似的方法处理已所得到的原始资料
6. 整理写作汇报	根据所收集的资料开始写作，结合先前提出的研究问题汇报自己的研究发现

图 15.8

（9）讲解案例研究的四项评价标准（图 15.9）。

（10）说明案例研究的优势（图 15.10）。

- 案例研究结果的启发性和创新性
- 案例的可推广性（信度）
- 研究过程的逻辑性
- 理论的饱和度

案例研究的评价

图 15.9

案例研究的优势

案例研究结果的探索性和可推广性。案例研究所得出的结论基于对环境和背景的详细分析，从宽泛的问题着手，进而聚焦，得出具有普遍意义的结论和理论，一方面可以较好地在探索中处理创新性问题；另一方面，可为其他类似的案例提供易于理解的解释，帮助读者更好地接受其中的理论，从而可以更好地推广使用。

案例研究记录的详尽性和描述性。案例研究侧重于"描述的厚度"，即特定事件发生前后背景下的信息。研究者通过详尽的、生动的语言带着读者进入相应的环境，使其有身临其境的感觉，能够更好地帮助读者了解相应理论和结论适合的具体环境，从而为更多的读者所接受。

案例研究的可信任性。案例研究的可信任性是与其典型性相关的。在案例研究典型性的要求中，案例研究可能是极端的、不寻常的案例，但是个体无论怎样特殊，在经过研究者的深入分析和解释之后，会体现出令人信服和理解的一致。同时，深入、全面的研究对于从具体的事件中抽取出有价值的命题。这些得到深入、系统研究的单一案例可以发现被传统研究方法所忽视的特殊现象

图 15.10

　　(11)点明案例研究的局限(图 15.11)。

　　(12)开展小组讨论,引导学生思考,如果自己要做一个案例研究,应该怎样做。教师进行提问和点评(图 15.12)。

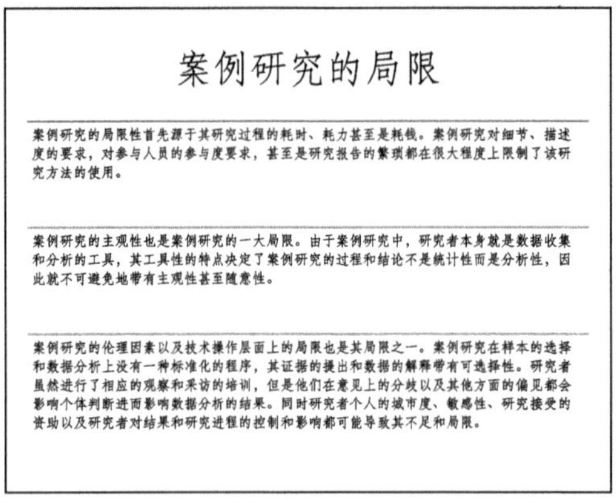

案例研究的局限
案例研究的局限性首先源于其研究过程的耗时、耗力甚至耗钱。案例研究对细节、描述度的要求,对参与人员的参与度要求,甚至是研究报告的繁琐都在很大程度上限制了该研究方法的使用。
案例研究的主观性也是案例研究的一大局限。由于案例研究中,研究者本身就是数据收集和分析的工具,其工具性的特点决定了案例研究的过程和结论不是统计性而是分析性,因此就不可避免地带有主观性甚至随意性。
案例研究的伦理因素以及技术操作层面上的局限也是其局限之一。案例研究在样本的选择和数据分析上没有一种标准化的程序,其证据的提出和数据的解释带有可选择性。研究者虽然进行了相应的观察和采访培训,但是他们在意见上的分歧以及其他方面的偏见都会影响个体利益进而影响数据分析的结果。同时研究者个人的城市度、敏感性、研究接受的资助以及研究者对结果和研究进程的控制和影响都可能导致其不足和局限。

图 15.11

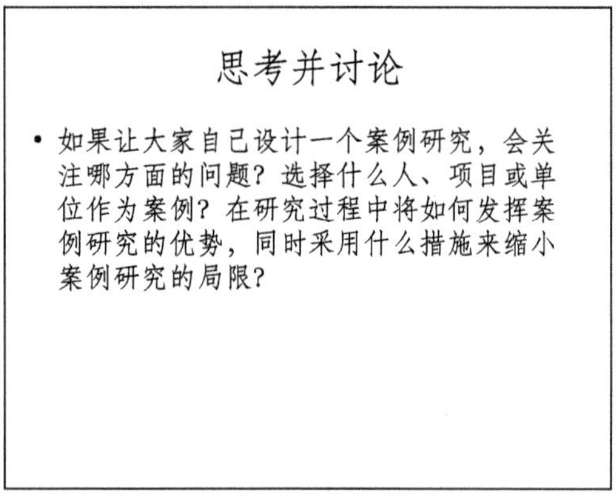

思考并讨论
• 如果让大家自己设计一个案例研究,会关注哪方面的问题? 选择什么人、项目或单位作为案例? 在研究过程中将如何发挥案例研究的优势,同时采用什么措施来缩小案例研究的局限?

图 15.12

参 考 文 献

卜玉华.2003.教育职业"叙事研究"素描.教育理论与实践,(06):44-48.

陈向明.2001.教师如何作质的研究.北京:教育科学出版社.

陈向明.2014.质的研究方法与社会科学研究.北京:教育科学出版社.

陈向明.2015.扎根理论在中国教育研究中的运用探索.北京大学教育评论,(1):2-15.

傅敏,田慧生.2008.教育叙事研究:本质、特征与方法.教育研究,(5):36-40.

高伟.2011.教育现象学:理解与反思.教育研究,(5):11-18.

宁虹.2002.现象学教育学探析.教育研究,(8):32-37.

宁虹.2007.教育的实践哲学:现象学教育学理论构建的一个探索.教育研究,(7):8-15.

宁虹.2011.认识何以可能:现象学教育学研究的思索.教育研究,(6):11-16.

王萍.2012.教育现象学:方法及应用.北京:教育科学出版社.

杨新晓,任俊.2015.教育与心理科学研究方法.北京:科学出版社.

张希希.2006.教育叙事研究是什么.教育研究,(2):54-59.

钟铧.2013.低劣的叙事研究与高等教育叙事研究的条件.现代大学教育,(3):54-60.

朱光明,陈向明.2006 理解教育现象学的研究方法.外国教育研究,(11):1-6.

Ary D,Jacobs L C,Sorensen C. 2010. Introduction to research in education. 8th ed. Belmont:Wadsworth,
Cengage Learning.

Barritt L S,Beekman T,Bleeker H,et al. 2009. A Handbook of Phenomenological Research in Education .
北京:教育科学出版社.

Charmaz K. 2006. Constructing Grounded Theory:A Practical Guide through Qualitative Analysis. Lon-
don:Sage.

Charmaz K. 2013.构建扎根理论:质性研究实践指南. 重庆:重庆大学出版社.

Corbin J M,Strauss A L. 2015. 质性研究的基础:形成扎根理论的程序与方法. 重庆:重庆大学出版社.

Creswell J W. 2009. Research Design:Qualitative, quantitative, and mixed methods approaches. 3rd ed.
Thousand Oaks:SAGE Publications.

Creswell J W. 2007. Qualitative Inquiry & Research Design. Thousand Oaks:Sage.

Galvan J L. 2006. Writing literature reviews:A Guide for students of the social and behavioral sciences. 3rd
ed. Glendale:Pyrczak Publishing.

Glaser B G,Strauss A L. 1967. The Discovery of Grounded Theory. Chicago:Aldine.

Goodall H L. 2008. Writing qualitative inquiry:Self, stories, and academic life. Walnut Creek:Left Coast
Press Inc.

Johnson B,Christensen L. 2012. Educational research:Quantitative, qualitative, and mixed approaches.
4th ed. Thousand Oaks:SAGE Publications.

Lichtman M. 2013. Qualitative research in education:A user's guide. 3rd ed. Thousand Oaks:SAGE Pub-
lications.

Lichtman M. 2011. Understanding and evaluating qualitative educational research . Thousand Oaks:SAGE
Publications.

Mead M. 1928. Coming of Age in Samoa. New York:William Morrow.

Mears C L. 2009. Interviewing for education and social science research: The gateway approach. NY: Palgrave Macmillan.

Mertler C A, Charles C M. 2005. Introduction to Educational Research. Bostan: Pearson Education.

Merriam S B. 2009. Qualitative research: A guide to design and implementation. San Francisco: Jossey-Bass.

Merriam S B. 1988. Case Study Research in Education: A Qualitative Approach . San Francisco: Jossey-Bass.

Peshkin A. 1982. The Imperfect Union: School Consolidation and Community Conflict. Chicago: University of Chicago Press.

Peshkin A. 1991. The Color of Strangers, the Color of Friends: The Play of Ethnicity in School and Community. Chicago: University of Chicago Press.

Spindle G D, Hammond L. 2000. The use of anthropological methods in educational research: Two perspectives. Harvard Educational Review, (70): 39-48.

Stake R E. 1995. The Art of Case Study Research. Thousand Oask: Sage.

Strauss A, Corbin J. 1998. Basics of qualitative research: Grounded theory procedures and techniques. Newbury Park: Sage.

Van M. 2003. 生活体验研究：人文科学视野中的教育学. 北京：教育科学出版社.

Yin R K. 1984. Case Study Research: Design and Methods. Newbury Park: Sage.

Yin R K. 2012. 案例研究：设计与方法. 重庆：重庆大学出版社.